교토 니시진오리의 문화사

교토 니시진오리西陣織의 문화사

일본 전통공예 직물업의 세계

문옥표 지음

일조각

머리말

에도 시대 말기 닌코仁孝 천황의 제8황녀이자 고메이孝明 천황의 이복동생으로 태어나 14대 쇼군인 도쿠가와 이에모치德川家茂의 정실부인이 된 가즈노미야 지카코和宮親子(1846~1877)는 남편인 이에모치가 조슈長州(지금의 야마구치현)를 정벌하러 교토로 떠나면서 개선하여 돌아올 때 아내의 고향인 교토에서 무엇을 선물로 가져다줄 것인가를 묻자 값비싼 교토 명산품인 니시진오리西陣織를 원했다 한다. 그러나 이에모치는 에도(지금의 도쿄)로 돌아오지 못하고 도중에 오사카 성에서 병으로 죽고 말았으며, 니시진오리만이 유품으로 가즈노미야에게 전달되었다. 그것을 받아 본 가즈노미야는 "이승의 비단옷 무엇에 쓸까? 능이나 금이나 당신이 계실 때뿐空蟬の唐織ごろも なにかせむ 綾も錦も 君ありてこそ"이라는 시를 지어 그와 함께 남편의 유품이 되어 버린 아름다운 니시진오리를 조조지增上寺(정토종淨土宗의 대본산)에 봉납하였다. 그렇게 봉납된 니시진오리는 후에 추선공양追善供養(죽은 사람의 명복을 빌기 위해 공양함) 때 가사袈裟로 만들어졌다 하며 오늘날까지 슬픔을 간직한 '우쓰세미노카사空蟬の袈裟'로 전해지고 있다.

이처럼 색상과 문양이 화려한 문직紋織, brocade 비단인 니시진오리는 많은 일본 여성들이 가장 가지고 싶어 하는 물건이었다. 이 책은 일본이 자랑하는 최고급 전통공예 직물인 니시진오리가 생산되고 유통되어 온 일본 교토시 서북부 니시진 지역을 중심으로 그곳에서 수백 년간 직물 생산과 유통에 종사해 온 사람들의 삶과 일의 세계, 더 나아가 급변하는 현대사회에서 니시진오리라는 전통적 공예기술과 가치를 보존하고 활성화하려는 일본인들의 다양한 노력을 현지조사와 문헌자료, 그리고 심층면담 등을 통하여 인류학적으로 읽어내 보려는 시도이다.

종래 인류학에서 이루어진 일본 연구의 맥락에서 본다면 여기서 시도하는 것은 도시의 한 전통적 지방산업에 종사해 온 특정 직업집단의 삶의 양식과 일의 의미에 대한 연구이다. 그런 의미에서 이것은 도시인류학적 연구라 할 수 있겠으나 여기서 보다 중점을 둔 것은 전통공예 직물업의 세계와 그 변화이다. 즉 일본 문화의 중요한 부분을 차지해 온 소중한 유산임은 분명하나 그럼에도 불구하고 점차 사라져 가는, 결코 과거와 같은 영광을 회복하는 것이 불가능해 보이는 한 세계를 통하여 일본 특유의 기술과 문화의 관계를 살펴보는 작업이기도 하다.

내가 2012년 9월 교토시 서북쪽에 위치한 수백 년간 일본 견직물 생산의 중심지였다는 니시진西陣 지역에서 본격적으로 현지조사를 시작하면서 한국 인류학자로 니시진과 니시진 직물산업을 연구하러 왔다고 했을 때 많은 사람들이 나에게 "그런 것은 연구해 봤자 아무것도 안 된다."(염직공예 프로듀서 I씨), "이제 일본이든 어디든 니시진의 미래는 없다."(직물사 연구자 Y씨), "니시진 사람들은 스스로 목을 졸라매고 있다. 그런 식으로는 결코 살아날 길이 없다."(유젠염색 작가 M씨)와 같은 이야기들을 들려주었다. 그런 말들은 본격적으로 연구를 시작하려는 사람에게 아주 맥 빠지는 메시지였다. 더욱이, 뒤에서 다시 설명하겠지만, 일본어로 어느 정도 의사소통이 가능하고 현지 경험을 많이 쌓은 편이어서 인류학적 조사에 비교적 자신 있던 나도 니시진이라는 조사지와 주제의 여러 가지 특성으로 인해 작업을 진행하는 동안 많은 어려움에 부닥쳐야 했다.

그럼에도 불구하고 아주 오래전부터 현대 일본인들의 생활뿐 아니라 과거부터 이어져 내려오며 변해 가는 전통적인 삶의 양식을 이해하는 한 방법으로 교토에 대한, 그리고 니시진오리라는 전통산업에 대한 연구를 염두에 두어 왔던 나는 결코 그만한 난관으로 계획을 포기하고 돌아갈 수는 없었다. 정년을 몇 년 앞둔 나이에 가족과 떨어져 혼자서 결코 편안하지 않은 객지생활을 하면서까지 연구를 마무리 지어 보려고 큰마음을 먹고 떠난 길이 아니었던가? 결국 고민 끝에 일본 사회에서 오랜 역사를 가지고 명성을 자랑해 온 니시진오리라는 최고의 직물공예가 사라져 가고 있다면 그 의미는 무엇인가, 나아가 그 전통공예와 지방산업을 지탱해 온 니시진이라는 독특한 생활세계가 사라지고 있다면 그 현실을 현대 일본사회와 문화를 이해하는 맥락에서 어떻게 받아들여야 할 것인가를 밝혀 보는 것으로 연구 방향을 정하였다.

그다지 밝지 않은 전망 중에도 한 가지 위안이 되었던 점은 '니시진은 사라지고 있다'는 우려와 탄식이 이미 많은 선행 연구자들의 입을 통해 나온 이야기라는 것이었다. 1980년대부터 무려 18년에 걸쳐 니시진의 직물산업을 조사한 미국의 사회사학자 타마라 해러번은 니시진의 경기가 한창 좋았던 1980년대에도 "니시진의 위기"를 이야기하였으며(Haraven 1988), 그보다 훨씬 전인 1960년대 후반 니시진 연구로 미국 일리노이 대학에 박사논문을 제출한 로널드 하크도 논문의 결론 부분에서 니시진 사람들이 끊임없이 "처량하고 김빠진 (니시진의) 현재"를 영광스러웠던 과거와 대비하고 있음을 보여 주었다(Haak 1973). 이 점에 있어서는 일본인 학자들도 크게 다르지 않다. 1980년대 중반부터 두 차례에 걸쳐 니시진 지역에 대한 종합적 조사 연구를 진행한 교토 붓쿄 대학의 사회과학연구소 연구팀의 보고서에도 니시진의 공동화空洞化 현상 및 니시진을 구성한 사람들 간의 이해관계 차이로 인한 혼란과 재생능력 상실에 대한 심각한 우려가 표명되었다(佛敎大学西陳地域研究会·谷口浩司 1993).

이 책은 이러한 연구들의 연장선상에 있다. 이 같은 우려들에도 불구하고, 그리고 통계지표들이 보여 주는 암울한 상황에도 불구하고 니시진의 전통직물 산업은 오늘날에 이르기까지 변화된 형태로 지속되고 있다. 니시진이라는 지역의 특성도 그러한 변화 속에서 완전히 사라지지는 않고 있다. 어떤 이들은 전통의상인 기모노가 사라지지 않는 한 니시진은 어떤 형태로든 존재할 것이라는 신념을 표하기도 한다(염직 전문 잡지사 편집장 S씨). 그렇다면 그러한 변화의 내용은 무엇이고, 그 변화를 구성하는 요인들은 어떠한 것인가? 이 문제들을 이 책에서 밝혀 보고자 하였다.

이 책은 2011~2014년 정부(교육부) 재원으로 한국연구재단의 지원을 받아 수행된 연구이다(NRF-2011-812-B00066). 그 과정에서 2012년 9월부터 2013년 8월까지 한국학중앙연구원에서 안식년을 허락받아 일본 교토의 도시샤 대학의 객원교수로 있으면서 니시진 지역에 대한 집중적인 현지조사를 할 수 있었다. 이 자리를 빌려 연구가 가능하도록 지원해 준 세 기관에 감사드린다. 또한 일본의 전통공예 산업이라는 생소하고 쉽지 않은 주제를 선뜻 받아들여 책의 출판을 제의해 주신 일조각의 김시연 사장님과 책의 편집과정을 꼼꼼하고 능률적으로 진행해 준 동 출판사의 오지은 씨에게도 깊은 감사의 마음을 전한다.

그리고 무엇보다도 이 연구를 가능하게 해준 교토 니시진의 직물산업 종사자들에게 깊은 후의를 표한다. 전통공예 직물의 생산 및 유통 과정은 일본에 관한 연구에 비교적 오랫동안 종사해 온 내게도 매우 생소한 영역이었으며, 따라서 기술적 용어는 물론이고 지극히 기본적인 과정을 파악하기 위해서도 종사자들에게는 너무도 뻔하고 단순한 질문들을 몇 번이고 반복했다. 싫증날 정도로 반복되는 수많은 질문과 거듭되는 방문 및 인터뷰 요청에 친절하게 응해 준 그들의 도움이 없었다면 이 책의 출간은 불가능했을 것이다. 그중에서도 특히 2006년도에 니시진 조사를 시작할 때부터 연구서가 완성되기까지 수없이 크고 작은 도움을 주신 히구치 쓰네키樋口恒樹 씨와 히구치 노리코樋口紀子 씨 부부에게 이 자리를 빌려 다시 한번 깊은 감사의 말씀을 전한다. 여러 자료를 살피며 오류가 없도록 최선을 다했음에도 불구하고 잘못 이해한 부분들이 있을 것이라 예상되며, 지은이의 잘못으로 연구해 협조해 주신 분들께 혹시라도 누가 되는 일이 없기를 바랄 뿐이다. 자료 정리 과정에서는 백여 개가 넘는 일본어로 된 면담자료를 녹취하여 텍스트로 만들어 준 홍리나洪里奈 양에게 큰 도움을 받았다. 오사카 출신의 재일동포로 한국학중앙연구원 한국학대학원에서 인류학 석사과정 중이던 그는 녹취 작업뿐 아니라 학위를 마치고 일본으로 돌아간 후에도 구하기 어려운 문헌자료를 현지에서 직접 조달해 주는 등 많이 조력해 주었다.

끝으로 출판사의 제안으로 일본어나 일본문화를 잘 모르거나 직물산업 관련 용어에 익숙하지 않은 독자들의 이해를 돕기 위하여 책 말미에 「용어해설」을 덧붙였음을 밝힌다.

2016년 6월

문옥표

차례

그림 및 표 목차

들어가며

1. 일본 문화 속의 교토와 니시진

일본의 교토는 헤이안平安 시대가 시작된 서기 794년부터 1869년 천황이 도쿄로 천도遷都하기까지 천 년이 넘는 오랜 기간 동안 수도였던 만큼 수많은 종류의 정교한 수공예산업이 발전하였다. 12세기에 막부 정권이 수립된 이후에는 정치적·군사적 권력의 중심이 가마쿠라鎌倉로, 17세기 이후에는 에도江戶로 옮겨 갔지만, 천황이 계속 거주하였고 그에 봉사하던 구케公家 계급의 터전이었던 교토는 여전히 일본의 문화적 중심지로 확고한 위치를 차지하고 있었기 때문이다. 그러한 역사적 가치와 문화유산의 소중함에 대한 배려로 제2차 세계대전 당시 미군의 공습에서도 제외될 수 있었다. 그 덕분에 교토는 오늘날 연간 100만 명 이상의 외국인이 방문하여 숙박하는 관광 명소이자,[1] 자신이 살고 있는 지역의 역사와 전통에 대한 자긍

---

1 교토부의 통계에 따르면 2010년도 교토 시내의 관광명소를 찾은 관람객 총수는 약 5,000만 명

심이 남다른 150만 교토 시민의 삶의 터전이다.

일본 전통문화의 중심으로 교토가 지니는 위치는 그 수가 무려 1,700여 개에 달하는 수많은 불교의 절과 신도의 신사를 비롯하여[2] 일본 차도茶道의 원조라 하는 소위 산센케三千家의 종가宗家인 오모테센케表千家, 우라센케裏千家, 무샤코지센케武者小路千家의 이에모토家元들, 그 외에도 많은 전통예능 분야와 가도華道(꽃꽂이)의 유명한 유파들이 교토를 근거지로 삼고 있다는 사실에서도 드러난다. 왕실과 귀족계급뿐 아니라 차도나 가도, 전통예능 분야 종사자, 종교기구 들도 교토에서 발달한 도자기, 칠기, 금속공예, 목공예, 염직물을 비롯한 다양한 종류의 미술과 공예의 후원자인 동시에 주요 소비자층을 구성하고 있다.

교토시 북서부의 니시진西陣 지역에서 생산되어 온 견직물 역시 교토뿐 아니라 일본이 세계에 자랑하는 정교한 공예품이다. 염색한 비단실로 문양을 넣어 가며 직조한 문직물紋織物인 니시진오리西陣織는 주로 일본의 전통의상인 기모노와 오비(기모노 허리 부분에서 옷을 여며 주는 띠), 전통예능인 노能와 가부키歌舞伎의 무대의상, 승려나 신관들의 가사袈裟, 예장禮裝 등에 널리 사용되어 왔다. 500여 년의 역사를 가진 니시진오리는 세계에서도 유례를 찾을 수 없는 고도의 직조 기술을 발전시켰으며, 특히 직조를 통하여 매우 '일본적'인 디자인 영역을 개발해 왔다고 평가된다. 전문화가, 도안가들

에 이르고, 교토부 내의 명소를 다 포함하면 관람객 총수가 7,670만 명이 넘는다고 한다.

2 그중 가모와케이카즈치 신사賀茂別雷神社(가미가모 신사上賀茂神社), 가모미오야 신사賀茂御祖神社(시모가모 신사下鴨神社), 교오고코쿠지教王護国寺(도지東寺), 기요미즈데라清水寺, 엔랴쿠지延暦寺, 다이고지醍醐寺, 닌나지仁和寺, 뵤도인平等院, 우지가미 신사宇治上神社, 고잔지高山寺, 사이호지西芳寺, 덴류지天竜寺, 로쿠온지鹿苑寺(긴카쿠지金閣寺), 지쇼지慈照寺(긴카쿠지銀閣寺), 료안지竜安寺, 혼간지本願寺, 니조성二条城 등 17개 유적은 1994년 '고도古都 교토의 문화재'로 한꺼번에 유네스코 세계문화유산에 등록되었다.

의 밑그림(시타에下繪)을 바탕으로 복잡한 공정을 거쳐 숙련된 장인들이 직조하는 니시진오리는 일본인들의 독특한 계절감각을 비롯하여 종교의례나 자연과 문화의 다양한 상징들을 구현해 낸 미술적 가치를 지닌 공예품이다. 따라서 그 직조 기술이나 디자인력을 일종의 무형문화재로 지속적으로 보호하고 유지, 발전시켜 가야 한다는 것은 문화, 전통, 역사에 관심을 가진 많은 일본인들의 공통된 의견이다.

그러나 전통공예 산업으로 니시진의 직물업이 오늘날 처한 상황은 매우 비관적이다. 본래 왕실과 귀족문화의 수요를 바탕으로 하여 고급 사치품인 니시진오리를 생산해 온 니시진의 직물산업은 수많은 부침을 겪어 왔다. 정치투쟁의 장으로서 교토에서 진행된 수많은 전쟁과 화재, 탄압과 부흥정책의 순환을 견뎌 내었으며, 19세기에 들어서는 유럽에서 시작된 직물업의 산업화, 기계화, 대량생산 체제 확립 등의 흐름 속에서 위기를 맞기도 하였다. 20세기 이후에는 일본이 참전한 두 차례의 세계대전과 그에 따른 물자 통제, 사치품 금지 정책 및 징병소집 등으로 치명적인 타격을 입었다. 그러나 니시진의 직물업은 항상 새로운 변혁과 기술 개발 등으로써 이어진 위기상황을 극복하고 끈질기게 되살아났으며, 그 결과 '니시진 500년'의 역사와 전통을 자랑하게 되었다. 특히 제2차 세계대전 이후 고도 경제성장에 따른 직물 수요의 급격한 증대 및 기모노의 패션화, 다양화 경향 등에 힘입어 1970년대부터 소위 헤이세이 경기平成景氣가 끝난 1990년대 초까지 최고의 전성기를 구가했다.

그러나 이제 많은 관계자들은 현재 니시진이 직면한 위기는 과거와 그 성격이 근본적으로 달라 회복하기가 거의 불가능해 보인다고 지적한다. 1970~1980년대에도 니시진의 위기가 언급된 적이 있지만 2010년대 초의 니시진 직물업은 거의 "눈에 보이지도 귀에 들리지도 않는" 상황에까지 이

그림 1 구 니시진 회관 터에 세워진 니시진 비. 쇼와 3(1928)년에 세워진 이 비에는 니시진의 역사가 간단히 소개되어 있다. 오닌의 난 이후 니시진오리가 재개된 곳(西陳發源の地)의 유래를 밝히기 위해 세웠다고 한다.

르렀다고 한다. 한때 수많은 소규모 가내공장들에서 1만여 대의 직기가 철컥철컥 돌아가는 소리가 니시진을 가득 채웠다. 니시진 중심지인 교토 가미교구上京區의 이마데가와도리今出川通와 오미야도리大宮通가 만나는 교차로의 네 귀퉁이에 자리 잡은 전국 규모의 대형 은행 지점들은 1980년대 니시진의 호경기를 상징적으로 보여 주었다(그림 1). 그러나 현재 은행 지점들은 모두 문을 닫았고, 북서쪽 귀퉁이에만 재일 한국·조선인 계열이라 알려진 조그만 신용조합의 지점이 하나 남아 있을 뿐이다.

그 사거리는 한때 하루에 천 냥에 달하는 상매商賣가 이루어지던 지역이라 하여 센료가쓰지千両が辻, 즉 "천 냥의 사거리"라 불리던 지역으로, 오미야이마데가와大宮今出川 동남쪽 모퉁이에 '천 냥 사거리의 비千両が辻の碑'가 남아 있다.[3] 생사상들과 직물업자들의 대규모 상가 가옥들이 즐비했다던 오미야 거리는 지금 거의 그 흔적을 찾아볼 수 없다. 다만 1990년경부터 시작된 교토시의 구민가 복원운동의 일환으로 보전된 전통서민주택, 즉 마치야町屋, 町家를 활용하여 기모노 관련 소품을 판매하거나 관광객을 대상으로 가옥을 공개하고 카페나 고급 레스토랑, 갤러리 등을 운영하는 몇몇 집들이 있을 뿐이다. 물론 부근에 아직도 영업 중인 소규모 직조공장, 직물제조업자, 도매상들이 있지만 많은 건물들이 헐리고 현대식 맨션이나 주차장, 슈퍼마켓, 식당 등으로 바뀌어 '전통 직물업자들의 거리'로서 니시진이 지녔던 독특한 모습이나 경관은 적어도 외관상으로는 금방 확인하기가 어렵다.

이 책에서는 이 같은 오늘날의 니시진이 있기까지의 역사와 변화, 그리고 그 배경에 대해 살펴보려 한다. 수백 년에 걸쳐 유서 있는 지장산업地場産業[4]으로 발전해 온 니시진의 전통공예 직물업이 오늘날 당면한 상황을 어떻게 이해하여야 하는가, 나아가 이와 같은 니시진의 상황이 현대 일본사회의 전반적인 변화와 앞으로 나아갈 방향에 어떤 의미를 가지는가를 밝히는 것이 이 책의 주된 관심사이다.

이를 위하여 니시진오리가 생산되고 유통되어 온 일본 교토시 북서부 니시진 지역에서 2006년과 2012년 두 차례에 걸쳐 총합 1년 반 정도 인류학적 현지조사를 하였다. 일본에서는 니시진에 대한 연구가 이미 많이 나와

---

3 에도 시대 말기에 일본에서 하루 천 냥 이상의 상매가 이루어진 곳은 현재 쓰키지築地로 이름이 바뀐 도쿄 우오가시魚河岸 어시장과 에도 외곽의 유곽이었던 요시와라吉原 정도였다고 한다.
4 그 지방의 자원과 노동력을 배경으로 오래전부터 발전하여 정착된 산업.

있으나 대부분이 경제학, 역사학 분야의 연구로 1980년대 말 교토 붓쿄佛
敎 대학 연구팀에서 행한 연구 이외에 사회인류학적 연구는 의외로 드문 편
이다(Haak 1973, 1975; 佛敎大学西陳地域研究会·谷口浩司 編 1993; Hareven 2002;
문옥표 2011; Moon 2013). 이 책에서는 이러한 기존 연구결과들을 참조하면
서 직접적인 현장조사를 통하여 니시진에서 수백 년간 직물 생산과 유통에
종사해 온 사람들의 삶과 일의 세계는 어떠한 것이었는가, 나아가 급변하
는 현대사회에서 존망을 위협받고 있는 니시진오리의 전통적 공예기술과
가치를 보존하고 활성화하기 위하여 어떠한 노력들이 이루어져 왔는가,
그러한 노력들의 문제점은 무엇인가 등을 추적하여 분석해 보고자 한다.

2. 니시진에서의 현지조사

내가 애초에 니시진이라는 주제에 관심을 갖게 된 것은 순전히 개인적
인연 때문이었다. 1970년대 초 대학에 재학하던 시절, 유네스코의 한일 학
생교류 프로그램에 참가했을 때 홈스테이에서 일본 학생들을 만나게 되었
다. 그중 교토의 유수한 기독교계 사립대학인 도시샤同志社 대학에 다니던
H씨가 있었다. 그는 오랫동안 니시진에서 가업家業으로 직물제조업에 종사
해 온 집안의 자제였다. H씨는 수대에 걸친 전통공예직물 제조업자 집안
의 후계자로 전형적인 니시진의 '도련님'이었지만, 같은 대학의 동급생인
아나운서를 지망하는 여성과 프랑스 파리의 사크레 쾨르 성당에서 결혼식
을 올리고 1970년대 초에 유럽을 신혼여행지로 선택할 만큼 매우 서구적
취향을 가진 젊은이였다. 그 서구적인 젊은이를 30여 년이 지난 1990년대
말 다시 만났을 때 그는 니시진의 중견 직물제조업 및 소매업체의 사장님

이자 20여 년간 차도茶道를 학습하여 '주토쿠十德'를 입을 자격을 얻은 베테랑 전통문화의 실천자로 변신해 있었다.

내가 그를 처음 만난 1970년대에는 크게 인식하지 못했지만, 후에 일본을 전공하는 인류학자의 길을 걷게 되면서 H씨의 삶과 집안 내력, 나아가 그것들이 뿌리내린 교토의 전통지방산업 세계가 매우 흥미 있는 연구주제라고 생각하게 되었다. 특히 H씨의 부인은 교토 토박이로 메이지유신 이후 도쿄로 천도하기 이전에 천황의 어소御所에 물을 공급하는 일을 담당하던 집안의 자손이었다. 또한 그 집안의 가장은 대대로 구케公家와 왕실 행사였던 가모 신사賀茂神社의 아오이마쓰리葵祭 제례위원을 맡고 있었으므로 교토의 역사와 전통문화의 세계를 연구하는 데 그보다 더 좋은 정보제공자가 있을 수 없다고 여겨졌다.

인류학자로서 나의 일본 연구 경험은 1980년대 초 농촌 연구에서 시작되었다. 서울에서 대학을 졸업하고 유학한 영국 옥스퍼드 대학에서 문헌조사에 기초한 부라쿠민部落民 연구로 석사논문을 마친 후(Moon 1980), 박사학위 논문을 작성하고자 1981~1982년 스키 관광지로 변한 일본 중부 군마현群馬県의 한 벽지산촌에서 18개월간 체재하면서 처음으로 본격적인 인류학적 현지조사를 하였다(Moon 1989; 문옥표 1994). 지금은 많은 한국 인류학자들이 일본으로 현지조사를 떠나지만, 당시까지만 해도 일본으로 유학간 경우를 제외하면 한국인 인류학자가 제삼자의 입장에서 객관적이고 대등한 하나의 '타 문화他文化'로 일본을 연구하기 위해 장기 현지조사를 하러 들어가는 경우가 거의 없었다. 박사학위를 마치고 한국에 돌아온 후 1990년대 초에는 국내에서 일본 연구에 관심을 가진 인류학자, 사회학자들과 함께 일본에서 진보적인 혁신도시로 알려진 가나가와현神奈川県의 가와사키시川崎市에서 행한 시민운동과 지역사회조직에 관한 공동연구에 참가했으며

(이시재·문옥표 외 2002), 일본의 관광과 여행문화에 대한 공동연구(문옥표 외 2006; Gichard-Anguis and Moon eds. 2009), 재일한국인 생활문화 조사연구(문옥표 외 2002; 2005) 등을 주도하였다.

한국학 연구 전문기관인 한국학중앙연구원에 재직하는 동안에는 한국 전통사회에 대한 여러 연구 프로젝트들을 진행하는 동시에 일본 연구자로서 틈틈이 외부 공동연구팀에 참가하여 혹은 개인적으로 현대 일본사회의 다양한 측면을 공부했다. 그러면서 늘 일본 역사와 전통의 핵심인 교토와 니시진을 꼭 연구해 보고 싶다고 생각하였으나 좀처럼 실현할 기회를 만들기가 어려웠다. 미련을 버리지 못하던 차에 마침 2006년 가을 나카마키 히로치카中牧弘允 교수의 초청으로 일본 오사카 민족학 박물관에 6개월간 객원교수로 가게 되었다. 비로소 오랜 바람을 실현하는 듯했지만, 오사카와 교토 사이에 거리가 있는 데다 다른 일들이 겹치는 바람에 초보 단계에 머물렀을 뿐, 원하는 만큼 조사를 진행하지 못하고 귀국할 수밖에 없었다.

그러던 중 2012년 정년을 3년 앞두고 한국학중앙연구원으로부터 마지막 안식년을 허락받아 해외파견 교수 자격으로 교토의 도시샤 대학 사회학부에 소속되어 다시 한번 본격적으로 니시진 조사연구를 할 기회를 만들게 되었다. 마침 한국연구재단에서 약간의 재정 지원을 받게 되어 이번에야말로 니시진을 제대로 조사하고 그 결과를 단행본으로 집필해 보겠다는 포부를 가지고 계획을 진행하였다. 2012년 9월 오랜만에 강의와 학생 지도의 짐을 덜고 오직 한 주제의 연구에 몰두하겠다는 큰마음을 먹고 교토에 도착하여 자리를 잡았으나, 니시진 연구는 그리 간단치 않았다. 무엇보다 박사학위 논문을 준비할 때처럼 필요한 만큼 시간을 들여 연구를 진행할 수 없는 상황에서, 1년이라는 정해진 기간 내에 조사를 마무리 지은 후 초고 집필까지 어느 정도 진행한 다음에 귀국하고 싶다는 욕심이 있었기 때문이다. 그러나 니시진 조사의 어려움은 시간적 압박만이 아니었다. 교토라는 지역의 특성, 그중에서도 전통산업 종사자들의 특성이라는 장벽이 있었고, 나아가 니시진 직물업의 위기에서 야기된 다양한 문제들에 맞부닥쳤다.

교토라는 곳은 일본에서도 가장 배타적인 지역으로 알려져 있다. 교토 사람들은 자신들의 문화에 대한 자부심이 매우 강하고, 격식과 가문(이에 가라家柄)을 중요시하며, 타 지역 출신자들에게 매우 냉담한 특성을 가졌다고 한다(祖父江孝男 1971:169-172). 교토 사람들이 교토 문화에 가지는 자부심은 물건뿐만 아니라 심지어 자연현상에까지 즐겨 붙이는 '교京'라는 접두어에서 잘 나타난다. 교야사이京野菜, 교카시京菓子, 교코토바京言葉, 교료리京料理, 교자쿠라京桜, 교쓰케모노京漬物, 교토후京豆腐 등 그 예는 셀 수 없이 많다. 이 접두어는 어디에 붙건 간에 '고급이고 세련되며 섬세하다'는 의미를 부여한다. 예를 들어 일본에서 전통공예로 유명한 이시카와현石川県 와지마시輪島市에서 생산되는 칠기인 와지마누리輪島塗나 염직물 가가유젠加賀友禅, 도자기 구타니야키九谷燒 등이 유명하지만, 교토 사람들은 그 섬세함이나 정교함 면에서 이들이 교우루시京漆, 교유젠京友禅, 교야키京燒를 결코 따라올 수 없다고 주장한다.

비단 교토 사람들뿐만 아니라 다른 지역 사람들도 교토의 것은 고급이고 세련되며 정통한 것이라는 이미지를 떠올리는 경우가 많아 종종 교토 사람들을 당황시키기도 한다. 사람의 경우에도 며느리가 될 여성이 교토 출신이면 제대로 격식을 갖춘 가정교육을 받았을 것이라는 기대감이 한층 커진다고 한다.[5] 심지어 교토의 큰 상가商家에 집안일을 돕는 조추女中로 여자아이

---

5 반면 교토 사람들이 전통과 예법에 야단스러운 까닭에 그에 다 맞추기가 힘들 것 같아 혼인을 피하는 경우도 있다고 한다.

그림 2 교토 관광문화 검정시험 광고

들을 많이 보낸 시가현滋賀県 같은 지역에서는 그러한 경험이 예의범절을 배우는 데 좋은 기회로 여겨져 부러움을 사기도 했다고 한다. 조사 중에 만난 시가현 출신의 한 직물연구가는 처녀 시절 교토에 조추로 간 자신의 할머니를 마을 사람들이 부러워했으며 결혼할 때도 좋은 평을 받을 수 있었다고 이야기해 주었다(O교수의 면담자료, 2015년 1월).

교토 사람들로서는 그와 같은 이미지가 나쁘지는 않지만, 현실적으로 오늘날같이 인구이동이 빈번한 사회에서 교토의 150만 시민이 모두 고급문화 소유자일 수는 없으며, 모두가 교토의 역사와 문화에 박식하지는 않기 때문에 난처해지는 경우가 많다. 교토부에서는 이러한 어려움에 대응하고 지역 특성을 유지해 나가고자 2004년부터 교토 관광문화 검정시험을 실시하여 교토 시민을 교육하고 있다(그림 2). 교토부가 이러한 노력을 하는 이유는 메이지 초기부터 진행되어 온 고도古都로서의 교토 만들기, 교토 사람과 이미지 만들기 프로젝트와 밀접히 관련된다. 교토는 전통을 이어온 도시이자 새로운 문물을 받아들이고 변화해 온 도시임에도 불구하고, 외부에서는 언제나 고색창연한 역사적 이미지를 재생산해 나가기를 요구하기 때문이다.[6]

격식을 중시하는 교토 사람들의 성향은 현지조사를 하려는 인류학자에게 매우 큰 장애물이다. 일본에서 현지조사를 해본 사람이라면 누구나 공통적으로 경험하는 것이 누구의 소개로 어떤 맥락에서 사람을 만나게 되는가가 아주 중요하다는 점이다. 흔히 첫 만남의 맥락이 조사의 전 과정에 매우 큰 영향을 미치는데, 교토와 니시진에서는 더욱 그러하다. 조사 중에 만난 도쿄 출신의 교수는 일본인임에도 불구하고 교토 사람들과 한동안 접촉하다 보면 자신이 상대에게 "본심을 너무 드러내 보여本心を言い過ぎる" 바보 취급을 당하는 것 같은 느낌이 들 때가 많다며 외국인으로서 부닥치게 되는 조사의 어려움에 공감해 주었다. 보통 교토에서 만나는 사람들은 매우 친절하고 정중하며 예의 바른 까닭에 그들의 말에서 어디까지가 진심인지를 파악하기가 매우 어려우며, 한 번 '체면과 예절을 모르는 사람'으로 낙인찍히면 관계를 지속해 나가기가 매우 힘들다. 같은 교토 사람들끼리도 서로 구별 짓고, 같은 부류의 사람들끼리만 어울리려는 경향이 있는 터라 다양한 인적 네트워크를 형성해야 하는 인류학자의 입장에서 곤란한 점이

---

6 19세기 말 도쿄 천도 이후 명백히 문화정치적 목적으로 진행된 교토의 고도古都 이미지 창출과정의 배경과 전개에 대한 국내 연구로는 인류학자 김효진의 논문(2008, 2010)들이 참고할 만하다. 일본사 및 한일 관계사 전문인 정재정 교수는 역사학자의 입장에서 오늘날 교토에서 만나는 역사유적의 의미와 변화 과정을 알기 쉽게 설명한 바 있다(정재정 2007).

많았다. 이러한 점은 니시진의 경우 더욱 심하였다. 예전에 비해 많이 희미해졌다고는 하나, 교토에서조차 "니시진의 관례西陣の仕来たり"란 말이 있을 정도로 니시진은 전통과 예법에 관해 유별나기로 정평이 난 곳이다.

조사지로서 니시진 지역은 '니시진 마을西陣村'이라 일컬어졌던 데서도 알 수 있듯이 대대로 누적되어 온 인간관계가 복잡하게 얽힌 곳이다. 수백 년간 동일한 지역에 거주하며 관련 직종에 종사해 온 니시진 사람들은 성장기에 같은 학교를 다니고, 성인이 되어 각자가 가업의 계승자로서 일의 세계에서 평생 상호 왕래하며 지내는 관계를 이어 왔다. 따라서 현재뿐만 아니라 선대에 있었던 일이 사회관계에 영향을 미친다. 조사 초기에 니시진의 독특한 생산유통관계에 관심을 가진 교토 대학의 한 경제학 교수가 니시진에서 전통공예 직물을 전시하고 소개하는 유서 있는 직물업자 집안인 T가에 초대를 받았는데 함께 가보지 않겠느냐고 제안했다. 나는 좋은 기회라고 생각해서 가겠다고 대답하였다. 나중에 니시진에서 알게 된 사람들에게 모 회사의 행사에 참석할 예정이라고 말하자 그들은 모두 나에게 니시진에서 연구하고자 한다면 그곳에 가면 안 된다고 조언하였다. 결국 고심 끝에 보다 장기적인 전략을 위하여 가깝게 지내는 사람들의 조언을 받아들이기로 하고 교토 대학 교수에게 양해를 구하고 방문을 포기하였다. 한참 후에 들은 바에 따르면 문제의 그 집은 니시진에서 역사가 오래된 직물 도매상이었으나 선대에 80억 엔 정도의 부도를 내고 도산하였으며, 그 과정에서 여러 사람들에게 피해를 입혔다고 한다. 그중 가장 심했던 것은 납품 대금을 지불받지 못한 제조업자가 자살한 사건이었다고 한다. 사업에 실패하여 도산한 것은 어쩔 수 없었을지 모르나, 후에 그 도매상이 명의변경 등의 방법을 이용하여 재산을 빼돌린 사실이 드러나 도덕성과 신용에 치명적인 타격을 입게 되었다. 오랫동안 서로 믿고 거래해 오던 제조업자를 죽음으로까지 내몬 도산 사건이 마무리된 후, 그 집은 빼돌려 두었던 오래된 상가 건물을 박물관으로 만들고 관광객들을 대상으로 니시진의 직물을 전시하거나 판매하고, 전통공예기술을 보존하고 활성화한다는 명목하에 시의 보조를 얻어 여러 사업을 전개하고 있다. 그러나 니시진 내부 사람들 사이에서 평이 너무 나빠 더 이상 상거래는 물론 통상적인 이웃 관계도 유지하기 어려운 지경에 이르렀다.

이 이야기는 니시진에서의 인간관계의 특성을 잘 보여 준다. 무려 30여 년 전에 일어난 일이고 당사자가 이미 사망하였음에도 불구하고 니시진에서 그 집안의 명예는 되돌릴 수 없는 것이었다. 그런 점에서 니시진은 대도시 한복판에 있음에도 불구하고 농촌마을처럼 폐쇄적 공동체의 성격을 갖는다고도 볼 수 있다. 다른 점이 있다면, 농촌마을의 가옥은 담장이 없고 한 집 마당이 다음 집 마당으로 연결되는 구조여서 이웃 간에 비밀을 가지기가 매우 어려운 반면 교토의 집은 외부에 완전히 닫힌 구조라는 것이다. 특히 니시진에서는 자신들의 일을 외부에 알리기를 매우 꺼린다. 경쟁이 심한 영세 제조업자들이 자신들이 생산한 직물의 디자인이 유출되어 도용될까 봐 외부인을 경계하며, 직조공들도 자기만의 기술이 모방될까 우려하기 때문이다. 니시진에서도 전통공예의 수호자를 자처하며 앞에 나서는 사람들이 있으나 그들은 '니시진'의 이름을 파는 것일 뿐 제대로 된 제조업자나 장인이 아닌 경우가 대부분이라고 여겨진다.

이 같은 특성에서 비롯된 인간관계의 어려움은 조사 초창기뿐 아니라 조사가 어느 정도 진행된 후에도 계속되었다. 한번은 핵심 정보제공자에 해당하는 H씨가 속한 염직공예협회 회원들을 인터뷰하는 과정에서 발생하였다. 제9장에서 자세히 살펴보겠지만 이 단체는 니시진 활성화를 목표로 삼은 관련업자들의 단체로서 H씨와 20여 년 이상 함께 활동해 온 매우 가까운 관계의 사람들이었다. H씨의 주선으로 회원 대부분을 면담할 수 있었는데, 그렇게 가까워진 회원 중 두 명이 자신들의 집에 필자를 개인적으로 초대하였다. 그런데 그 이야기를 들은 H씨와 부인은 말도 안 된다는 식의 반응을 보였다. 결국 필자를 초대한 K기업의 사장이 H씨에게 "집사람이 잘 모르고 한 말"이었다고 해명하는 것으로 상황을 마무리하였고, U기업에는 필자의 사정으로 초대에 응하기가 어렵다고 양해를 구하고 방문을 포기할 수밖에 없었다. 후에 H씨 부부로부터 그들이 나를 따로 초대한 것은 "예의에 어긋나는 행동"이라는 설명을 들었다. 즉 그들은 H씨 부부를 통해서 나를 알게 되었으므로 그들과 나의 관계는 계속 자신들을 통해서 연결되어야 하며, 나를 개별적으로 초대하여 별도의 관계를 맺으려는 행동은 자신들의 입장을 무시한 처사라는 것이다.[7]

이처럼 비밀과 경계심으로 점철된 니시진의 분위기로 인해 이곳에서 인류학적 조사를 진행하기는 매우 어렵다. 인류학은 공식적으로 발표되는 통계자료나 문서보다 개별 만남을 통한 심층면담에서 얻는 질적 자료를 중시하는데, 니시진에서는 사람을 만나기가 쉽지 않을 뿐만 아니라 소개를 받거나 어떤 식으로든 연결되었더라도 그 대상의 성격이나 평판이 어떠한지를 미리 파악하고 가려서 만나야 하는 형편이었기 때문이다. 실제로 니시진 사람들은 자동차를 한 대 구입할 때에도 결코 한 번에 계약하는 법이 없이 반드시 누구의 소개로 왔는지 묻고 다음 날 그 말이 사실인지 확인한

---

7 K기업 사장은 재일한국인 출신의 기모노 보정업자로, 자기 집에서 내게 보여줄 것이 많다고 하였다. U기업 사장은 직물도매업을 하는 사람으로, 부인이 국제교류에 관심이 있어 외국인 부인 대상으로 일본요리 강습회 등을 개최하므로 나에게 그곳에 참가하면 좋지 않겠느냐고 제안하였다. 흥미롭게도 H씨는 같은 염직공예협회 회원인 N기업 사장에게는 언제든지 혼자 찾아가 만나도 좋다고 말하였다. 하지만 N기업 사장이 H씨를 통하지 않고 나를 초대한 적은 없다.

후에야 계약한다고 한다(山口伊太郎·山口安次郎 2003:94). 이것은 다시 말해 니시진에서는 농촌에서 조사할 때처럼 길을 가다가 직물회사라는 간판이 붙어 있거나 직기 돌아가는 소리가 들린다 해서 무작정 문을 두드리고 들어가 일하는 사람들을 붙잡고 조사를 시작할 수 없다는 것을 의미한다. 직조공이건 제조업자이건 도매상이건 간에 사전 연락과 소개 없이 온 사람에게 공장이나 회사의 내부를 보여 주거나 여러 질문에 응답해 주는 일은 결코 없기 때문이다. 그런 점에서 교토에는 "혼간지本願寺(정토종淨土宗의 본산)와 기온祇園(교토시의 대표적인 환락가), 그리고 니시진은 외부인이 파고들 수 없는 곳이다"라는 말이 있다(Hareven 2002:25).

　니시진에서의 조사는 이러한 어려움 속에서 진행되었다. 다행히 개인적 인연으로 알게 된 H씨 같은 확실한 내부 지인이 없었다면 살얼음판 같은 이번 조사는 진행될 수 없었을 것이다. 물론 그를 통해서 사람들을 소개받고 조사를 진행하는 과정에서 앞에 설명한 사례처럼 조사자의 행동반경이 제한되기도 했지만, 전체적으로 볼 때 H씨의 도움이 없었다면 내가 만날 수 있는 사람은 훨씬 더 줄어들었을 것이다. 그는 니시진에서 신용이 축적된 사람이었고, 비록 지금은 규모가 많이 줄어들었으나 메이지 초부터 3대 이상 이어져 온 중견 직물제조업체의 사장이었으므로 제조업자는 물론 하청장인부터 도매상에 이르기까지 비교적 폭넓은 인맥을 가지고 있었다. 또한, 뒤에 상술하겠으나, 선대부터 밀접한 관계를 유지해 오던 교토부의 지원을 받아 니시진 제품의 생산제조 및 유통 과정을 인터넷으로 추적할 수 있는 니시진 활성화 프로젝트를 진행하고 있었다. 그 덕에 조사의 전 과정을 통하여 H씨는 내가 니시진에서 수집한 정보의 상대적 중요성, 사실 여부, 과거 배경 등을 재확인하고 자리매김하는 데 결정적인 역할을 담당해 주었다. 그는 인품이 매우 성실하여 자신이 확실하게 알지 못할 때에는 직접 자료를 찾아보거나 인맥을 통하여 정보의 정확성을 재확인해 주는 수고도 서슴지 않았다. 그런 점에서 조사를 진행하고, 수집한 자료를 정리하고, 조직하고, 집필하는 작업의 궁극적 책임은 내게 있지만 이 책은 어떤 면에서 인류학에서 흔히 말하는 '핵심 정보제공자key informants'인 H씨 부부와 나의 공동 저작물이라고 말할 수 있다. 그들의 지속적인 도움과 격려가 없었다면 끊임없이 부닥치는 어려움 속에서 조사를 계속 진행하는 것도, 이 책을 집필하는 것도 불가능했을 터이기 때문이다. 이 자리를 빌려 둘 다 1950년생으로 나와 동갑이며 좋은 친구들인 H씨 부부에게 마음 깊이 감사하다는 말씀을 전한다.

3. 책의 구성

니시진의 직물업과 그에 종사하는 사람들의 삶의 세계에 대한 역사적 민족지historical ethnography를 지향하는 이 책은 「들어가며」와 에필로그에 해당하는 「마무리: 사라져 가는 세계, 니시진」을 제외하고 총 9개 장으로 구성되어 있다. 일반적으로 민족지民族誌 작성을 위한 조사는 인류학자가 직접 관찰하고 참여할 수 있는 현재 상황에 초점을 두고 진행된다. 그러나 역사사회에 대한 민족지 연구가 모두 그러하듯이, 역사가 오래된 니시진 직물업을 이야기하는 데 있어 현재 상황에 대한 관찰에만 의존할 수는 없다. 해석인류학 분야의 선구자라 할 수 있는 클리퍼드 기어츠는 대표 저술인 『문화의 해석』(Geertz 1973(문옥표 역 1998)]의 권두 논문에 해당하는 「중층기술Thick Description」에서 관찰자가 관찰되는 현상의 역사적 배경 지식을 가지고 있을 경우 그 현상에 대한 이해도가 어떻게 질적으로 달라질 수 있는가를 흥미로운 사례를 들어 설명한 바 있다. 다시 말해 니시진의 현재를 이해하려면 교토의 직조사織造史 전반뿐 아니라 메이지 이후 근대에 들어서 이루어진 변화, 그리고 제2차 세계대전 이후 최고 전성기를 누릴 때의 니시진의 모습을 살펴야 한다. 그래야 현재 니시진 사람들의 일과 삶에 대한 자기인식의 맥락과 배경을 이해할 수 있다.

이러한 이유에서 제1부에서는 니시진오리의 역사(제1장)와 기모노의 변천사(제2장)를 살펴본다. 니시진의 역사에 대해서는 이미 많은 연구들이 나와 있으므로 이 장은 주로 기존 연구들을 중심으로 정리하였다. 이 장의 부제를 '끊임없이 새로이 만들어지는 전통'이라고 붙인 이유는 일본인에게 '전통공예'가 의미하는 바와 연결된다. 뒤에서 상세히 논의하겠지만, '전통공예'로서 니시진오리는 과거부터 이어져 내려온 변하지 않는 무언가가 아니다. 니시진오리의 역사가 500년 이상이라고 주장하지만, 에도 시대와 메이지 시대, 오늘날의 니시진오리는 서로 엄청나게 다르다. 19세기 말 유럽에서 동력으로 날실을 끌어 올리는 자카드Jacquard 직기가 도입되고 화학염료도 대량으로 수입되었다. 또한 과거에는 종이에 일일이 구멍을 뚫어 직물 디자인을 옮긴 몬가미紋紙를 사용했으나 1980년대에 몬가미가 플로피 디스크로 대체되어 컴퓨터 기술이 활발히 도입되었다.[8]

다시 말해 오늘날의 니시진오리는 끊임없이 새로운 기술을 받아들이며 혁신을 거듭하여 발전해 온 결과이며 그런 점에서 박물관에 보존된 유물로서의 '전통'이 아닌 살아 있는 '전통'이라 할 수 있다. 실제 일본의 경제산업

---

8 플로피 디스크가 사라지는 시대에 이르자 니시진에서도 USB 등 플로피 디스크의 대체품에 대해 논의되고는 있으나 직물 수요가 지속적으로 줄고 있는 상황에서 비용 문제 때문에 적극적으로 나서는 사람이 없다고 한다.

성이 지정하여 국가적으로 보존을 지원하는 '전통적 공예품'의 요건에는 특정 지역의 역사적 전통으로 오래된 것을 이어갈 뿐만 아니라 생활용품 산업으로 성립해야 한다는 조건이 붙어 있다(문옥표 2011:5). 따라서 니시진의 현재를 이해하려면 그 혁신 과정, 즉 니시진의 역사를 반드시 이해해야 한다.

그와 관련하여 기모노의 변천사를 살핀 이유는, 니시진의 직물업이 지금은 넥타이용이나 실내장식용 직물 등 다양한 상품을 제작하고 있지만 그 기본은 여전히 기모노용과 오비용 직물이기 때문이다. 일본의 전통의상을 지칭하는 기모노는 많은 복식사적 변천을 거쳐 오늘날의 형태로 정착되었으며, 기모노의 변천과정 및 전통의상에 대한 일반인들의 태도 변화는 니시진의 흥망성쇠와 밀접히 연관되어 있다. 특히 메이지 이후 근대화 과정에서 나타난 생활양식의 변화와 서양화의 흐름 속에서 나타난 기모노 이탈 현상과 민족의상의 '의례복화' 과정은 니시진오리의 생산과 유통에 직접적인 영향을 미쳐 왔다.

제2부(제3~6장)에서는 니시진오리의 독특한 생산과 유통 구조를 분석한다. 동력화, 기계화, 컴퓨터 기술 도입 등 끊임없는 기술 혁신에도 불구하고 니시진오리가 '전통공예품'으로 받아들여지는 가장 큰 이유는 생산방식에서 찾을 수 있다. 즉 동력의 도입에도 불구하고 니시진오리의 생산과정은 하나의 공장에서 모든 공정이 이루어지는 산업화된 대량생산체계가 아니다. 여전히 전통적 방식으로 개별공정을 담당한 독립된 영세 가내공장에서 훈련받은 장인들이 작업하는 분업체계가 유지되고 있기 때문에 다양한 신기술 도입에도 불구하고 니시진오리를 전통공예품이라 할 수 있는 것이다. 가내공업에 기반을 둔 생산체계는 일본의 이에家제도를 특징짓는 가업家業 및 가독상속家督相續 관념과 더불어 니시진의 직물업을 지탱해 온 힘이

다. 하지만 최근에는 심각한 후계자 확보 문제에 부닥쳐 그 지속성이 위협 받고 있다. 제3장에서는 전통적인 가내공업의 특징과 그에 기반을 둔 니시진 직물업의 분업체계, 그리고 이를 뒷받침해 온 니시진 특유의 유통체계의 구조적 특징을 살펴본다.

제4장에서 제6장까지는 니시진오리 생산유통체계의 주역인 직물제조 업자(제4장), 직조공 및 하청장인(제5장), 유통업자인 도매상의 세계(제6장)를 구체적 사례를 중심으로 서술한다. 제4장에서는 니시진 직물업의 생산 및 유통 과정에서 핵심 위치에 있는 직물제조업자들, 즉 오리모토織元의 세계를 몇 가지 유형을 선정하여 구체적으로 소개한다. 제5장에서는 직조공 및 기타 하청장인들, 즉 쇼쿠닌職人의 세계에 주목한다. 경영자인 오리모토와 달리 이들은 공임을 받고 일하는 노동자이나 일반 산업 분야의 노동자와 성격이 다른 소위 '장인匠人'이다. 니시진 분업체계의 특성상 쇼쿠닌은 오리모토와 마찬가지로 독립된 영세 가내공업 형태로 일감을 받아 작업하며, 주로 전통적인 도제훈련 방식을 통하여 기술을 전승해 왔다. 오늘날에는 도제제도가 거의 사라져 기술 전승이 위협받고 있으며, 전통직물 산업이 전반적으로 사양길에 접어들면서 가업으로 계승될 가능성도 희박해지고 있다. 제5장에서는 사례연구를 통하여 이 같은 상황을 살펴본다.

제6장에서는 니시진오리의 독특한 유통체계와 그 변화과정을 다룬다. 니시진의 유통구조는 여러 단계의 중간도매상을 거치는 소위 매계(가이쓰기)제도買継制度가 특징이다. 중간도매상은 일반 상매商賣에서처럼 생산 제품을 위탁받아 매매를 중개하고 수수료를 받는 데 그치지 않고 제품 기획 및 원재료 공급까지 담당해 왔다. 하나하나의 공정이 전문화된 가내공업의 분업적 생산구조로 인해 규모가 매우 영세한 생산업자들은 스스로 제품 기획이나 판매를 하기가 어렵다. 따라서 그 역할을 중간도매상이 맡아 왔다.

즉 자금 및 원료 공급부터 제품 판매에 이르기까지 직물제조업자가 중간도매상에게 의존하는 구조가 유지되어 왔으며, 필연적으로 둘 사이에 권력적 위계관계가 존재해 왔다. 이 장에서는 이러한 니시진오리의 독특한 유통구조를 살펴보고, 다양한 종류의 중간도매상과 생산업자 간의 관계가 변화된 과정을 분석해 본다.

제3부는 니시진오리의 현황과 전망을 다룬 3개 장으로 구성되어 있다. 제7장에서는 통계자료에 나타난 니시진 직물업의 변화양상을 고찰한다. 니시진의 직물제조업자 단체인 니시진직물공업조합西陣織物工業組合[9]에서는 1955년부터 3년마다 교토부의 지원을 받아 전문학자들에게 의뢰하여 니시진 직물업 관련 통계조사인 '니시진기업조사西陣機業調査'를 실시하고 있다. 이 장에서는 그간의 조사자료들에서 수치로 나타난 니시진 직물업의 변화와 현황을 고찰해 본다.

제8장에서는 지역사회로서 니시진의 변모를 분석한다. 직물업이라는 특수한 일에 관련된 사람들이 오랫동안 모여 살면서 형성되어 온 니시진의 지역사회에는 그간 많은 변화를 겪어 왔음에도 불구하고 과거부터 내려온 오래된 전통의 흔적이 남아 있다. 제조업자이건 직공이건 염색업자이건 직물 관련 어느 분야에 종사하건 간에 자녀들이 대부분 같은 학교에 다니고, 같이 청소년 시절을 보내고, 가업을 이어 대대로 같은 분야에서 관계를 맺어 왔다는 사실은 이들의 인간관계에 독특한 성격을 부여한다. 과거에는 도매상, 직물제조업자, 직공 등 직업과 신분에 따라 각기 다니는 술

---

9 1951년에 니시진직물동업회西陣織物同業會로 발족한 이 단체는 1953년 니시진직물동업협동조합西陣織物同業協同組合으로 명칭이 변경되었고, 1958년에 니시진직물공업조합西陣織物工業組合으로 개칭하여 현재까지 이르고 있다(西陣織物工業組合 編 1972). 이 조직은 니시진오리공업조합西陣織工業組合이라고도 불린다.

집이나 노는 곳이 달랐다고 하며, 같은 술집에서도 앉는 자리가 구분되어 있었다고 한다. 그러한 인간관계의 '예절'을 제대로 알지 못하면 니시진에서 살아남기 어려웠다. 인구 이동이 많아지고 다양한 직종의 사람들이 혼재하는 오늘날에는 이러한 '예절'이 많이 사라지고 지역사회의 성격도 달라지고 있다. 이 장에서는 기존의 연구결과 및 현지조사 자료를 중심으로 그러한 변화의 의미를 고찰해 본다.

제9장에서는 니시진에서 전통적 생산유통관계의 쇠퇴와 최근에 진행되고 있는 니시진 직물산업의 활성화 및 부흥을 위한 다양한 노력들을 살펴본다. 먼저 교토부와 교토시의 다양한 전통공예 활성화를 위한 지원과 활동을 살펴보고, 상공회의소 등 기타 단체들의 전통공예 종사자 지원 노력을 개별 업자들의 다양한 활성화 계획들과 관련하여 분석한다. 이어 니시진 유메마쓰리西陣夢祭, 센료가쓰지 마쓰리千両が辻祭, 니시진 지역박물관 구상 등 새로이 발명된 축제들에서 보이는 문화운동으로서 니시진 지역활성화 운동의 의미를 살핀다. 마지막으로 전통산업 상품이력 운동 등 직물업에 종사해 온 사람들의 자구책을 평가해 본다.

마지막으로 결론 부분에 해당하는 「마무리: 사라져 가는 세계, 니시진」에서는 '지속 가능한 산업'으로 존재하던 니시진의 직물업이 '보존되어야 할 문화전통'으로 변화되어 가는 과정을 분석하고 그러한 변화가 암시하는 니시진의 미래를 논한다.

제1부

니시진오리의 역사와
기모노의 세계

제 1 장

니시진오리의 역사:
끊임없이 새로이 만들어지는 전통

2012년 11월 11일, 일요일 아침에 교토시 기타구北區에 있는 오미야大宮 신사에서 니시진의 545주년을 기념하는 제사가 거행되었다. 세계적으로도 유명한 교토의 단풍이 거의 끝나갈 무렵, 가을비로는 제법 굵은 줄기가 쏟아지는 궂은 날씨에도 불구하고 색색의 기모노 정장을 차려 입은 남녀들이 신사의 별당으로 모여들었다. 멀리서 보면 마치 결혼식이라도 열리는 듯했다. 맑은 날 같으면 신사 경내에 있는 오리히메織姬, 즉 직조의 여신상 앞에서 제사를 지내겠지만 비가 내려 하는 수 없이 별당에 제단이 차려졌다.[1]

우리에게도 익숙한 직녀의 전설에서 유래한 오리히메 상 앞에는 교토에서 니시진오리에 관계된 여러 종류의 업자들이 사업 번창을 기원하며 봉납

---

[1] 본래 중국에서 유입된 견우와 직녀의 전설이 각 지역에서 토착적으로 행해지던 직조와 조상신을 기리는 오본御盆 등의 민간신앙과 결합하여 성립한 다나바타 마쓰리七夕祭(棚機祭라고도 씀) 는 양력 7월 7일에 전국적으로 행해진다. 니시진의 날 행사는 직물업의 특성상 오리히메를 수호신으로 모실 뿐 다나바타 마쓰리와 관계가 없다.

그림 1-1 오리히메 상 앞 양편에 세워진 북 모양의 헌등

한 석등들이 줄지어 서 있다. 도안圖案, 문양(紋), 정경整經, 긴란金襴, 연사撚
絲, 염색染色, 종광綜絖, 가스리絣, 원사상原絲商, 직물제조업자(오리모토織元),
직물도매상(돈야問屋) 등 앞으로 상세히 살펴볼 니시진 직물업의 분업체계만
큼 헌등자의 업종도 다양하다. 그중 가장 눈에 띄는 헌등은 직물을 짤 때
직기에 걸려 끌어 올려지는 날실의 열린 부분으로 미리 감아 둔 씨실을 지
나가게 하는 데 쓰이는 도구인 배(舟)처럼 생긴 북(사梭, 일본어로 '히杼'라고 함)
모양을 띤 독특한 헌등獻灯이다(그림 1-1).

니시진의 역사에 비하면 이 제사의 역사는 그리 오래지 않다. 1967(쇼와
昭和 42)년에 니시진 500주년을 기념한 여러 사업과 함께 새로이 도입된 행

사로서 2012년에 45회를 맞이하였다. 니시진西陣이라는 명칭은 무로마치室町 막부 시절 8대 쇼군인 아시카가 요시마사足利義政의 계사繼嗣 문제를 둘러싸고 일어난 다이묘들 간의 전쟁인 오닌의 난応仁の乱[2] 때 호소카와 가쓰모토細川勝元의 동군東軍 진지인 무로마치에 대항하여 야마나 소젠山名宗全이 자리 잡은 서군西軍의 진지가 있었던 곳이라는 데서 유래했다고 한다. 따라서 오닌의 난이 일어난 1467년을 니시진의 원년으로 삼고 있다.

'오닌의 난'은 오닌 원년(1467)에 시작되어 분메이文明 9년(1477)까지 11년 간이나 계속되었으며, 10년 이상 이어진 전란의 주된 전쟁터였던 교토는 도시 전역이 괴멸적 피해를 입고 황폐해졌다. 제사일인 11월 11일은 오사카 부근의 산업·무역 도시인 사카이堺 지역으로 피란 갔던 직조공들이 전란이 수습된 후 니시진으로 돌아와 다시 직기 소리가 들리기 시작한 날이라 하여 정해졌다. 니시진직물공업조합西陣織物工業組合 홈페이지에는 니시진의 날을 지정한 취지로 "이날은 니시진의 기초를 닦은 선인에게 감사하고, 니시진과 니시진오리의 역사와 전통을 재확인하고, 업계의 발전을 기원하기 위하여 정해졌다"라고 적혀 있다. 현재 오미야가미다치우리 동편大宮上立売東入에는 오닌의 난 당시 니시진의 본거지인 야마나 소젠의 구 저택지 자리였음을 알려 주는 비가 세워져 있다(그림 1-2). 2012년 오미야 신사에서 거행된 니시진의 날 행사에는 60~70명이 참석한 가운데 신관의 집례로 제사를 지낸 후 니시진직물공업조합장, 교토부, 교토시의 각 해당과장에 이

---

2 오닌·분메이의 난応仁·文明の乱이라고도 부른다. 아시카가 요시마사의 의제義弟인 요시미義視를 옹립하고자 한 호소카와 가쓰모토와, 아시카가 요시마사의 친자親子인 요시히사義尚를 옹호한 야마나 모치토요山名持豊(후에 출가하여 야마나 소젠으로 개명함)의 두 파가 대립한 전쟁이다. 규슈 일부 지방을 제외하고 전국으로 확대되었으며, 이 전란의 영향으로 막부 및 수호 다이묘들의 쇠퇴가 가속화되어 전국시대에 돌입하게 되었다.

그림 1-2 니시진이라는 명칭이 유래한 야마나 소젠의 저택지 터

어 와소산업和裝産業진흥재단, 산지도매상조합, 원사상협동조합, 니시진 전통공예산업협회, 몬가미조합, 연사조합, 가스리조합, 금은사金銀絲조합, 염색조합, 종광조합, 전통공예사협회 등의 대표자들이 순서대로 다마구시玉串3를 바치는 것으로 끝났다.

제례를 마친 후 모두가 출구에 마련된 음복의 장에서 나오라이直会4로 제공되는 술을 한 잔씩 받아 마시고, 개별적으로 니시진직물공업조합 회관

---

3 종이나 면 조각으로 장식한 사카기榊(비쭈기나무)의 가지로 신도의 의례에 쓰인다.
4 의례를 마친 후의 음복 술자리.

으로 이동해 기념 파티를 하고 우수 장인들을 격려, 표창하는 것으로 이날의 행사가 마무리되었다. 조합 임원들과 관련업체 대표들 이외에 인류학자와 염직 관계 전문 잡지사의 기자가 한 명 견학차 왔을 뿐, 니시진의 날 행사는 일반인은 물론 조합 평회원들에게조차 별 관심을 끌지 못한 조촐한 자리로 끝났다.

그러나 니시진 500주년을 기념하여 1967년 이 행사를 처음 시작한 때만 해도 니시진의 경기가 상승세를 타던 시기였던 만큼 니시진의 날 행사는 지금과 비교할 수 없을 정도로 성대하였다. 조합에서 매 3년마다 발간하는 『니시진 연감西陣年鑑』의 사진 기록을 보면 1977년 510주년 기념 니시진의 날 행사 때는 교토 전 시내를 도는 오픈카 퍼레이드를 하고, 가미교구上京區에 있는 니조조二条城에서 기모노 차림의 남녀 직물업계 관련자 수백 명이 참가한 기념식과 원유회를 열었다. 또한 매년 니시진의 날에는 니시진의 모든 공장과 상점, 회사들이 일을 쉬고 각 점포마다 깃발을 내걸고 제품의 전시 판매를 비롯해 각종 기념행사를 열었다.

1970~1980년대는 국내뿐만 아니라 전 세계적으로 니시진오리라는 이름을 알리는 데 힘쓰던 시기였다. 1979년의 파리전람회를 시작으로 1983년 뉴욕에서 '전통 일본—니시진의 실크 이야기Traditional Japan—Silk Story by Nishijin'라는 행사를 열었으며, 1984년에는 싱가포르에서 니시진 실크 페스티벌을 열었다. 국내에서도 1987년에 도쿄의 긴자銀子에서 개최된 니시진 페어Nishijin Fair를 비롯하여 전국적으로 니시진오리 전시회가 개최되었고 유명 백화점들에서도 정기적으로 니시진 품평회가 열렸다. 또한 전국 전통공예전, 국제 전통공예전들이 니시진에서 개최되어 천황 부처를 비롯하여 국내외 유명인사들의 방문이 끊이지 않았다고 한다.

불과 20여 년 전까지만 해도 이처럼 성대하던 행사들이 거의 다 사라지고 사람들의 관심을 끌지 못하게 된 상황은 대대로 니시진의 직물산업에 종사해 온 사람들에게 받아들이기 쉽지 않은 현실이다. 한때는 특별한 교육이나 자격이 없어도 제직이건 염색이건 실 잣는 일이건 문지紋紙에 구멍 뚫는 일이건 무엇이라도 니시진에서 직물 관련 일 하나만 익혀 두면 평생 밥 굶을 걱정이 없다고 했다. 그 당시에는 '갓차만'이란 말이 유행했는데, 이 말은 직기가 한 번 오른쪽에서 왼쪽으로 움직여 '갓차'라는 소리가 날 때마다 1만 엔円을 번다는 뜻이다. 조사 중에 만난 사람들은 그렇게 번성하던 니시진이 지금처럼 기막힌 상황을 맞을 줄은 몰랐다며 입을 모아 이야기했다.

이 장에서는 기존 연구들 그리고 필자의 면담자료를 중심으로 니시진 직물산업의 굴곡과 부침의 역사를 개괄해 보고자 한다.

1. 교토와 니시진의 직조사

기타무라는 "니시진 방직업(機業)의 역사는 근세 우리나라 방직업사의 근간이며 오늘날 일본 직물업계의 기반이 된 것으로 그 의의가 매우 크다"(北村哲郎 1969:259)고 한다. 이것은 일본의 직조사織造史에서 니시진의 중요성을 보여 주는 언급이다. 니시진의 역사에 관해 가장 포괄적인 연구는 1932년에 처음 간행되고 1980년에 재판이 나온 사사키 신자부로佐々木信三郎의 『니시진사西陣史』이다. 이 책은 당시 니시진 직물업계의 중심조직 중 하나인 니시진직물관西陣織物館이 오랫동안 니시진 관련 일을 해온 역사학자 사사키에게 의뢰하고 교토 대학의 협조를 받아 니시진의 오래된 가문들이 소장한 고문서와 관련자들의 구술 자료를 취합·정리하여 편찬한 것으로, 니시진의 역사에 관한 대표적이고 종합적인 연구서이다. 그러나 역사시대라 보기 어려운 신대神代도 기술 범위에 포함한 데다 지나치게 전문적이고 기술적인 부분까지 상세히 다루고 있어 이 책에서 다 소개하기가 어렵다. 따라서 여기에서는 사사키의 연구에 기초하되 뒤에 출간된 연구들을 참조하여 15세기 말 니시진 성립 이후의 전개에 초점을 맞추어 니시진 직조사를 개괄한다.[5]

(1) 하타씨와 양잠의 전래

천 년 이상 도읍지였던 교토의 직조사는 한반도에서 건너온 도래인渡來人 집단인 하타씨秦氏 씨족이 지금의 교토 서쪽 사가노嵯峨野, 우즈마사太秦 지역에 정착하기 시작한 5세기경으로 거슬러 올라간다. 『니혼쇼키日本書紀』에 따르면 오진應神 천황 14(283)년 한반도의 백제가 '옷 만드는 여인縫衣工女'을 보내고, 백제에서 유즈키노키미弓月君(하타씨의 선조로 여겨지는 도래인. 유즈오融通王라고도 함)가 120현縣의 사람들을 이끌고 귀화하면서 일본에 잠직법蠶織法이 전해지고 공예가 크게 발전하게 되었다고 한다.[6] 백제에서 온 귀화인들은 지금의 교토 서부 우타노宇多野 지역을 개척하고 거주하였다. 오늘날의

---

5 사사키 신자부로의 『니시진사西陣史』(1932년판) 이외에 주로 참조한 문헌은 쓰다 아키라(澤田章, 1932), 혼조 에이지로(本庄榮治郎, 1965(1935)), 나라모토 다쓰야(奈良本辰也, 1969), 마시타 모사부로(真下 百三郎, 1969), 하라다 도모히코(原田伴彦 1969), 기타무라 데스로(北村哲郎 1969), 다쓰미 분지로(巽 文次郎, 1969)와 니시진직물공업조합에서 조합 창립 20주년을 기념하여 1972년에 펴낸 『조합사: 니시진직물공업조합 20년의 발걸음組合史: 西陣織物工業組合 二十年の步み』 등이다.

6 대륙 문명의 전래과정에 관한 서술에서 항상 한반도를 제외하고 중국과의 직접 교류를 강조하는 일부 일본 역사학자들은 하타씨가 백제에서 건너왔다는 『니혼쇼키』의 기록에도 불구하고 하타씨의 시조로 여겨지는 유즈키노키미가 중국의 초대 황제인 진시황의 후예로 생각되므로 하타씨가 일본에 들어온 중국 유민이라는 주장을 편다. 반면 한국인 역사학자 정재정 교수는 하타씨가 가야계 신라 도래인 집단이라고 주장한다(정재정 2007 : 39).

우즈마사라는 지명도 그로부터 유래하였다. 일본에서 가장 오래된 절이라 하는 우즈마사코류지太秦廣隆寺의 창건자인 하타노가와카쓰秦河勝, 유랴쿠雄略 (418~479) 천황의 중신인 하타노사케노키미秦酒公가 모두 그 후예이다. 하타 씨는 토목기술에도 뛰어나 가쓰라가와桂川에 제방을 쌓고 물을 끌어들여 가 도노葛野의 황무지를 개간하고 가쓰라가와 주변을 풍요로운 경지로 변모시 켰으며, 헤이안쿄平安京(현재의 교토시 중심부)는 물론 나가오카쿄長岡京 축조에 도 크게 공헌하였다고 한다(정재정 2007:39-40). 그들은 우즈마사를 근거지 로 하여 새로운 농경기술과 양잠, 직조기술, 금속세공, 나무세공을 통하 여 많은 부를 축적하였으며, 경제력을 바탕으로 일본 조정과 밀접한 관계 를 유지해 가며 794년 간무桓武 천황(737~806)의 헤이안 천도를 실현하는 데 커다란 배후 세력으로 작용하였다. 오늘날 니시진오리의 기원이 된 헤이 안 왕조의 궁정기직공업도 도래 귀화인 하타씨의 뛰어난 견직기법의 전통 을 바탕으로 꽃피울 수 있었다 한다(西陣織物工業組合 2012:1).

하타씨의 본거지였던 교토 우쿄구右京區의 우즈마사에 있는 고류지는 서 기 622년에 창건된 교토에서 가장 오래된 사원으로 백제에서 전해졌다고 알려진 일본 국보 1호 미륵보살반가사유상이 있으며, 하타씨의 원찰願刹이 다. 이 절은 하타 씨족의 가장 유력한 인물이었던 하타노가와카쓰가 603년 에 쇼토쿠聖德 태자에게 받은 불상을 안치하기 위해 세웠으며, 창건자 하타 노가와카쓰의 본명인 고류廣隆를 따 이름을 붙였다고 한다(정재정 2007:41).[7] 여기에서 멀지 않은 곳에 양잠, 직물, 염색의 신을 모시는 가이코노야시로

---

7 고류지는 하타씨들이 살던 지역 이름을 따서 우즈마사데라太秦寺 혹은 가도노데라葛野寺라고도 하며, 이전에는 하타노키미데라秦公寺라고 불리었다. 절의 본래 건물은 818년과 1150년의 대 화재로 소실되었으며, 현재 남아 있는 것은 대부분 메이지 이후에 재건된 것이다.

蚕の社가 있는데 이 신사 역시 하타노가와카쓰가 창건했다고 알려져 있다.

이 신사의 정확한 창건 연도는 알려져 있지 않으나 관련 기록이 701년부터 나타나므로 7세기경에는 이미 존재하였을 것으로 짐작된다. 정식 명칭이 고노시마木嶋 신사인 이 신사의 본전本殿 서편의 숲속에는 사계절 내내 샘물이 솟아났다는 모토타다스노이케元糺の池란 신성한 연못이 있었다. '타다스糺'란 '바르게 하다' 혹은 '잘못을 바로잡다'라는 의미로, 도요노우시노히土用の丑の日8에 이 연못에 손발을 담그면 병이 낫는다는 믿음이 있었다고 한다. 이는 헤이안 시대에 귀족들 사이에 유행한 미소기身濯, 즉 몸에 있는 죄나 기타 오염을 성수聖水로 씻어내 심신을 깨끗이 하던 풍습이 민간에 퍼진 것으로 생각된다. 이 풍습은 오늘날에도 교토 시내의 시모가모下鴨 신사에서 연중행사로 거행되는 '발 담그기 의례足つけ神事'(미타라시마쓰리みたらし祭(御手洗祭)라고도 함)로 이어지고 있다. 이 연못의 중심에는 1831(덴포天保 2)년에 재흥된 '세 기둥의 도리이三柱鳥居'가 서 있다. 교토에 있는 3개의 진귀한 도리이 중 하나로 알려진 이 석조 도리이는 세 방향의 각기 다른 신을 배례하는데 세 방향은 북쪽의 후다가오카双ヶ丘, 서쪽의 마쓰오타이샤松尾大社, 동쪽의 이나리타이샤稲荷大社로서 모두가 하타씨의 지배지역이었다.

한반도 도래인 하타씨와 관련하여 또 한 가지 흥미로운 사실은 가이코노야시로 신사와 시모가모 신사의 관련성이다. 오늘날 가이코노야시로 주변은 도로와 주택이 밀집해 있으나 창건 당시에는 울창한 숲으로 둘러싸여 있었다.9 일부만 남아 있는 거목들의 숲을 모토타다스노모리元糺の森라 부르

---

8 도요土用 기간 중 십이지가 소에 해당하는 날을 말한다. 도요 기간이란 입추, 입동, 입춘 전 18일간을 말하나 보통은 여름의 도요노우시노히를 일컫는다.

9 신사 정면에 모셔진 본전의 왼쪽이 모토타다스노모리元糺の森이고, 이 숲속에 모토타다스노이케元糺の池가 있다. 오른편에는 동본전東本殿인 고카이蚕養 신사가 자리 잡고 있다.

는데, 사가嵯峨 천황 시대(재위 809~823)에 다다스의 숲을 교토 시내의 시모가모 신사로 옮긴 이후 이곳이 본래 다다스의 숲이 있던 곳이라 한 데서 붙은 이름이다. 시모가모 신사의 제신인 다마요리히메玉依姫命는 본래 하타씨가 모셨으나 가모씨賀茂氏가 하타씨의 사위가 되어 제사권을 이양하게 됨에 따라 그리로 넘어가게 되었으며, 헤이안 시대에는 기우祈雨의 신으로 참배하러 오는 자들이 많았다고 한다.[10]

이러한 기록들은 약 1,300년 전에 교토에 도자기, 양잠, 직조기술 등을 전한 한반도 도래인 하타씨와 일본 왕실 및 귀족 집단들 사이의 밀접한 연관성을 말해 주고 있다.

(2) 일본 방직업의 발전과 니시진

1967년 니시진 500주년을 기념하여 발간된『니시진 : 미와 전통西陣 : 美と伝統』에서 메이지明治 이전 니시진의 역사를 집필한 나라모토 다쓰야는 8세기 말에 있었던 지금의 교토, 즉 헤이안쿄平安京 천도는 일본의 문화사, 공예사에서 새로운 기원이 된 사건이었다고 한다. 그것은 "우리나라의 문화, 공예가 대륙의 모방에서 한 걸음 전진하여 우리나라 독자의 것을 만들어 내었기 때문이다"(奈良本辰也 1969:215). 당시의 일본적 특징은 주로 직물 문양에서 나타나는데, 그전 시대 직물에서 보였던 중국의 산천과 자연에 뿌리를 둔 당초唐草, 당화唐花 문양에 더해 벚꽃, 단풍, 참억새꽃尾花(오바나) 등을 그리기 시작했다고 한다. 당시 직조 기술은 조정 직속 관청인 오리베노쓰카시織部同가 관리했다. 주로 궁정의 직물을 관장한 오리베노쓰카사는 현재

---

10 http://www5e.biglobe.ne.jp/~hidesan/konoshima-jinjya.htm 2013년 3월 11일 참조.

교토시 가미교구의 구로몬카미초자마치黑門上長者町 부근에 있던 오리베초織
部町에 모여 살던 공인工人들을 독려하여 고급 비단인 능綾(아야), 금錦(니시키)
등을 활발히 제직하였다. 따라서 이 지역은 헤이안 시대(794~1185) 초기부
터 일본 직물업의 중심지로 확고한 위치를 차지해 왔지만(Respicio 2007:321)
그 생산물은 귀족계급이 독점하였다.

헤이안 중기 이후 율령기구가 붕괴됨에 따라 관영 공방들도 쇠퇴하였다.
정부의 그늘에서 벗어난 직조공들은 오리베노쓰카사 동편의 오토네리초大
舍人町 등에 모여 살며 가마쿠라鎌倉 시대에 오토네리아야大舍人綾나 오미야키
누大宮絹로 불리던 견직물을 활발히 제직하였다.[11] 또한 송나라에서 도래한
능직 기법을 모방하고, 귀족뿐 아니라 절이나 신사를 대상으로 비단을 납
품하였다. 이것이 민업民業으로서 교토 직조의 시작이었으며, 궁정과 귀족
의 전유물이었던 고급 비단이 이 시기에 점차 일반인에게 확대되었으리라
추측된다.[12]

니시진이라는 지명이 유래한 오닌의 난이 일어난 시기는 일본 염직사染織
史에서 고대, 중세의 직물과 근세의 직물을 가르는 중대한 분기점이었다(北
村哲郎 1969:259). 헤이안 시대 이래 고급 직물의 유일한 생산지로 제직 기
술의 전통을 이어 온 교토의 직물업은 도시를 초토화한 대란으로 인해 10
여 년 이상 공백기를 맞아 고도의 기술을 요하는 몬라紋羅(무늬를 넣은 얇은 비
단)를 더 이상 제직할 수 없게 되었다. 그러나 중국에서 새로운 기술이 도

---

11 오토네리아야, 오미야키누에 대한 언급은 15세기 전반부의 저술로 생각되는 『데이킨오라이庭
訓往來』에 다른 직물들과 함께 처음 등장한다(田中日佐夫 1961:33).
12 후지와라 사다이에가 쓴 일기인 『메이게쓰키明月記』에 따르면 당시에 교토 직공들이 짠 가라아
야唐綾라는 새로운 직물이 등장하여 여성들이 주로 입은 고소데小袖라는 소매통이 좁은 평상
복에 쓰였으며, 일반적인 비단인 평견平絹은 계급을 막론하고 일반인들이 널리 착용하였다고
한다(奈良本辰也 1969:215).

입되고 직조공들이 기술을 개발하면서 '가라오리唐織'나 긴란金襴, '돈스緞子', '지리멘縮緬' 등 각종 직물들이 생산됨에 따라 교토의 직조업은 획기적으로 전환되었다.

오닌의 난 이후 교토로 되돌아온 직조공들의 일부는 현재 교토 가미교구에 있는 신마치新町와 이마데가와今出川 길이 만나는 곳에 있던 시로구모 마을白雲村에서 '네리누키練貫, 練緯' 등의 비단을 짜기 시작하였으며, 이들을 '네리누키'방練貫方이라 일컬었다. 또 다른 직조공들은 야마나 소젠의 서군 본진이 있던 오미야大宮 부근을 중심으로 '오토네리'좌大舍人座를 만들어 오닌의 난으로 중단되었던 오토네리의 아야綾를 부활시켰다(西陣織物工業組合 2012:1). 시로구모 마을의 네리누키방과 니시진의 오토네리좌는 서로 대립하며 발전하였으나 후에 오토네리좌의 유서와 특권이 인정되어 오토네리에서 '다카바타高機'를 가지고 직물을 짜던 오리야織屋(직물제조업자), 오리테織手(직조공)들이 니시진의 방직업을 대표하게 되었다. 1571(겐키元亀 2)년에는 오토네리좌에 속해 직물업에 종사하던 서른한 집 중 여섯 명의 오리야 가문이 일본 조정의 내장료內藏寮에 소속된 오리베노쓰카사 역할을 하도록 칙허를 받아 왕실 직물을 공급하는 권위를 누리게 되었다.

그러나 당시 서서히 퍼지기 시작한 차도茶道, 茶の湯에 쓰는 차주머니(차이레茶入)나 차 도구를 닦거나 받칠 때 쓰는 비단 보자기인 '후쿠사帛紗' 등에는 여전히 명나라에서 수입한 단자緞子, 금란, 은란 등의 직물을 주로 사용하였으며, 이 점은 노能의 의장意匠도 마찬가지였다고 한다(奈良本辰也 1969:217). 하지만 수입 직물의 유통에 자극을 받은 니시진에서 다카바타가 등장함에 따라 보다 복잡하고 정교한 문양을 넣은 문직紋織 비단을 생산할 수 있게 되었다. 이전에는 굵은 나무 봉으로 날실을 바닥에 닿을 정도까지 끌어내려 고정한 후 높이를 맞추기 위해 사람이 바닥을 조금 파고 들어가 앉아서 천을 짜는 '지바타^{地機}'라는 직기를 사용했는데, 다카바타는 발로 밟는 페달을 이용하여 날실을 위쪽으로 끌어 올리기 때문에 사람이 지면에 앉아 천을 짜며, 양손이 자유로워 다양한 문양을 만들 수 있었다.

오닌의 난 이후 새로이 시작된 교토의 직조업은 16세기 말 또다시 큰 재해를 맞았다. 1575(덴포^{天保} 3)년 무로마치 막부를 평정한 오다 노부나가^{織田信長}가 교토에 입성하면서 내린 시전^{矢錢} 부과령을 거절한 데 대한 보복으로 교토 북부 가미교 일대를 전부 불태워 버렸기 때문이다. 이 화재로 6,000~7,000호^戶가 소실되었으며, 불탄 대저택 수만도 몇백 채에 달했다고 한다. 당시의 큰 피해는 오다 노부나가의 뒤를 이어 전국 통일을 이룬 도요토미 히데요시^{豊臣秀吉}의 교토 재건 사업에 힘입어 상당 부분 복원되었으며, 특히 오토네리에서 생산되던 고급 견직물은 도요토미 히데요시의 장려로 더욱 발달하였다. 당시 직물의 원료인 생사는 대부분 중국에서 들어왔으며, 오토네리를 중심으로 한 니시진에서 수입 생사의 대부분을 소비하였다. 이즈음 니시진에서 직조된 직물은 긴란, 돈스, 라^羅, 샤^紗, 슈시^{繻子}(공단, 새틴), 지리멘 등이었는데 이러한 직물들은 화려한 노^能의 의장이나 호화로운 의복을 즐겨 입은 도요토미 히데요시의 의장 등에 쓰였다.

(3) 에도 시대의 니시진

도요토미 히데요시 사후에 정권을 잡은 도쿠가와 이에야스^{德川家康}가 지금의 도쿄인 에도^{江戶}를 막부 소재지로 결정함에 따라 교토는 정치적·경제적 중심에서 물러나게 되었다. 또한 도요토미 히데요시의 시대와 달리 도쿠가와 막부에서는 검약을 미덕으로 강조하여 "좋은 옷을 입는 사람은 남녀 불문하고 포박"하는 엄격한 포령^{布令}을 내렸다(奈良本辰也 1969:220). 그 같은 정책에도 불구하고 니시진의 견직물업은 계속 발달하여 17세기에 이르러 무사나 귀족뿐 아니라 주로 무명옷을 입던 조닌町人(에도 시대에 도시(조카마치 城下町)에 산 상인이나 장인을 일컬음)까지도 비단으로 치장하는 일이 드물지 않게 되었다.

1691(겐로쿠元錄 4)년에 교토를 방문한 엥겔베르트 캠퍼는 "이 땅은 일본 미술공예의 중심지이며 어떤 물건도 명공名工, 거장巨匠이 없는 것이 없다"고 하며 그 예로 칠기漆器, 비로드(벨벳), 견포絹布, 모직물, 도기, 동기銅器, 무기 등을 들었다(奈良本辰也 1969:214−215; ケンペル, 斎藤信 訳 1977:127−128). 또한 매월 보름에 신사나 절을 도는 부인들의 행락에 대해 "그 순례를 위해 특별히 화장을 하고 교토풍의 색채가 눈부신 값비싼 의장을 입고 머리에는 붉은 비단 꽃비녀를 꽂고 걸어 다녔다"고 기록하였다. 『덴구힛키天狗筆記』(1703)에는 니시진의 160개 마치町에 수만 인의 직물업자(오리야)들이 살았으며, 이들이 나가사키長崎로 들어오는 생사의 3분의 1 이상을 소비했다고 기록되어 있다(奈良本辰也 1969: 222).

'이토야糸屋'라는 대규모 생사상生絲商들이 밀집한 이마데가와와 오미야가 만나는 길이 '센료가쓰지千両ヶ辻'(천 냥의 사거리)라 불리기 시작한 때도 이즈음이며, "교토 사람들은 입어서 망한다京の着倒れ"란 말이 생겨난 때도 이 시기라고 한다(西陣織物工業組合 2012:2). 도쿠가와 막부의 3대 쇼군將軍인 도쿠가와 이에미쓰德川家光의 애첩이 되어 5대 쇼군인 쓰나요시綱吉를 낳은 게이쇼인桂昌院(본명은 '오타마お玉')이 니시진 출신이며, 8대 쇼군인 요시무네吉宗의 생모인 유리おゆり도 니시진의 한 상가商家의 딸이었다고 전한다. 이는 니시진을 둘러싼 번영이 겐로쿠元祿(1688~1704) 시대를 전후하여 진행된 교토 조닌들의 경제적 발전 및 사회적 지위 상승과 밀접히 관련되었음을 보여 준다.

일본 직물업에서 니시진이 차지한 독점적이고 우월한 위치는 18세기 들어 막부 재정이 점진적으로 쇠퇴하고 다른 지역들에서 견직물업이 발달함에 따라 점차 붕괴되었다. 특히 다른 지역에서는 주로 농민들이 농한기에 부업 형태로 직물을 짰지만 니시진의 직물업 종사자들은 모두 전업專業이었으므로 물가상승이나 경제침체의 영향을 더욱 크게 받았다. 니시진이 당면한 또 한 가지 난관은 기술 유출 문제였다. 니시진의 직물업자들이 일종의 동업조합인 가부나카마株仲間 등을 조직하여 기술을 다른 지역으로 유출하는 것을 엄중히 감시하였음에도 불구하고 교토 북부의 단고丹後나 우에노上野(지금의 군마현群馬県)의 기류桐生 등지에 있는 직물업자들이 니시진에서 훈련받고 성장한 직조공들을 초빙하여 기술을 모방하였다. 특히 일찍부터 비단을 생산한 단고 지방은 니시진의 독점 기술인 지리멘 제직 기술을 배워 '단고치리멘丹後縮緬'의 명산지로 성장하였다.[13]

에도 시대 후기에 시작된 니시진 직물업의 정체 및 사양화는 1730년과 1788년의 교토 대화재로 결정적 타격을 입었다. 1730(교호享保 15)년에 발생한 교토 대화재는 경제 침체와 지방의 견직물업 성장으로 고전하던 니시진에 엄청난 재난이었다. 6월에 니시진 중심부에서 발생한 불은 인근 134개 마치를 불태웠다 하며, 이때 소실된 집이 3,797채, 신사와 절이 67곳에 달했다 한다. 니시진에서는 7,000여 대의 직기가 불타는 피해를 입었는데, 당시 일본 전국에 직기 수가 1만 대를 넘는 곳이 니시진 이외에 없었다는

---

13 단고치리멘이란 교토부 북부 단고 지방에서 생산되는 고급 견직물을 총칭하는 용어이다. 단고의 지방산업으로서 주된 산지는 교탄고시京丹後市, 미야즈시宮津市, 요사군 요사노초与謝郡与謝野町 등이다. 단고 지방은 일본 국내에서 생산되는 견사의 약 3분의 1을 소비하는 일본 최대의 견직물 산지로 대부분 바탕천인 시로키지白生地 상태로 교토시 무로마치 도매상에 출하된다(http://ja.wikipedia.org/wiki/丹後ちりめん).

점을 감안해 볼 때 엄청난 피해였다(奈良本辰也 1969:224).[14] 이 화재로 니시진의 직물 생산이 한동안 마비되었으며, 먹고살 수 없어 다른 지방으로 떠난 직조공들이 상당수에 달했다. 그러는 사이 기류와 단고 등 신흥 방직업 지역들이 확고히 기반을 다져 갔다. 1788년에 교토는 다시 한 번 화염에 휩싸였다. 가모가와鴨川 동편 미야카와초宮川町의 한 환전상에서 일어난 불은 강풍을 타고 순식간에 교토 시내로 번져 도시 전체를 불바다로 만들었다. 피해 규모는 1730년의 화재보다도 더 커서 오닌의 난 이래 교토 최대의 화재라 하였다. 교토 중심부에서 3,600채의 주택이 불타 사라졌으며 천황의 궁(고쇼御所)도 피해를 입었다(林屋辰三郎 1973:291).

계속된 재난으로 인해 독점적 위치가 흔들리게 된 니시진 직물업계는 자구책으로 다른 지방에서 아야綾나 샤紗 같은 고급 비단을 생산하는 것을 금지해 달라고 막부에 청원하였다. 그러나 막부에서는 니시진의 독점을 인정하지 않고 기류나 단고 등지에서 더 이상 생산량을 늘리지 않겠다고 확인을 받는 데 그쳤다.[15] 이에 니시진의 직물업자들은 가부나카마를 결성하여 업계의 이익을 지키고 기술 유출을 막고자 하였다(澤田 章 1932). 이 조직의 기능은 새로이 니시진의 직물업계로 들어오려는 신규업자들을 배제하는 한편, 기술자들이 다른 지역으로 나가는 것을 엄격히 제한하는 것이었다. 그러나 재정적 위기에 처한 여러 번藩들이 미곡 중심의 경제를 넘어 새로운 수입원을 찾기 위해 견직물업을 장려하였던 까닭에, 조합만으로 타

---

14 저자마다 추정치가 다른데, 교토의 역사를 연구한 하야시야 다쓰사부로에 따르면 니시진에서 총 160개 마치 중 108개 마치가 소실되었으며 직기는 총 7,000대 중 3,000여 대가 불탔다고 한다(林屋辰三郎 1973:329). 추정치는 다르지만 당시 니시진의 피해가 엄청났던 것은 분명해 보인다.

15 당시 기류의 능사綾紗는 9,000단端, 단고의 지리멘은 36,000단으로 생산량이 제한되었다(奈良本辰也 1969:224).

지역 직물산업의 발흥을 억제하기가 쉽지 않았다. 교토는 수도로서 견직물업 이외에 다양한 전통공예가 발달하였으며, 니시진은 다른 번들처럼 다이묘大名들의 강력하고 절대적인 뒷받침을 받을 수 없었기 때문에 상대적으로 불리하였다.[16]

다른 지방의 직물업이 발전하자 니시진이 부닥치게 된 또 한 가지 어려움은 견직물의 원료인 생사 확보 문제였다. 생사 가격이 폭등하고 충분한 양을 확보하기가 어려워지자 직기를 돌리지 못하고 쉬는 곳이 늘어났다. 니시진의 직물업이 성한 18세기 초에 7,000여 대에 달한 니시진의 직기 수는 100여 년 후인 1840년경에는 5,000여 대로 줄어들었으며 그중에서도 반 정도는 생사를 구하지 못해 휴기休機 상태에 있었다고 한다(奈良本辰也 1969:226). 에도 말기 페리 제독의 등장에 이은 개국開國은 생사 공급에 치명적인 영향을 미쳤다. 개항과 더불어 외국 상인들이 제일 먼저 눈독을 들인 상품이 생사와 차였기 때문이다. 요코하마와 나가사키를 통해 엄청난 양의 생사와 차가 빠져나가자 교토로 유입되는 생사의 양이 크게 감소하여 가격이 폭등하였다. 평년平年 100근斤에 70냥 전후이던 생사가 한 번에 220 냥 전후로 뛰어올랐으며 좋은 물건은 280냥까지 불렀다고 한다.

(4) 메이지 시대 이후 니시진의 변화

막부 시대 말기, 메이지 유신 직후에 일어난 내전과 에도(도쿄) 천도는 니시진뿐 아니라 교토 전체에 큰 타격을 입혔다. 17세기 에도 막부의 성립으

---

16 이는 오늘날 니시진의 재생과 부활에도 불리하게 작용하고 있다. 현대사회에서 전통산업이 전반적으로 쇠퇴하는 가운데, 특정 전통산업이 소규모로 발달한 작은 지역은 지방자치체의 전폭적인 지원을 받기가 용이하나 니시진은 교토라는 대도시에 위치한 데다 산업 규모가 상대적으로 커서 집중적인 지원을 받기가 어려운 실정이다.

로 정치권력의 중심이 에도, 즉 지금의 도쿄로 옮아갔지만 교토에는 천황의 거주지가 있었으므로 문화의 중심지라는 자긍심이 유지될 수 있었다. 하지만 1869년 천황의 어소御所마저 도쿄로 옮겨 가고 말았다.

유신 이후 정치적·사회적 혼란은 어느 정도 수습되어 갔으나 니시진의 방직업은 막말 유신기에 받은 타격에서 벗어나지 못하고 계속 저조한 상태였다. 그러한 어려움을 벗어나고자 전통산업을 근대적으로 갱생하려는 움직임이 모색되었는데, 그중 하나가 서구의 발전된 직기인 자카드 직기와 기계 패턴 도입이었다. 1872년 공부성工部省이 전습생傳習生으로 프랑스 리옹에 파견한 사쿠라 쓰네시치佐倉常七, 이노우에 이헤이井上尹兵衛, 요시다 주시치吉田忠七 3인이 니시진에 자카드 직기와 기계 패턴을 가지고 귀국하였다. 교토부의 새로운 기술 교육이 진행되는 한편, 니시진의 직기기술자(오리다 이쿠織大工)였던 아라키 소헤이荒木小平가 철제 유럽식 자카드 직기를 목제로 모조하여 1877년에 일본산 자카드 직기를 완성함으로써 보급에 크게 기여하였다. 1876년 하세가와 세이시치長谷川政七가 유럽식 패턴을 모조하였고 1877년부터 니시진에서 그 패턴을 사용하여 군용 소창小倉천을 짰다고 한다(原田伴彦 1969:230). 교토부는 유럽의 선진기술을 배우기 위해 지속적으로 유럽에 유학생들을 보냈으며, 이들은 서양식 역직기와 제직기술, 화학염료 등을 도입해 니시진의 기술혁신을 이끌었다.

또한 에도 천도에 대한 교토 시민들의 반발을 막고 교토 경제를 되살리기 위해 다양한 지원 정책들이 세워졌다. 니시진은 직물업 부흥을 도모하고자 정부로부터 권업勸業자금 3만 냥을 대여하여 1869(메이지 2)년에 니시진물산회사를 설립하였다. 그러나 근대적 경영에 서툰 업자들에게 불량 대부를 하여 1874~1875(메이지 7~8)년경에 자금이 고갈되어 거의 도산 지경에 이르렀다. 게다가 많은 회사들이 조악한 원료를 사용해 제품을 생산하면서 신용이 크게 실추되었다. 교토부에서는 이 같은 상황을 타개하고자 부유한 상인들의 도움을 받아 직물업자 2,000명, 중개상인 350인을 회원으로 모아 새로이 니시진직물회소西陣織物會所를 설립하였다. 회소 설립의 목적은 "니시진의 명예를 다시 빛내고 우량품을 시장에 내놓고자 직물업자들의 반성과 노력을 구하고 그 구체적인 방책으로 제품검사, 증지證紙 첨부, 직공 및 중개상의 면허제도를 채용한 것"이었다 한다(原田伴彦 1969:233). 회소가 설립됨에 따라 불량 제품이 거의 사라지고 생산액이 상승하여 1881(메이지 14)년에는 교토부에서 빌린 권업자금을 대부분 상환할 수 있었다. 그러나 품종이 대별하더라도 130여 종에 달하고 생산수량이 200만 점에 가까워 사실상 전 제품을 엄밀히 검사하기가 거의 불가능하였으므로 증지 첨부는 얼마 지나지 않아 유명무실해졌다. 여기에 디플레 정책으로 인한 불황까지 겹쳐 회소의 기능은 정지되었다.

이 시기 니시진의 상황을 수치로 살펴보자. 메이지 초기 니시진 직물업의 규모는 수직기手織機가 약 7,700대, 직물업자가 약 4,700인이었으며 이 중 자영업자와 임대업자의 비율은 1 대 2 정도였다고 한다(原田伴彦 1969:232). 그러나 1878(메이지 11)년에 이르자 수직기 8,000대 이상, 업자 수 약 5,000호가 되었으며, 1880년에는 직기 수 9,200대, 업자 수 5,200호까지 증가하였다. 이러한 성장은 일시적 호황 때문으로 보인다. 곧 이어진 마쓰카타 디플레松方デフレ [17] 재정정책의 영향으로 1882년에 직기 7,900

---

17 마쓰카타 디플레란 세이난전쟁西南戰争의 전비 조달로 발생한 인플레이션을 해소하고자 대장성 장관 마쓰카타 마사요시松方正義가 행한 디플레이션을 유도한 재정정책을 말한다. 세이난전쟁은 1877(메이지 10)년에 현재 규슈의 구마모토현熊本県, 미야자키현宮崎県, 오타현大分県, 가고시마현鹿児島県에서 사이고 다카모리西郷隆盛를 중심으로 하여 일어난 사족士族들의 무력 반란을 말한다. 메이지 초기에 일어난 일련의 사족 반란 중 최대 규모로 일본 최후의 내전內戰이었다.

대, 업자 수 4,000호로 줄었고, 1884년부터 1886년까지 직기 3,300대, 업자 수 1,600호 전후까지 격감하였으며 제직업자들의 휴업과 직조공들의 분산, 전업이 만연하였다. 생산금액 면에서도 1880년에 1,300만 엔이던 것이 1885년에는 약 5분의 1에 해당하는 230만 엔까지 감소하였다. 이와 같이 1882~1886(메이지 15~19)년간은 근대 이후 니시진 직물업 역사상 최대의 불황기이자 전국적인 불황의 시기였다.

메이지유신 후 정치경제적으로 어느 정도 안정된 후 서구 문물이 활발히 도입된 시기에 일본 정부는 서구 산업조직을 조사하여 그를 모방한 동업자조직을 장려하는 정책을 채택했다. 그에 따라 1885(메이지 18)년 니시진직물업조합이 결성되었다. 조합 설립의 일차 목적은 품질을 향상하여 시장을 확대하는 것이었으나, 그 외에 중개상(돈야問屋)에 대한 대책도 포함되어 있었다. 에도 시대 이래 니시진에서는 다수의 영세 제직업자들이 상업자본가인 중개상으로부터 비싼 값에 생사를 공급받아 직물을 생산한 후 다시 중개상들이 부르는 값에 제품을 넘기는 방식이 지배적이었다.

니시진에서는 수많은 소규모 직물제조업자들이 분업체계에 기반하여 다양한 종류의 고급품을 생산하였는데, 그 과정에서 자금 조달, 상품 집적 및 단골 거래처를 통한 판로 확보 등을 담당한 중개상의 존재가 매우 중요하였다. 중개상들은 직물 도안, 의장 디자인에도 개입하여 제조업자들을 지도하고 전국 판로를 개척하면서 니시진오리의 명성을 높이는 데 기여하였다. 반면 니시진 직물업계가 근대적으로 개선되는 데에 장애가 되기도 하였다. 이러한 상황에서 니시진직물업조합은 제조업자들이 중개상에게 부당한 취급을 받은 경우 조합에 호소하고 거래 정지를 요청할 수 있는 규약을 만들어 제조업자들에게 불리한 거래방식을 개선하고자 하였다. 또한

1885(메이지 18)년 오미야이치조사가루大宮一条下ル에 니시진 직물시장을 설치하여 중개상의 독점에서 벗어나 독자적인 제품 판로 확보를 시도하였다. 니시진 직물시장은 중개상들의 반격을 받아 2년 후 휴업하고 말았으나 생산자가 중개상의 예속으로부터 벗어나고자 했던 움직임은 주목할 만한 것이었다.

2. 19세기 말, 20세기 초 니시진의 모습

이 절에서는 메이지明治(1868~1912) 및 다이쇼大正(1912~1926) 시대 니시진의 생활과 관습을 생생하게 그린 다쓰미 분지로와 마시타 햐쿠사부로의 회고 내용을 소개한다. 이 내용은 니시진 500주년을 기념하여 발간된 『니시진: 미와 전통西陣: 美と伝統』에 니시진의 오래된 직물제조업자(오리야)인 다쓰미와 마시타의 직접 구술을 정리하여 "메이지 시대의 니시진을 말하다明治の西陣を語る" 및 "메이지 말기~다이쇼의 니시진明治末期から大正の西陣"이라는 제목으로 실린 것이다(巽 文次郎 1969:384-387; 真下百三郎, 1969:388-391). 본문의 내용을 대부분 직역하였으나 독자들을 위하여 일부 어색한 표현들을 수정하고 내용을 약간 요약하였음을 밝힌다.

(1) 다쓰미 분지로: 메이지 시대의 니시진을 말하다

다쓰미 가巽家는 에도 시대 말기인 1850(가에이嘉永 3)년에 창업한 비교적 오래된 니시진의 오리야織屋(직물제조업자)이다. 초대는 사스케佐助, 2대는 사시치佐七이며, 3대인 분지로文次郎 씨는 1882(메이지 15)년 10월 29일 니시진 한복판인 모토세이간지센본히가시元誓願寺千本東에서 태어났다. 4년제인 가라쿠嘉樂 소학교를 졸업한 후 3년간 데라코야寺小屋[18]에 다녀 상매商賣에 필요한 지식을 익혔다. 사시치 씨 밑에서 오리야의 후계자로서 필요한 경험을 쌓고, 만 24세가 되던 1905(메이지 38)년에 사시치 씨의 뒤를 이어 오리야가 되었다. 다쓰미 가는 1911(메이지 44)년 4월 10일에 가미다치우리조후쿠지히가시上立売淨福寺東에 있는 쇼덴초聖天町로 전입하여 사업을 발전시켰으며, 창업 대부터 니시진직물조합의 임원으로서 크게 활약하였다. 현재는 분지로 씨의 장남인 분조文藏 씨가 가업을 이어가고 있다.

다쓰미 분지로의 회고

내가 태어난 때는 메이지 15(1882)년 10월이다. 사물을 구별할 만한 열 살쯤 되었을 때는 소라비키바타空引機(공인기)(그림 1-3)라는 직기로 고급 문직물 제직에 종사하던 다테 야스케伊達弥助 등의 선각자가 유럽에서 자카드 직기를 들여와 소라비키바타가 점차 사라지고 있던 니시진의 산업혁명기였다.

생가는 모토세이간지센본히가시에 있었다. 긴란金襴의 일종인 기레지裂地를 소라비키바타로 제직했으므로 유소년 때부터 소라비키바타에 올라앉아 실을 끌어 올리는 일을 하는 '뎃치丁稚'(견습생)와 밑에 앉아 실을 짜는 '오리테織手'(직조공)가 큰 소리로 서로의 상태를 조절해 가며 직물을 짜는 모습을 보았다.

---

18 에도 시대 서민의 아이들에게 읽기와 쓰기, 계산 등 실무상 지식과 기능을 가르친 민간 교육 시설이다. 교토, 오사카 등지에서는 '데라코야寺子屋'라는 명칭이 쓰였으나 에도에서는 데나라이지난쇼手習指南所, 데아토지난手跡指南 등으로 불리었다. '子屋'이 '小屋'으로 대치되거나 '屋'이 가게 이름을 뜻하기도 한다는 점 등으로 인해 교육시설의 명칭으로 적절치 못하다고 여겨졌기 때문이라 한다. 현대에는 '寺小屋'라고도 표기한다(http://ja.wikipedia.org/wiki/寺小屋 2014년 1월 24일 참조).

그림 1-3 소라비키바타의 모형(니시진회관)

당시 소라비키바타로 제직한 품종은 주로 오비지帶地, 오메시御召, 긴란 등이었다. 니시진 지구의 제직 지역은 오비지를 제직하는 오미야도리의 동쪽과 오메시를 제직하는 조후쿠지도리의 서쪽으로 나뉘어 있었는데, 동쪽을 '히가시바타東機', 서쪽을 '니시바타西機'라 불렀다. 오메시라 하여도 전부 시마縞나 가스리絣였고 요즘같이 문양이 들어간 직물은 없었다. 오메시 업자를 속칭하여 '니마이 하타야二枚機屋'라 불렀는데, 종광綜絖, heald이 2매뿐인 간단한 직기로 짜는 오리야라는 뜻이다.

긴란 직물은 그 눈이 300구치口 6가마釜 정도였으나 날실을 끌어 올려 짜는 소라비키는 문양 부분에만 작용하고 바탕조직은 평균 6그루, 주스지朱子

地(슈스繻子)의 경우 10그루의 대나무를 요령 있게 이용하여 발로 밟으며 짜는 등 지금은 생각하기 어려운 악조건에서 아름다운 물건들을 짰다.

일반적인 오리야는 소라비키바타를 4, 5대 정도 갖추었으나 우리 집에는 10대가 있어 20인 정도가 같이 살면서 일했다. 당시에는 완전한 도제제도가 있어서 12세에 뎃치가 되어 고용계약에 따라 10년간 일한 후에 다시 5년 정도 오레이호코お礼奉公를 한 후 한 사람의 오리테로 인정받았다. 뎃치는 주로 다카바타高機[19]에 올라가 실을 끌어 올리는 일을 하였고, 당시에는 오늘날과 같은 편리한 교통기관이 없었기 때문에 잡무로 여러 곳에 심부름을 다녔다. 조추女中는 많은 사람들의 식사 준비는 물론 그 사이사이에 실 잣는 일(이토쿠리糸繰リ)을 도왔다. 뎃치는 월급으로 용돈 정도를 받았으며, 오리테는 데키타카出来高(일한 만큼 받는 것)로 하루 30전錢 정도 받았던 것으로 기억한다. 소라비키바타로 일할 때는 두 사람이 필요한 데다 서로 의기가 맞지 않으면 함께 일할 수 없었다. 따라서 한 사람이 쉬면 일을 못 하는 등 여러 가지 문제가 많았다. 그 당시 니시진의 작업환경은 오늘날에는 상상할 수 없을 정도로 어려워서 새벽 5시부터 아침식사 때까지 일하고, 저녁식사 후에도 10시나 12시까지 일했다.

당시의 경제 상태를 보여 주는 예로서 식사를 들자면, 아주 조악해서 아침은 죽과 장아찌, 점심은 밥과 국, 야채조림, 저녁은 다시 밥과 장아찌 정도였다. 한 달에 두 번 있는 휴일의 전날에는 토란탕, 닭고기 요리 등이 별식으로 나왔다. 이러한 상태였으므로 '요나베夜なべ'라 하던 밤참을 먹는 시간에 오리테와 뎃치가 짜고 서로 다투어 주인에게 술을 얻어 마시는 일이 흔했다. 반면 제직이 잘되었을 때는 소라비키를 하는 사람과 오리테가 유

---

19 여기서는 소라비키바타를 말하는 듯하다.

행가를 부르는 애수에 찬 광경을 보기도 했다. 이처럼 소라비키바타로 직물을 짜려면 두 사람이 필요했기 때문에 소라비키만을 하는 소위 '소라비키야空引屋'라는 직업이 존재했다. 대체로 어린아이나 공부하지 않은 사람들, 즉 오리테를 할 수 없는 사람들이 소라비키야로 일했다.

당시는 램프가 보급되기 전이었으므로 '아부라쓰키'라 부르는 항아리에 종유種油를 넣어 심지에 불을 붙인 것을 오리테의 왼편과 소라비키를 하는 뎃치의 곁에 놓고 제직했는데, 종종 소라비키 쪽의 기름이 날실에 떨어져 직물이나 실을 버려 주인에게 꾸중을 듣곤 하였다. 그럴 때 얼룩진 부분을 흰 가루로 지웠는데 그것이 무엇이었는지는 기억이 나지 않는다. 제직할 때뿐만 아니라 밤에 공부하거나 남의 집에 방문하려면 초롱불을 밝혀야 하였다. 지금도 오래된 집에는 그 흔적으로 현관 입구에 초롱상자가 걸려 있다. 석유램프는 한참 후에 보급되었다.

이러한 악조건에서도 용케 일정 수준 이상의 물건을 짜냈고, 그만큼 쇼쿠닌職人(장인匠人)의 근성을 바탕으로 한 직조공들의 기술 수준이 매우 높았다고 할 수 있다.

이러한 조건에서 일하던 쇼쿠닌들의 재미는 무엇보다 휴일인데, 초하루와 보름에 쉬었고 그 전날에는 일을 평소보다 일찍 끝내는 것이 관례였다. 한 사람 몫을 하는 오리테에게는 14일과 월말에 실적(데키타카)에 따라 임금을 지불하고, 잔일을 하는 뎃치에게는 월말 1회 매달 정한 대로 임금을 지급하였다. 뎃치, 조추의 임금은 월급이라기보다 용돈에 가까웠다. 대신 오본의 저녁에는 '시키세仕着世'(주인이 철따라 고용인에게 해 입히는 옷)로 새 기모노에 신발(게타下駄), 한시半紙(붓글씨 연습 등에 쓰이는 일본 종이), 화장지(지리가미ちり紙), 부채를 주었고, 고향에 돌아갈 때는 선물까지 지급했다. 이것들을 나누어 주기 위해 바닥에 죽 펴놓은 광경이 아주 보기 좋았다.

'요노마(요마)夜の間'라 부르는 5일, 10일, 15일, 25일 나흘간은 보통 때보다 취업시간이 짧고 밤참이 없다. 이렇게 생긴 여가시간에는 센본도리千本通나 오미야도리大宮通에 늘어선 포장마차나 찻집을 어슬렁거렸다. 따라서 이맘때면 센본도리, 오미야도리는 사람들이 서로 부딪칠 정도로 번화해져 장관이었다. 이러한 습관은 최근까지도 계속되었다.[20]

오리테, 뎃치, 조추는 지금처럼 직업 안정소 대신 구치이레야口入れ屋에서 도움을 받았으나 의리, 인정의 세계였던 만큼 연고관계緣故關係를 통해 일자리를 많이 구했다.

오리야를 둘러싼 관련 업자로는 실을 누이는 일을 하는 '네리야練屋', 실을 염색하는 '소메야染屋', 직물 설계에 맞게 종광에 날실을 끼워 주는 '사시이레야サシ入レ屋'(소코야綜絖屋라고도 함), 바디를 제작하는 '오사야筬屋', '기료텐機料店'(직기부품점) 등 지금과는 이름이 조금씩 다르지만 비슷하게 분업화되어 있었다. 그중에서도 소메야의 일은 지금과 많이 달랐다.

당시에는 오늘날처럼 하나의 소메야가 여러 가지 색을 염색하는 것이 아니라 자염紫染 전문, 남염藍染 전문 등 색깔별로 전문집들이 있었고 주로 식물염료를 썼다. 지금은 소메야가 실도 누이지만 그때는 별도로 네리야에서 와렌和練이라 하여 잿물(아쿠灰汁)로 누였다.[21] 사시이레야도 지금은 종광 만들기부터 사시이레까지 전부 하지만, 그때는 사시이레뿐만 아니라 오리테가 직물을 짤 수 있도록 직기를 준비하는 일까지 맡았다.

---

20 이 내용을 구술한 때가 1967년이므로 적어도 1960년대 중반까지 이러한 장면을 니시진에서 볼 수 있었다.

21 실을 누인다는 것은 무명이나 모시, 명주, 삼 따위를 잿물에 삶아 희고 부드럽게 만드는 공정을 말한다. 현재는 대개 염색공장에서 원사를 물들이기 전에 기계로 약품을 넣은 끓는 물에 실을 넣고 돌려 정련한다.

업종에 따라 모여 있는 지역이 달랐는데, 이토야는 이마데가와오미야今
出川大宮 근처, 소메야는 이쓰지조후쿠지五辻浄福寺 근처, 사시이레야는 데라
노우치호리카와寺之內堀川 근처, 몬야紋屋는 나카스지시에코인中筋智惠光院에 많
았다.

제직 디자인을 할 때 오늘날의 도안에 해당하는 것은 없었으며, 새로운
문양을 만들 때는『나루미카타조奈留美加多帖』같은 참고본을 가지고 직접 몬
야에 가서 "여기를 이렇게 바꾸어……"라는 식으로 지시하였다. 그러면 몬
야는 뜬숯으로 디자인한 후 이것을 단순한 문양도(몬즈紋図)로 옮겨서 그것
을 보면서 날실과 씨실을 조합하여 문양이 만들어지도록 세팅하여 오리야
에 갖다 주었다.

오비를 취급하는 무로마치室町에는 다섯 집의 돈야問屋(도매상)가 있었는데
그 희소성 때문이었는지 돈야의 압력이 매우 강했다. '후세바타伏機'가 많았
던 것 같은데, 돈야가 지정한 대로 문양을 만드는 경우도 적지 않았다.

상품이 완성되면 중개상(나카가이仲買)들에게 물건을 가지고 갔다. 점원이
필요할 만큼 상품이 많지 않았기 때문에 주로 뎃치가 '뎃치쿠루마丁稚車'라고
부르는 수레에 비단필을 쌓아서 중개상에게 가지고 갔는데, 양이 적을 때
는 둘이 타는 인력거 한쪽에 비단필을 쌓아서 가져갔다. 어느 편이건 무로
마치까지 나가는 데 반나절이 걸렸다.

상품의 가격을 매길 때는 오리야가 값을 불렀는데, 교섭이 이틀씩 걸리
기도 했다. 납품할 때 내금內金을 미리 받고, 연 6월과 12월에 정산하는 여
유작작한 관계였다. 그러나 어음할인에 해당하는 '부비키步引' 등은 이때에
도 있었다. 오리야는 관련업자들에게 두 달에 한 번 대금을 지불했다.
즉 오리야는 직물 도매상에게 연 2회 대금을 받고 기술자, 관련업자에게
연 6회 대금을 지불하였다.

자카드의 등장

소라비키바타는 1894(메이지 27)년에 자카드 직기가 도입되자 거의 자취를 감추어 버렸다(그림 1-4). 도입 초기의 자카드 직기는 같은 300구를 짜더라도 지금 것에 비해 훨씬 더 크고 실린더가 붙어 있었다. 바로 그때쯤 우리 집도 자카드 직기를 구입하였다. 첫 직기는 200구짜리였고 그다음에 300구로, 다시 400구로 바꾸어 갔다.

나는 가라쿠嘉樂 소학교(4년제)를 졸업한 후 마쓰오松尾라는 데라코야에 들어가 3년간 공부하였다. 내가 졸업한 때는 소라비키바타가 자카드 직기로 바뀌어 가던 과도기였는데, 졸업하자마자 바로 가업으로 해오던 직물 짜는 일을 배웠다. 그때는 이미 자카드 직기로 제직하고 있었으므로 나는 니시진의 산업혁명은 메이지 25년부터 30년(1892~1897)에 걸쳐 일어났다고 생각한다. 자카드 직기로는 혼자서 제직할 수 있었으므로 데바타出機가 나타나게 되었다. 이것은 니시진에서 자카드 직기 도입에 필적하는 큰 사건이었다고 생각한다.

1894(메이지 27)년 6월에 청일전쟁이 시작되어 1895년에 끝나자 니시진의 활황기가 왔는데 그 덕분에 그때까지 소라비키를 하던 사람들의 실업문제도 크게 부각되지 않고 끝났다. 만일 활황기가 없었다면 큰 사회문제가 되었을 것이다.

큰 오리야들은 사람을 많이 썼으므로 쌀은 가마로, 술이나 간장은 통으로 사들였고, (직물제조업자들의) 재산을 은행, 부동산, 상매商賣로 삼분할해 운용하는 것이 안전하다고 여겨졌다.

니시진에 은행이 처음 생긴 때는 1897(메이지 30)년이다. 이 시기는 청일전쟁으로 니시진의 경기가 좋았던 때였고, 니시진에 처음으로 법인 조직이 생겨난 것도 이즈음이다. 첫 은행은 오미야도리의 모토세이간지니시

그림 1-4 몬가미를 이용한 자카드 수직기의 모형(니시진회관)

이리元誓願寺西入 북쪽에 생겼으며, 이름은 니시진은행이라 하였다. 이 은행은 3~4년 후 햐쿠산주百三十은행에 매수되었다가 다시 교토은행, 야스다安田은행으로 이름을 바꾸어 오늘날의 후지富士은행으로 이어졌다. 현재의 니혼은행 교토지점은 과거에 니혼은행 교토출장소로서 니시진의 발전에 많이 힘써 주었던 곳이다. 당시의 어음 기일은 60일 전후로 지금같이 지불장소가 지정되지 않았기 때문에 은행원이 인력거를 타고 자택에 집금集金하러 오곤 하였다.

니시진의 행사

니시진의 전통행사로 '다나바타사마^{七夕さま}'(칠석님)라는 것이 있다. 오늘날 부활하는 것 같은데 옛날의 다나바타사마 행사는 훨씬 더 성대하였다. 8월 1일부터 6일까지 각 오리야들은 세 칸(한 칸은 보통 여섯 자)이나 되는 긴 세죽^{笹竹}(가는 대나무)을 구루마에 얹고 그 앞에 등을 여러 개 달아 집들 사이에 세워 놓았고, 날이 어두워지면 오리테들이 그것을 들고 동네를 줄지어 행진하였다. 6일째 밤에는 왜골참외를 반으로 잘라 꽈리로 만든 인형이나 긴 성냥으로 만든 돛으로 장식하고 초를 꽂은 후 물을 채운 큰 대야에 배처럼 띄워 오리히메^{織姫} 님을 영접하는 의식을 행하였다. 이런 정겨운 행사도 메이지 30년경에 없어졌다. 오늘날의 '근로감사의 날'²²에는 오리야에서 '다이시코^{太子講}'라 하여 죽에 검은콩을 3개 넣어 끓여서 말없이 그 검은콩을 먹은 오리테가 주인에게 선물을 받는다는 재미있는 행사도 있었다. 그 외에 우리 집에서는 매월 18일에 새로 끓인 국을 문 앞에 흘려보내 액막이를 하였다.

이처럼 니시진은 맥맥이 살아 지속되어 왔으나 여러 가지 파란도 겪었다. 그중에서 니시진의 가장 큰 불황기는 1904(메이지 37)년 러일전쟁이 발발하였을 때라고 생각한다. 당시 니시진의 불황은 대단하여 직물업에 종사하던 사람들 대다수가 일거리를 찾지 못하였으며, 조합이 구제사업을 일으켜 니시진에 작업장을 4개 정도 설치해 운영하였다. 실업한 남성들 중 일부는 엑키스 사라는 가루간장^{粉醬油}을 만드는 회사에서 일하였다. 현재의

---

22 본래 '니나메사이^{新嘗祭}'라는 11월 23일에 행하는 궁중행사이다. 천황이 햇곡식을 천지의 여러 신에게 바치고 친히 먹는 궁중 제사를 치르는 날로서 지금은 '근로감사의 날'이라는 국민 축일이 되었다.

샤카도釋迦堂 앞에 늘어선 죽 집들에는 죽을 얻어먹으려는 사람들이 줄을 섰다. 이것은 나중에 "죽 대란おかゆきわぎ"이라 일컬어지며 니시진 불황의 상징이 되었다.

불황의 시대에도 성황을 누린 이들은 리본 장사였다. 전쟁으로 여자들의 머리모양이 서양식으로 바뀌었기 때문이다. 오비를 만들던 집에서 리본을 짜는 경우도 많았다.

러일전쟁이 끝나자 니시진도 생기를 되찾아 1907(메이지 40)년 정도까지 호황을 누렸다. 하지만 이때부터 직기 수가 급증하여 생산과잉에 빠져 다이쇼大正(1912~1926) 초까지 불황이 계속되었다. 이에 대한 타개책으로 업계 지도자들은 공동판매제도를 도입하는 등 다각도로 노력하였다.

1918(다이쇼 7)년 제1차 세계대전 직후 일반 산업계는 호황을 누려 생산이 수요를 따라가지 못하였고 니시진에서도 생산된 상품이 날개 돋친 듯 팔려 나갔다. 후에 "배의 배倍の倍"로 일컬어진 이 시기는 아침과 낮의 물건 가격이 달라질 정도로 값이 껑충 뛰는 등 니시진으로서 역사상 보기 드문 호황기였다. 그러나 정책이 방만했던 까닭에 다시 1921(다이쇼 10)년에 불황이 밀어닥쳐 생사 가격이 폭락하여 10분의 1까지 떨어져 오리야들은 큰 타격을 받았다. 결국 5월 1일에 전 업자의 결속을 바탕으로 휴업이 실시되었다.

오늘 지나간 옛일을 다시 상기해 보면 감개무량함을 금할 수 없고, 돌이켜 보면 니시진이 걸어온 길이 고난의 연속이었음을 새삼스레 깨닫게 된다. 거친 바다에 비유할 만한 수많은 곤란을 넘어 니시진 500년의 빛나는 역사를 자랑할 수 있게 된 것은 니시진 사람들의 강한 인내심과 영민한 지혜 덕분이었다고 생각한다.

(2) 마시타 햐쿠사부로: 메이지 말기~다이쇼의 니시진

마시타 햐쿠사부로真下百三郎 씨는 1892(메이지 25)년 교토부 시모오에초下大
江町23에서 태어나 만 16세가 되던 1908(메이지 41)년에 교토로 와서 니시진
의 오메시 전문 오리야인 우메다 슈타로 상점梅田周太郎商店에 고용인(호코닌奉
公人)으로 들어갔다. 주로 가게 점원 일을 한 마시타 씨는 상점에 필요한 일
은 물론 제직 및 준비공정도 배웠다. 15년간의 호코닌 생활을 마친 후 독립
한 마시타 씨는 만 29세가 되던 해에 조후쿠지 나카다치우리사가루淨福寺中立
売下ル에서 영업을 시작하였으며, 그 후 현재(1967년) 살고 있는 로쿠켄초六軒
町 모토세이간지니시이리元誓願寺西入로 이전하였다. 그동안 오메시 제조업자
로서 사업을 발전시키는 한편, 조합 임원으로서 오랫동안 업계 발전을 위
해 활약하였고 1949(쇼와 24)년부터 7년간 니시진 기자쿠着尺(기모노용 옷감)
직물협동조합의 이사장으로 봉사하였다. 이러한 업적으로 1960(쇼와 35)년
에 황수포장黃綬褒章을, 1965(쇼와 40)년에 훈육등 욱일장勳六等旭日章을 받았다.
현재 아들에게 사업을 물려주었으나 니시진에 대한 애착심은 더욱 왕성해
져 업계 발전에 이바지하고 있다.

16세에 오메시 오리야에 호코닌으로 들어가다

1892(메이지 25)년 양잠지대로 알려진 교토부 시모오에초에서 태어난 나
는 만 16세에 진조尋常고등소학교를 졸업한 후 교토에서 생계를 해결하기
위하여 상경하였다. 국철 산인센山陰線이 아직 다니지 않았을 때였으므로
아침 7시에 집을 떠나 지금의 후쿠치야마센福知山線을 이용하여 교토에 오후

---

23 교토부 가사군加佐郡에 있는 마치町로 2006년 아마타군天田郡 산와초和町, 야쿠노초夜久野町와
  함께 후쿠치야마시福知山市에 편입되었다.

4시경에 도착하였다. 조후쿠지 나카다치우리사가루에 있는 오메시 전문 오리야인 우메다 슈타로 상점에 고용인으로 들어갔다. 우메다 상점은 오메시 전문 오리야 중 최고급 직물을 짜는 가게로 정평이 나 있던 곳이다.

우메다 상점은 니시진에서는 드물게 모든 공정을 한 곳에서 작업하던 가게로 원사 구매부터 실꼬기, 실 염색, 호부糊付(풀먹이기),[24] 정경, 제직에 이르기까지(몬즈紋図, 몬호리紋彫는 제외됨) 모든 관련 공정이 공장 안에서 행해졌다. 원사는 전부 요코하마의 가와바시川橋 상점에 직접 가서 구입했다. 수직기 약 20대가 '우치바타内機(공장에 소속된 직기)로 설치되어 있고 '데바타出機'(공장 밖에 독립하여 하청을 받는 직기)가 약 10대 있었으며, 입주 종업원이 20여 명, 통근자가 20여 명 정도의 규모로 당시의 니시진에서는 가장 새로운 시스템의 오리야였다고 생각된다. 그즈음에는 수직기 5~7대의 우치바타가 있으면 독립된 오리야로 여겨졌기 때문에 내가 고용된 상점이 어느 정도 규모였는지 알 수 있을 것이다.

이 상점에서 제직한 제품은 주로 남성들이 입는 비단(로사絽紗)의 하오리羽織로서 그 원조로 일컬어졌다. 시마縞(줄무늬 비단)로 된 오메시는 천 줄千筋에서만 줄万筋의 것이었고, 옛날 중국에서 온 가라오리唐織 등도 직조하였다. 가스리絣 기법으로 짠 오메시에는 야가스리矢絣, 야마미쓰山道, 쓰보다레つぼだれ, 이치마쓰一松, 훈도分銅 등을 넣었으며,[25] 문양을 넣은 오메시는 전부가 작은 문양의 몬쓰키紋付로 열 가마釜에서 네 가마로 짰다. 색을 배합해 평범한 것에서 화려한 것까지 연령에 맞게 표현하였는데, 예를 들어 붉은색 바탕에

---

24 전통적 방식의 오메시 제직 준비 공정의 하나로 날실에 풀을 먹여 실을 보호하는 작업.
25 야가스리, 야마미치, 쓰보다레, 이치마쓰, 훈도 등은 모두 당시 오메시에 들어가던 문양을 말하는 듯하다.

흰색, 자색紫色 바탕에 흰색, 다색茶色 바탕에 흰색 등 매우 세세하게 구성하여 지역의 분위기나 느낌에 맞추어 원사 선택, 실꼬기, 풀먹이기 등을 하였다.

이렇게 직조한 상품은 야시로니헤이矢代仁兵衛 상점에 납품되어 소위 야시로니헤이 트러스트로 넘어갔다. 트러스트 조직에 소속된 오리야는 생산물 납품뿐만 아니라 도매상이 공동구매한 원료를 공급받고, 소매상들의 요구를 반영해 도매상이 제시하는 도안, 직물 조직 등을 지도받는 등 유리한 조건하에 있었으므로 직물을 짜기만 하면 되었다. 반면 자주성을 지닐 수 없다는 것이 문제였다.

기자쿠오리야着尺織屋(기모노 천 전문 직물제조업자)들은 사사에초笹町에서 시모타치우리下立売와 조후쿠지淨福寺에서 시치혼마치七本町 부근을 중심으로 모여 있어 오늘날보다 훨씬 남쪽까지 분포하였다.

아무것도 모른 채 배우는 사람으로 들어간 내가 처음 맡은 일은 실에 풀을 먹이는 것이었다. 풀먹이기는 오메시를 만드는 데 가장 중요한 일로 풀을 어떻게 먹이는가에 따라 상품의 질이 결정되었다. 풀 먹이는 사람들을 정월 연회 때 상좌에 앉힐 정도였다. 풀먹이기에 쓰는 풀은 고사리 전분이나 쌀가루를 쑨 것으로 고급품 실에 사용되었다. 주산지는 시코쿠四国 지방이었다. 나중에 고사리를 채취하는 사람이 부족해지자 대용품으로 감자전분이나 쌀가루를 기름과 혼합해 실에 발랐다. 이 작업은 오메시에 김을 쐬어 천의 주름을 펴면 당기는 힘이 생겨 오메시 특유의 질감이 나도록 하는 작업인데, 오늘날에는 풀에 의존하지 않고 강연사强撚絲(교넨시)라 하여 실을 강하게 꼬아 오메시 특유의 질감을 낸다.

또 한 가지 선염先染 직물에서 중요한 것은 실 염색이다. 일반적으로 염가공업자에게 염색을 발주하였으나 우메다 상점은 전속 소메야에서 염색하였다. 손으로 직접 물들이는데, 내가 고용된 때에는 식물 염료를 사용하였으나 점차 광물 염료로 바뀌었다. 그러나 아무래도 고급품에는 주로 치자나무 꽃이나 그 외에 색소가 있는 나무껍질이나 풀, 꽃 등을 달여서 만든 액체로 물들였다. 이 방법은 지금도 일부에서 사용되는 듯하다.

풀먹이기를 습득한 후에는 정경을 배웠다. 나는 '데베에手べえ'라는 큰 목제 도구를 사용하여 정경을 하면서 실을 다루는 방법을 배웠다.

처음부터 점원으로 들어간 나는 직물의 조직을 배워 풀먹이기의 중요성을 알게 되었다. 실꼬기 작업은 기후岐阜, 시코쿠에서 온 고용인들이 많이 했는데, 오늘날같이 교육에 관심이 많은 시대가 아니었던 만큼 소학교를 겨우 졸업할까 말까 한 이들이 많았으므로 일을 배우겠다는 의욕 없이 시키는 일만 하려는 자들이 대부분이었다. 나는 직물에 대한 동경이 강해서 어떻게든 일을 배우겠다는 집념을 가지고 노력하였다. 나와 같은 때에 들어온 두 명은 그 수업을 견뎌내지 못하고 금방 고향으로 돌아가버렸다.

호코닌(고용살이)의 생활

메이지 말기 호코닌奉公人의 하루 생활은 아침 7시(당시에는 비교적 늦은 시간이었다)부터 일을 시작하고 밤에 밤참을 먹는 것이 상식이었다. 특히 가을에는 밤 10시, 11시까지 일하는 것이 당연해서 "빈둥거릴 틈이 없는ずんべんだらりのきじめなし" 것이 보통이었다. 가을의 긴 밤에 일하고 있으면 '요나키 우동'(간사이関西 지방에서 밤에 포장마차를 끌고 다니며 파는 가락국수)이나 삶은 콩, 빵 장수들이 소리치며 물건을 팔러 오곤 하였다. 그러면 바깥에 나갈 수 없는 직공들은 격자 창을 통해 먹을 것을 사면서 기운을 내어 긴 시간을 견뎌내었다.

당시 호코닌들의 풍속을 보면, 오리테는 기모노 위에 '다스키襷'를 매고 직물을 짤 때는 그 위에 걸치는 옷을 덧입었고, 양복을 입는 사람은 거의 없었던 듯하다. 그래서 그런지 가스 검침원이 양복을 입고 다니는 모습이 인상적이었다.

내가 호코닌으로 들어갔던 때는 아직 램프와 전기를 병용하던 시절이었다. 나카다치우리호리카와中立売堀川에 배전配電 회사가 있었는데 제일 먼저 동력 전기를 끌어들인 곳이 우메다 상점이었다. 전기는 동력용으로만 썼으므로 견습생들은 아침이 되면 관례처럼 램프를 닦았다. 또 저녁 때 어두워져도 저녁식사 전까지는 램프를 켜지 않는 등 제약이 많았다. 오늘날 돌이켜 보면 그처럼 어두컴컴한 환경에서 그처럼 좋은 직물을 짤 수 있었다는 게 신기할 노릇이다.

세 끼 식사도 오늘날 생각해 보면 칼로리도 영양가도 없었다. 아침은 죽, 점심은 밥과 야채조림, 저녁은 밥과 장아찌였고 닷새에 한 번꼴로 정어리나 청어, 튀긴 두부가 나올 정도로 열악하였다. 쌀이 한 되에 13~20전 하던 시대였음에도 석유 냄새 나는 조악한 외국산 쌀로 밥을 지었다. 하지만 주인집 사람들의 식사는 오늘은 우메요시梅吉 요리, 내일은 다이인大寅이나 단에たんえ의 스시처럼 아주 사치스러웠다.[26]

이러한 나날 중에 닷새에 한 번씩 욘마夜の間가 있었다. 7시쯤 일이 끝나 센본도리의 이쓰지五辻에서 나카다치우리 사이 근방을 어슬렁거리는 것이 오리테 등 호코닌들의 낙이었다. 좁은 센본도리의 양쪽에 점포가 늘어서 있었고, 젊은 '오헤코おへこ'(여자 직공)들은 센본자千本座라는 연예장의 간판을 구경하러 가는 것을 무척 좋아하였다. 구극舊劇에서는 오노에 마쓰노스케尾上松之助, 신극新劇에서는 미즈사와 구니타로水沢国太郎라는 배우가 대활약한 시

---

26 우메요시, 다이인, 단에 등은 모두 당시 음식점의 이름이다.

대여서 배우에게 선물을 보내거나 손 한 번 잡아 보고 좋아하는 사람들이 많았다. 당시에는 재밋거리라 할 만한 것들이 없었기 때문이다.

오리테는 5일, 10일, 14일, 20일, 25일, 월말에 데키타카에 따라 임금을 받았는데 한 달에 8엔 정도였던 것으로 기억한다. 나 같은 점원들은 월급으로 80전~1엔을 받았다. 남자 오리테들은 월급을 술값이나 도박에 쓰는 경우가 많았으며, 공장 입주자들은 거의 매일 밤 하나후다花札(화투 같은 놀이)를 치고 놀았다. 이렇게 말하기는 뭣하지만 나는 그때에도 등잔불 밑에서 밤에 여는 헌책방에서 적잖은 돈을 주고 산 잡지 등을 읽곤 하였다.

이런 형편이었으므로 오리테들은 가계에 건설적인 데가 없었고, 1엔밖에 받지 못하는 우리가 7엔이나 8엔까지 받는 오리테들에게 돈을 빌려 주는 경우도 가끔 있었다. 그 당시는 단팥죽 한 그릇에 3전, 엽서 한 장에 1전 5리인 시대였다.

이러한 호코닌의 생활 중에 오본이나 정월의 '야부이리藪入り'[27]는 무엇과도 바꿀 수 없는 즐거움이었다. 그러나 나같이 가게 일을 보는 사람들은 거래처와 연락해야 해서 오리테들이 야부이리를 갈 때에도 고향에 가는 경우가 드물었다.

힘들었던 상거래

그럼 다음에는 상거래에 대해 잠깐 살펴보겠다.

거래처에 돈을 받으러 갈 때는 으레 주인과 내가 큰 돈주머니를 들고 인력거를 타거나, 다른 용무가 있을 때는 전차(지금은 폐지된 기타노선北野線)를 타고 갔다. 주로 2전짜리 동전이나 50전짜리 은화를 받았으며, 5엔짜리나

---

27 설과 오본을 전후해서 고용인이 휴가를 얻어 귀향하는 일을 말한다.

10엔짜리 지폐를 받는 경우는 드물었다. 주인이 돈다발 묶는 종이로 돈을 묶어 찻집에서 내게 넘겨주면 나는 돈을 들고 가게에 돌아왔다.

전차는 센본나카다치우리千本中立売에서 가라스마시모타치우리烏丸下立売, 사카에몬마에堺門前를 지나다녔으나 단선單線 운행이었기 때문에 전차가 서로 만나고 헤어질 때 기다리는 시간이 많아 전차를 한 번 놓치면 걸어가야하는 경우가 잦았다. 납품일이 정해져 있었기 때문에 월 2회나 일주일에 한 번씩 납품했으며, 이때 매상 장부를 들고 가 납품 내용을 상대방이 장부에 기입해 주면 납품이 완료되었다.

상품 대금은 연 2회 결제하였다. 제1기는 5월 말까지의 금액을 계산하여 6월에 지불하고, 제2기는 11월 말까지의 금액을 계산하여 12월에 지불하였다. 도매상의 매상장부에 기초하여 내입금內入金(내금內金. 총 대금 중 미리 지급한 일부 금액)과의 차액을 따져 도매상이 거의 일방적으로 나머지 금액을 주었기 때문에 도매상이 '마에우리前売り'에 넘기는 가격이 싸면 우리 쪽이 받을 금액도 깎였다. 값을 깎는 방법도 가지가지여서 가게에 따라 다소 차이가 있었으나 그 종류가 수없이 많고 다양하여 오리야들을 울렸다. 또한 상품 대금보다 내금을 많이 지불한 것이 결제 때 밝혀지면 돈을 물어내는 대신 도매상에게 "집을 담보로 넣어 주시오"라는 말을 듣기도 하였다.

이처럼 도매상과 가격을 결정하기가 어려워 오전 9시에 나가서 밤 10시를 넘겨 돌아오는 경우가 흔하였다. 가격이 정해져 있지 않아 상품을 납품할 때마다 도매상이 파는 가격에 기초해 후일 반기半期 분의 상품 가격을 결정하였기 때문이다. 내금은 대개 오리야의 요청으로 한 달에 한 번 정도 받았던 것 같다.

독립

내가 독립한 것은 호코닌으로 들어간 지 15년 후인 1921(다이쇼 10)년 1월
의 일로 29세 때였다. 야시로니헤이에서 원사를 공급받아 조후쿠지시모타
치우리사가루浄福寺下立売下ル에 집을 얻었다. 집이 좁아서 나중에 현재의 집
으로 이사하였다. 당시 괜찮은 집은 2,000엔 정도 하였지만 내가 산 집은
오래된 집이었음에도 두 채에 7,500엔에 샀으며, 자택으로 쓴 것은 평당
350엔, 작업장은 평당 70엔을 들여 수리하고 들어갔다.

당시 니시진 업계는 큰 변동을 맞았는데, 제1차 세계대전이 끝난 후
1920(쇼와 9)년에 4,000엔 하던 생사가 1,300엔으로 떨어지는 등 가격이
대폭락해 니시진 업계는 어쩔 수 없이 반년 간 직기를 돌리지 못하였다. 이
시기에 니시진의 상품이 일소되어 결과적으로 업계는 다시 대호황기를 맞
게 되었다. 이때 기모노 업계의 산업혁명이라 할 수 있는 동력 직기 도입이
이루어졌고, 동력 직기는 대호황에 더욱 박차를 가하였다.

자카드 직기는 처음에 200~400구의 것들이 들어왔으나 1938(쇼와 13)년
경부터 900구짜리 직기가 도입되었다. 이즈음부터 오메시의 무늬가 커졌
는데, 이치조오니시젠一条大西浅 상점이 하카타博多(지금의 규슈 후쿠시마 지방)
풍의 무늬를 오메시에 넣어 호평을 받아 그것이 오늘날 오메시에 도안을
넣게 된 계기가 되었다고 생각된다. 소위 큰 무늬 오메시의 원조라 할 수
있을 듯하다.

이렇게 하여 오늘날까지 니시진 업계는 수많은 변동기를 넘기며 발전해
왔는데, 돌아보면 그 원동력은 니시진에서 일한 사람들의 꿋꿋한 생명력
이었다고 확신한다.

3. 제2차 세계대전 이후 니시진의 변화[28]

제2차 세계대전은 일본사회와 일본인에게 엄청난 영향을 미친 역사적 사건이었다. 그러나 니시진은 그 영향에서 약간 벗어났는데, 그 이유 중 하나는 전쟁 중에 폭격으로 큰 피해를 입은 다른 대도시들과 달리 교토는 전쟁의 피해를 거의 입지 않았다는 사실과 관련된다. 이 점은 전후의 급속한 변화에 대처해 나가는 데 오히려 장애요인이 되기도 하였다.

니시진의 보수적 체질이 유지될 수 있었던 또 한 가지 요인은 그 역사가 오래되었다는 것이다. 왕조 설립 후 천 년, 니시진이라는 지명이 생겨난 이래 500년이 넘은 전통은 항상 긍정적 방향으로만 작용하지는 않았다. 제2차 세계대전 직후같이 모두가 전통을 부정하는 시기에 니시진은 오히려 혼란스러운 면을 드러내었다. 직물 생산지로서 지나치게 커져 있었으며, 전통의 형식과 내용이 확고히 성립되어 있었다는 면도 장애요소였다. 분업화가 극도로 발달하여 과거부터 이어져 온 경영형태가 정착되어 있었으며, 그 누구도 이러한 전통을 없애고 완전히 새로운 생산체계를 만들어 보려고 하지 않았다. 이러한 니시진적 특징이 결점이라고만은 할 수 없지만 전후처럼 사회가 그 뿌리부터 변화하는 시기에는 발목을 잡는 올가미가 되었다. 여기에서는 제2차 세계대전 이후 고도경제성장기를 거쳐 제1차 오일쇼크 직전까지의 니시진의 변화를 살펴본다.

---

28 이 절의 내용은 니시진직물공업조합에서 조합 설립 20주년을 기념하여 편찬한 『組合史: 西陣織物工業組合 二十年の歩み』(西陣織物工業組合 1972)를 주로 참조하였음을 밝힌다.

(1) 패전 직후: 1945~1954

평화산업인 니시진에 전쟁이 미친 영향은 매우 심각하였다. 전쟁의 격화
와 더불어 자재가 부족해지고 금속 공출령 등으로 역직기의 반 이상을 공
출당한 니시진에 전쟁이 끝난 후 남은 것은 수직기 6,270대, 역직기 3,486
대로 전쟁 직전 수량의 3분의 1 정도였다(西陣織物工業組合 1972:28). 그나마
생사 배급의 통제로 인하여 지정받은 직기 한 대당 한 달에 한 관 정도밖에
생사를 받지 못했는데, 이것은 사흘 짤 분량에 불과하였다. 전쟁 말기에
스스로 폐업한 가게들이 속출한 가운데 군수공장 등에 일하러 간 사람들이
종전 후 바로 본래의 가업으로 돌아오기가 어려운 형편이었으므로 종전 직
후 니시진에서 가동된 직기는 전체의 1할 정도였다고 한다. 연합군 사령
부가 수공업 보존용으로 공급한 생사가 유통되었고, 기념품으로 니시진의
견직물을 선호한 미군들의 수요가 일부 발생하였으나 패전 직후 몇 년간은
생사 공급량이 매우 부족하였다.

이 같은 상황은 1949년 5월 생사 통제 해제 및 생사 배급제 폐지로 급속
히 개선되었다. 곧이어 한국전쟁이 터지자 호경기가 시작되었고, 1950년
대 말에 이르자 일본의 공업생산 수준이 전쟁 전 수준까지 올라갔고 수출
량이 급격히 증가하였다. 이는 교토와 니시진에도 영향을 미쳤다. 1950년
에는 제2차 세계대전이 시작될 때 금지되었던 교토의 연중행사인 기온祇園
의 '미야코오도리都をどり'(그림 1-5)[29]가 7년 만에 부활하였고, 그해 여름에는
니시진의 오래된 지역행사인 사사야초笹屋町의 지조본地藏盆 장식이 1937년

---

[29] 매년 4월 1일부터 30일까지 교토의 기온코부카부렌조祇園甲部歌舞練場에서 개최되는 무용 공
연. 원래는 기생들이 성장을 하고 일반 사람들에게 춤을 선보이는 의례이다. 1872(메이
지 5)년 교토에서 처음으로 박람회가 개최되었을 때 그 여흥으로 기획되었다 한다(http://
ja.wikipedia.org/wiki/都をどり).

그림 1-5 미야코오도리의 장면

이후 처음으로 다시 등장하였다. 불과 몇 집만 장식을 만들어 세웠으나 그것만으로도 니시진 부흥의 분위기를 전달하기에 충분한 변화였다고 한다. 11월에는 7년 만에 교토의 지다이마쓰리時代祭 행렬이 거리를 메웠으며, 교토시 북부의 구라마 신사鞍馬神社에도 전통의 히마쓰리火祭り가 불을 밝혔다.

1953년에는 오늘날 니시진직물공업조합의 전신에 해당하는 니시진직물동업회西陣織物同業會가 조직되었으며, 1954년에는 10여 년 이상 문을 닫았던 니시진직물관西陣織物館이 재개관했고, 1956년부터 관내에서 오늘날까지 이어지고 있는 '기모노 쇼'를 시작하였다. 기모노 쇼를 보기 위해 정기 관광버스가 줄을 이었다 하며 니시진직물관의 전시판매품과 기모노 쇼는 니시진의 명물이 되었다. '미스·미세스 니시진'을 선발하기 시작한 때도 같은 해였다. 니시진 직물업계에서 이처럼 적극적인 선전활동을 편 것은 한국전쟁이 끝난 후 특수의 소멸과 더불어 일본 경제 전반에 나타나기 시작한 불황에 대한 대응이었다. 전국적으로 100여 개가 넘는 기업이 도산하는 상황에서 교토의 직물도매시장이 있는 무로마치를 중심으로 한 섬유업계에도 어음 부도의 회오리가 몰아쳤다. 1954년 한 해에만 은행 지급정지를 당한 피해자가 2,516명에 달했고 피해 총액은 3억 7,626만 엔에 이르렀다(西陣織物工業組合 1972:35).

(2) 니시진의 변화: 1955~1967

1955~1957년 일본 경제는 소위 진무경기神武景氣라 하는 유사 이래 최고 호황기에 돌입하였으며, 니시진에도 그 영향이 나타났다. 1958년 7월 노동기준국은 "일요일의 완전휴업과 야간작업의 금지"를 니시진에 통고하였다. 매달 초하루와 보름 이틀만 쉬는 니시진의 오랜 관행은 서서히 사라지고 있었으나, 생활의 장과 일터가 밀착된 니시진의 가내공업 세계에서는 노동시간을 구분하기가 쉽지 않았으며 직공들도 새로운 작업 방식에 저항감을 가지는 장인적 기풍이 남아 있었다. 수백 년간 내려온 '밤참(요나베)' 습관을 무너트리기는 쉽지 않았으나, 니시진의 노동관행이 변화하게 되는 요인들이 등장하였다. 그것은 경제 호황에 따른 타 산업의 약진과 더불어 일본 중소기업 전반에 걸친 미증유의 구인난이었다.

당시만 해도 니시진의 임금수준은 결코 다른 분야에 비해 적지 않았으나 텔레비전과 소비생활에 익숙해진 젊은이들은 노동환경과 조건을 따지게 되었다. 따라서 니시진 직물업계는 작고 초라하고 어두컴컴한 집안에서 직물을 짠다는 이미지를 불식하고 작업장을 근대화할 필요성에 직면하게 되었다. 업계는 고리타분한 이미지를 벗으려고 오리테를 '위버weaver'라고 바꿔 부르기도 했다. 하지만 조추를 도우미로, 오리테를 위버라고 부르더라도 작업 환경이 바뀌지 않는 한 문제가 근본적으로 해결될 수는 없었다.

특히 니시진의 오래된 집들은 전자제품의 붐을 탄 새로운 생활방식에 적합하지 않았으며, 근대적 유통방식에도 맞지 않았다. 이러한 안팎의 요인들로 인해 니시진의 가옥들은 하나하나 개축되었고, 동시에 대형 공장을 기반으로 양산체제를 도입한 기업이나 제조와 경영을 분리한 근대적 운용체제를 채택한 기업들이 나타났다. 회사가 늘고 빌딩이 들어서자 니시진도 근대화의 궤도에 올라 "밝은 니시진 만들기"가 추진되었다. 또한 황태자의 결혼식을 계기로 소비시대의 한 형태로 고전풍의 일본식 의장이 새로이 각광받게 되면서 니시진 경기도 다시 활발해졌다.

1960년대에 들면서 올림픽 개최를 앞두고 도카이도신칸센東海道新幹線 건설 등 일본 전국의 교통사정이 급격히 개선되고 소위 레저붐 시대에 접어들어 자동차도로의 확장 정비가 급격히 진행되었다. 하지만 전쟁의 피해를 비껴간 교토나 니시진의 경우 오히려 도로 사정이 상대적으로 열악해졌다. 또한 사람들의 여가 방식이 바뀌면서 니시진의 번화가도 점차 쇠퇴하였다. 매달 1일, 15일 니시진 노동자들의 휴일이면 센본도리의 영화관 앞에 사람들이 북적거렸지만 컬러텔레비전이 보급되면서 영화 산업이 타격을 받자 번화했던 센본도리도 평범한 거리로 변해 갔다. 과거에 니시진 업계 사장들이 유흥을 즐기던 가미시치켄上七軒[30]의 불빛도 하나둘 꺼져 갔다.

이러한 변화 속에서도 산업으로서 니시진의 직물업은 전후 경제 호황에

---

30 교토에서 가장 오래된 하나마치花街(게이샤들이 나오는 요정거리. 花町라고도 표기함)로 "니시진의 안방西陣の奥座敷"이라고 불리었다. 가미시치켄에 한때 100여 명이 넘었다던 예기藝妓(일본어로 芸子라 표기함)의 숫자는 1960년대에 3분의 1 이하로 줄어들었으며, 손님도 니시진 토박이보다 오사카 등지에서 오는 경우가 더 많아졌다 한다. 이마데가와도리今出川通의 기타노텐만구北野天滿宮 동쪽에 있는 가미시치켄이 기생연회장(오차야お茶屋)들이 늘어선 상류층의 놀이장소였던 반면, 이마데가와도리의 남쪽 센본도리와 오미야도리 사이에 위치해 있던 사창가인 고반초五番町는 니시진 노동자들이 주 고객이었다.

힘입은 국민대중생활의 상대적 안정, 소비생활의 상승, 레저 붐의 신장, 부인들의 와후쿠和服 붐을 탄 고급 견제품 수요의 증대 등으로 계속 성장해 나갔다. 니시진 500주년 기념행사가 열린 1967(쇼와 42)년에는 6,000여 호의 직물업자와 1,500호 이상의 관련업자, 3만 대가 넘는 직기, 3만 명의 종업원과 그 가족을 포함한 10만여 명의 종사자, 연간 산출액 700억 엔이라는 거대한 동업집단을 이루었다(原田伴彦 1969:257).[31]

---

31 이 책은 전반적으로 니시진에 관한 역사민족지이다. 따라서 이 장에서는 기존의 연구들을 중심으로 1960년대까지 기술하였으며, 1970년대 이후의 변화에 대해서는 각 장의 주제와 관련하여 기술한다.

제 2 장

기모노의 변천과 니시진

1970년대 초에 결혼한 고바야시 여사는 결혼할 때 혼수로 10여 벌 이상의 기모노를 해 갔다. 한여름인 7~8월에 입는 '나쓰모노^{夏物}', 5, 6월과 9월에 입는 홑겹 기모노인 '히토에^{單衣}', 나머지 계절인 1~4월과 10~12월에 입는 기모노는 겹옷 기모노인 '아와세^袷'로 하였다. 기모노의 종류는 '고몬 ^{小紋}'(전체에 같은 무늬가 퍼져 있는 기모노), '쓰케사게^{付け下げ}'(어깨나 팔, 옷단 등의 일부에만 무늬가 들어 있는 약식 예복), '호몬기^{訪問着}'(나들이용으로 입는 예복), '도 메소데^{留袖}'(기혼여성이 입는 정장)[1] 등이었다. 그 외에도 장례식 때 입는 '모후 쿠^{喪服}', 외출 시 기모노 위에 덧입는 '미치유키^{道行}'용 코트, 비올 때 덧입는

---

1 도메소데에는 구로토메소데^{黑留袖}와 이로토메소데^{色留袖}가 있다. 구로토메소데는 기혼여성의 최상급 정장으로서, 검은색으로 물들인 지리멘 천의 다섯 곳에 가문^{家紋}을, 허리 아랫부분에 에바모요^{絵羽模様}를 넣은 기모노이다. 이로토메소데는 검은색 이외의 단색 천으로 만든 도메소 데로, 바탕천과 같은 색의 무늬가 들어간 천이나 린즈^{綸子}를 바탕천으로 사용하기도 한다. 이 로토메소데도 구로토메소데처럼 다섯 군데에 가문이 들어가지만 세 군데 또는 한 군데에만 넣을 수도 있다. 본래 기혼여성이 입는 기모노이나 최근에는 미혼여성도 많이 착용한다. 궁중에 서는 검은색이 상복 색깔이라 하여 정식 행사에서는 이로토메소데를 입는다.

'아메雨'용 코트 등도 가져갔다.

딸이 있는 대부분의 집에서는 고가인 기모노를 한꺼번에 장만할 수 없으므로 여유가 생길 때마다 딸의 "옷장에 넣어 주고簞笥入り" 싶은 기모노를 한 벌씩 장만해 두었다가 딸이 시집갈 때 기모노를 개켜 보관하는 긴 서랍장인 '와단스和簞笥'에 기모노를 넣어 보내는 것이 상례였다. 집안에 따라서는 어머니가 입던 기모노 중에서 너무 화려해 중년이 된 어머니가 더 이상 입기 어려운 옷이나 딸의 성인식 때 해 주었던 '후리소데振袖'를 함께 넣어 보내었다. 기모노 종류에 따라 기모노를 고정하는 띠인 오비를 별도로 갖추어야 하고, 여유가 있는 집은 변화를 주기 위해 기모노 한 벌에 오비를 2개 이상 맞추어 주었으므로 결혼하는 여자들이 가지고 가는 오비 수는 보통 기모노 수보다 더 많았다.

그러나 고바야시 여사는 현재 결혼을 앞둔 외동딸에게 기모노를 여러 벌 해줄 생각이 없으며 딸도 원하지 않는다. 결혼식 때 입을 '우치카케打掛'는 대여하여 입을 예정이고, 그 후로는 살면서 기모노를 입을 자리가 거의 없을 것이기 때문이다. 니시진에서 직물제조업에 종사하는 히구치 씨도 직업상 2년 전에 결혼한 둘째 딸에게 기본적인 기모노를 다 해주었다. 하지만 공인회계사인 딸이 외국 출장이 잦은 데다 도쿄의 아파트에 와단스를 둘 곳이 없어 모두 친정집에 보관하고 있는 형편이다. 필자가 서울에서 만난 한 일본인 여성은 요즘 일본 여성들 중에 결혼식 때 기모노를 입어야 하는 부담을 줄이려고 한국에 와서 결혼식을 올리고 관광하는 웨딩투어 패키지가 인기를 끌고 있다고 말해 주었다.

이처럼 기모노를 입지 않게 된 것은 19세기 말 이래 급속히 진행되어 온 생활양식의 변화와 양복의 보편화로 일상생활에서 기모노를 입을 기회가 거의 없어졌기 때문이지만, 기모노를 입는 것이 매우 복잡하고 비용이 많

이 들기 때문이기도 하다. 예를 들어 기모노를 입으려면 미장원에 가서 기모노에 어울리는 스타일로 머리를 올려야 할 뿐만 아니라 기모노를 혼자서 입기가 어렵기 때문에 미장원에 소속되어 기모노 착용을 도와주는 기쓰케着付け 전문가의 도움을 받아야 한다. 그 외에 신발, 가방 등까지 갖추려면 기모노를 소장하고 있더라도 한 번 외출하는 데 최소한 1만 엔(한화 약 10만 원)이 든다. 따라서 기모노에 특별한 애정이 있거나 경제적·시간적으로 여유 있는 사람이 아니고서는 기모노를 쉽사리 입기가 어렵다.

기모노의 어려움은 입는 법의 까다로움에도 기인한다. 체형을 입체적으로 드러내 강조하는 서양 옷과 달리 일본 옷은 체형을 가려 주는 것이 특징이다. 최근에는 와소용和裝用 브래지어를 입어 가슴을 누르거나 오비의 아랫부분에 수건을 말아 넣어 직선의 실루엣을 살리도록 입는다. 수건을 말아 넣으면 실루엣을 유지할 수 있지만 체형이 드러나지 않는 효과도 있다. 직선 실루엣과 브래지어나 수건을 이용한 방법은 1960년대에 생겨났다고 한다. 그전에는 각자 체형에 맞게 기모노를 입었으며, 한때 여성잡지들을 중심으로 양장용 속옷을 입어 몸의 아름다운 곡선이 입체적으로 드러나도록 강조해서 기모노를 입는 것을 선호하기도 하였다. 그러나 1960년대 이후부터는 기모노를 어깨부터 다리까지 일직선 형태가 되도록 입는 것이 대세로 자리 잡았다. 그러자 기모노를 혼자서 입기가 그만큼 더 어려워졌다.

사람들을 기모노로부터 멀어지게 한 또 다른 요인은 기모노의 가격이다. 기모노에 지금처럼 다양하고 복잡한 양식과 그에 맞는 격식이 등장한 것은 모두 메이지 이후의 현상이다. 신분제 철폐로 모든 사람들이 고급 기모노를 입을 수 있게 되고 소비의 대중화가 진행되자 고후쿠아呉服屋2로 대변되

---

2 고후쿠 산업이란 일본의 전통의상과 그에 쓰이는 옷감, 피륙의 생산 및 판매 관련 산업을 일컫

는 기모노 업계에서는 산업 확장을 위하여 계속하여 새로운 발명품과 그에 따른 예절을 만들어 내고 고급화를 추구하였다. 이러한 시도는 기모노 시장이 확대되는 데 일정하게 기여하였으나 역설적으로 기모노의 가격을 올리고 일반 대중을 기모노로부터 멀어지게 하는 결과를 가져왔다.

이 장에서는 일본의 전통의상인 기모노가 변천해 온 역사를 간단히 개관한 후에 메이지기 이후에 나타난 변화의 내용과 그러한 변화가 전통직물업에 미친 영향을 니시진을 중심으로 고찰해 보고자 한다.

1. 기모노의 역사[3]

오늘날 일본의 전통의상 내지 민족의상을 통칭하는 용어로 널리 쓰이는 기모노着物는 본래 문자 그대로 '옷'이라는 의미의 단어였다. 그러나 도쿠가와 막부 말기에 서양의 의복이 들어오면서 서양복, 양복과 구별하여 종래 일본의 의복(와후쿠和服)을 의미하게 되었다고 한다(小池三枝 1991:52).[4] 그 범위가 넓고 역사가 긴 만큼 현대에 일본 전통의상으로 알려진 옷의 양식은 이전과 많이 다르다.

고고학적 연구결과에 따르면 일본 열도에는 조몬繩文 시대(기원전 13000~ 기원전 300년), 야요이弥生 시대(기원전 300~기원후 300년)부터 모시나 삼베 등

는다. 고후쿠야는 일본 옷에 쓰이는 비단 옷감, 즉 포목을 판매하는 상점을 말한다. 일본의 근대적 백화점은 대부분이 고후쿠야에서 출발하였다.

3 이 절은 주로 http://ja.wikipedia.org의 '和服' 항과 그 외의 복식사 문헌들을 참조하여 작성하였다.

4 '기모노'는 16세기경 유럽 사람들에게 알려지면서 일본의 와후쿠를 의미하는 뜻으로 유럽뿐 아니라 전 세계에서 사용되었다는 주장도 있다.

의 식물섬유로 실을 방적하는 기술이 있었으며 그렇게 짠 직물로 의복을 만들어 입었을 것으로 추측된다. 「위서魏書」 동이전東夷傳의 일부인 위지왜인전魏志倭人傳(기시와진덴)에는 왜인들이 폭이 넓은 천을 앞으로 여며 입고, 남자들은 머리를 묶어 상투를 튼다고 기술되어 있다. 고분시대古墳時代(3세기 중후반~7세기 말엽)에는 남녀 모두 상하 의복이 나누어져 있어 남자는 풍성한 바지 형태의 하카마袴에 무릎 아래를 끈으로 묶어 입었으며, 여자는 길이가 긴 주름치마를 입었다(橋本澄子 2005:66). 7세기 말~8세기 초의 고분인 다카마쓰즈카高松塚에서 출토된 벽화에는 옷깃을 왼편으로 여민 긴 웃옷을 치마 위에 늘어뜨려 입고 오늘날의 오비에 해당하는 천으로 된 끈을 허리 부분에 묶은 남녀의 모습이 묘사되어 있다(그림 2-1).

8세기 이후 나라奈良 시대(710~794)의 복식은 앞으로 여며 오비를 매는 기본 구성을 갖추었으며, 중국 당나라 한복漢服의 영향을 받은 것으로 생각된다. 종래에는 옷깃을 왼쪽으로 여미는 좌임左袵이 많았으나 『쇼쿠니혼기續日本記』 719년의 기록에서 모든 백성은 옷깃의 여밈을 우임右袵으로 하라는 구절이 보이는데, 이는 중국의 풍습을 모방한 것으로 추측된다. 701년에 제정되어 718년 개정된 다이호 율령大宝律令 중 요로 율령養老律令에 포함된 의복령에 따르면 조정에서는 예복禮服, 조복朝服, 제복制服을 입었다. 예복은 중요한 제사, 즉 다이조사이大嘗祭[5]나 설날(간탄元旦) 등에 입는 옷이며, 조복은 매월 1회 조정에서 조회朝會에 참석하거나 공식 행사를 치를 때 입는 옷이고, 제복은 특별한 지위가 없는 관인들이 공무를 볼 때 입는 옷이다. 예복, 조복, 제복은 입는 사람의 지위나 관직에 따라 양식이 달랐다. 예를 들어 무관의 예복과 조복의 규정에 있는 '이오우位襖'는 지위에 따라 색깔이 다른

---

[5] 천황이 즉위의 예를 마친 후 처음으로 행하는 수확제.

그림 2-1 1972년에 출토된 다카마쓰즈카 고분벽화(7세기 말~8세기 초)

포袍의 일종으로 란襴(포의 자락을 내려뜨리기 위해 포의 자락에 덧붙여 꿰맨 천) 없이 겨드랑이 아래쪽 솔기를 꿰매지 않은 옷으로서, 허리 부분에 가죽 허리띠를 매었다. 문관의 예복은 란이 붙어 있는 옷으로 나중에 왕이나 문관이 입은 양 겨드랑이를 꿰맨 포의 원형이 되었다.

헤이안平安 시대(794~1185/1192) 말기는 교토를 중심으로 발달한 궁정문화와 그를 둘러싼 구게公家 계급이 후퇴하고 무사 계급이 전면에 등장한 시기이다. 새로운 세력으로 부상한 무사들은 본래 농촌이 삶의 근거지였던 자들인 만큼 아무런 장식이 없는 간단한 스이칸水干이나 히타타레直垂, 가리기누狩衣 등을 입었다. 그러나 정치권력의 중심부로 진입하자 무사들의 복장도 화려해졌다. 능綾, 금錦, 사紗 등의 비단을 사용하고, 붉은색, 청색, 감색, 흰색, 황색, 자색 등 화려한 빛깔의 바탕에 큰 문양을 넣은 옷을 즐겨 입었다. 가마쿠리鎌倉 시대(1185~1336)에는 무사 계급의 의장을 중심으로 가문家紋을 넣은 기모노가 등장하였다(田中日佐夫 1961:24).

의복령에는 조정과 관련이 없는 서민의 의복에 대한 규정이 없다. 서민의 복장은 12세기 말엽의 작품으로 여겨지는 「반다이나곤에코토바伴大納言絵詞」(「도모노다이나곤에코토바」)를 통해 대강 파악할 수 있다. '반다이나곤에마키伴大納言絵巻'라고도 하는 이 그림들은 일본의 국보로 「겐지모노가타리에마키源氏物語絵巻」, 「시기산엔기에마키信貴山縁起絵巻」, 「조주진부쓰기가鳥獣人物戯画」와 함께 일본의 4대 에마키모노絵巻物로 불린다. 작자는 도키와 미쓰나가常盤光長라고 하며 헤이안 시대 말기인 1170년대에 제작된 것으로 추정된다. 이 그림을 보면 남자는 스이칸을 입고 바지 길이가 종아리까지 오며, 여자는 소맷부리가 넓은 히로소데広袖나 좁은 고소데小袖 형식의 내리달이를 입고 허리 부분에 천을 매었다(增田美子 編 2010:147-148)(그림 2-2).

하급관리·지방무사·서민들이 입던 스이칸에서 발전한 히타타레는 가마

그림 2-2 「반다이나곤에코토바」에 묘사된 12세기 말 일본 서민의 복장

쿠라 시대에 무가의 예복이 되었고 무로마치室町 시대(1336~1573)에는 무가의 제일 정장이 되었다. 다이몬大紋, 스오우素襖 등이 등장한 시기도 이즈음이다. 무로마치 시대에 히타타레에 큰 문양을 넣는 것이 유행하자 이를 히타타레와 구분하여 다이몬이라 부르게 되었다고 한다(그림 2-3). 스오우도 예복화한 히타타레의 일종으로, 히타타레와 다이몬이 하카마의 허리끈으로 흰 천을 쓴 데 비해 스오우는 옷과 같은 색의 천을 썼다고 한다. 이 의복들은 에도 시대에 무관의 예장으로 정착되었으며, 지금은 노能, 교겐狂言, 가부키歌舞伎 등 전통예능의 무대의상으로도 쓰이고 있다. 여성의 의상은 고소데의 허리 부분에 고시마키腰巻き를 두르는 형태였으며, 무로마치 시대 무렵 고소데 위에 길이가 긴 고소데를 걸쳐 입는 우치카케打掛가 등장하였다.

가마쿠라 시대 이후 무사 계급의 사치가 계속되자 1334년 능, 라, 금, 숙, 금은주옥 등의 사용을 금지하는「복장규제조령」이 내려졌다. 특히 14세기 초 남북 양조를 합일하고 등장한 무로마치 막부 시대에는 짧은 기간이나마 생활문화가 발달하고, 노, 교겐 등의 무대예술이 완성되며, 가도華道, 차도茶道, 덴라쿠田樂 등이 발달하였다. 무사 계급을 중심으로 화려한 다도회가 열리고 의상도 더욱 화려해져 쇼군이나 상급 무사들 사이에서는 중국에서 수입한 견직물이 의류용으로 널리 쓰였다. 중하급 무사들 사이에서도 이를 모방하면서 고급 직물의 수요가 늘어남으로써 직물업 발달을 촉진하였다.

교토에서는 가마쿠라 시대 이후 국가에서 관장해 오던 오리베노쓰카사織部司를 중심으로 한 직물 생산이 쇠퇴하고 민간의 직물업이 발달하여 오토네리아야大舍人綾와 오미야키누大宮絹 등의 교토 특산 직물이 등장하였다. 귀족이나 승려의 복식이었던 도후쿠道服나 주토쿠十德 등도 무가계급으로 퍼져나가 널리 입게 되었으며 막부의 금지령에도 불구하고 사치 풍조가 지속되

그림 2-3 일본 전통 남성 복장의 예

히타타레를 입은 남성. 교토의 지다이마쓰리時代祭.

전국시대의 전형적인 스오우. 아자이 히사마사浅井久政
(1569)

전국시대의 다이몬. 모리 모토나리毛利元就(1591)

었다. 그러나 1467년에 발생하여 1477년까지 11년간이나 교토를 중심으로 계속된 오닌의 난으로 교토는 황폐해지고 직물업도 쇠퇴하게 된다.

에도江戸 시대(1603~1868)에는 복장이 간략해져 가타기누肩衣와 하카마袴를 조합한 가미시모裃(바지저고리)가 등장하였으며, 서민들 사이에서 고소데가 크게 유행하였다(그림 2-4). 가타기누란 하층민이 입던 어깨와 몸통만 있고 소매가 없는 웃옷으로서 무로마치 시대 이후에는 무사의 예복이 되었다. 또한 가부키 등의 연극이 유행하고 우키요에浮世絵에 연기자들의 복식이 소개되면서 서민들의 복장은 더욱 사치스럽고 호화로워졌다. 유교의 영향을 받은 막부에서는 때때로 검약령이나 사치금지령 등을 내려 이를 규제하고자 하였으나 서민들의 복식생활에 크게 영향을 미치지 못하였다. 이 시대에는 오늘날의 오비와 같은 허리끈이 발달하였으며, 허리끈을 등 뒤로 매는 형식이 처음 등장하였다.

에도 시대에 크게 유행한 기모노 형태는 오늘날 기모노의 원형인 고소데小袖이다. 고소데란 소매의 입구가 넓은 히로소데広袖(오소데大袖라고도 함)와 반대로 소매의 입구가 좁은 기모노를 말한다. 고소데란 용어는 10세기경부터 문헌에 등장한다. 헤이안 시대의 귀족들이 화려한 색으로 물들여 입은 속옷을 일컬었으나, 무사 계급이나 서민들이 일반적으로 입은 웃옷을 가리키기도 했다고 한다. 무로마치 시대 후기부터 에도 시대 초기까지 유복한 서민들 사이에서 유행한 고소데는 헤이안 시대의 것과 달리 소매 아래쪽 윤곽이 큰 곡선을 이루고 소매 길이가 짧으며 입구 폭이 좁았다.

에도 시대 후기에 쇄국정책으로 비단 수입이 금지되자 국내산 견직물을 사용하게 되었다. 비교적 값이 싼 지리멘縮緬을 일반 서민들이 착용하는 경우도 있었으나 18세기 말 덴메이天明 대기근 이후 막부에서 서민들의 견제품 사용을 금지하여 서민들은 면이나 마로 지은 의복만 입어야 했다. 직물

그림 2-4 에도 시대에 유행한 남성과 여성의 기모노

가타기누와 하카마를 입은 남성

여성의 고소데

이 귀해져 자투리 천을 팔러 다니는 '하시기레야端切屋'라는 행상에게서 천을 구해 옷을 수선해 가며 입었다. 그러한 상황에서도 여성의 복식에서는 긴 소맷자락이 유행하였는데, 이로부터 오늘날 미혼여성의 예복인 후리소데가 발전하였다고 한다.

2. 복식의 변화와 니시진

제1장에서 살펴보았듯이 교토에서는 황실과 귀족 계급의 수요에 부응하여 일찍이 직물을 생산하였으나, 니시진의 직물업이 본격적으로 발달한 시기는 오닌의 난 이후인 15세기 말부터이다. 특히 아즈치모모야마安土挑山 시대(1573~1603)에 복식이 더욱 호화로워지고 니시진의 직물업이 크게 발전하였다. 당시 직물업에 종사한 민간 수공업자들은 불교의 절이나 신도의 신사 및 장원 영주들의 비호 아래 활약하며 소비문화를 지탱하였다. 기온샤祇園社의 니시키자錦座, 네리키누자練絹座, 하카마코시자袴腰座 등이 있었으며, 엔랴쿠지延曆寺에는 고소데자小袖座, 오비자帶座 등이 소속되어 있었다(田中日佐夫 1961:34). 새로이 등장한 소비층은 마치슈町衆라 불리던 도시 상공업자들이었는데, 특히 도쿠라슈土倉衆라 불리던 부유한 상인들은 춤 경연 등 고유의 오락과 풍류를 발전시켜 고급 직물의 수요를 촉진하였다.[6]

근대 이전의 니시진오리는 호화찬란한 고급 사치품이었으며, 주된 고객은 황실 및 귀족, 도쿠가와 쇼군 가문, 영주, 상급 무가 등의 지배계급이었

---

6 1552년의 기록인 「나라의 춤 대회奈良おどり」에는 나라 일대의 긴란金襴이 매진되어 인근의 사카이堺 지방에까지 직물을 사러 사람을 보내었다는 언급이 나온다(田中日佐夫 1961:37).

다. 그러나 봉건제가 붕괴하면서 지배계급의 필수품이던 노시直衣, 가리기누, 히타타레, 스오우, 다이몬이나 여자들의 가라기누唐衣, 오모테기누表着등 고급 의류의 수요가 소멸하였다. 메이지 초두의 폐불훼석廃仏毀釈 운동은 사원세력을 크게 위축시켜 승의僧衣나 의례용 직물의 수요가 감소하였다. 또한 막말유신의 정치적·경제적 변동기에 니시진오리의 주요 고객인 상인과 조닌 계층에서 몰락한 이들이 증가하자 유곽과 전통 예능계도 침체되어 니시진 직물업계에 큰 타격을 가했다. 구 지배권력의 몰락과 더불어 양장洋裝의 출현이라는 복식상의 대변화로 인하여 니시진 직물업계는 불황의 길을 걷게 되었다(原田伴彦 1969:231).

그러나 니시진오리 수요의 감퇴는 시세 변동에 동반된 과도적 현상이었으며 근대 사회의 진전과 더불어 이제까지 없었던 새로운 수요가 창출되었다. 그것은 봉건시대의 신분제 사회가 막을 내리면서 복식의 자유시대를 맞게 되었기 때문이다. 에도 시대에는 막번 권력에 의해 신분에 따라 화려한 복식을 금제하였으나, 메이지기 이후 복식의 형식이나 색채가 자유로워짐에 따라 서민 여성들이 주요 수요자로 등장하였다. 여성의 사교나 외출에 대한 규제가 사라짐으로써 오비지帯地(오비용 옷감), 기자쿠着尺(기모노용 옷감), 슈스繻子(공단) 등 고급 일본 옷 및 일부 여성용 양복지의 수요가 크게 증가하였다.

한편 메이지 정부의 산업 육성에 힘입어 근대적 제사공장들이 건설되고 견의 생산량이 크게 증가하였다. 또한 개국과 함께 해외무역이 발전하여 생사 및 견제품의 수출액이 일본 전체 수출액에서 중요한 비중을 차지하게 되었으며, 세계적으로 일본이 실크 생산지로 알려지게 되었다. 견사의 대량생산과 더불어 대중화가 진전되어[7] 지리멘, 린즈綸子, 오메시御召, 메이센

---

7 니시진 연구가인 H씨는 메이지기에 들어 유럽에 수출하는 생사량이 증가하면서 수출 부적합

銘仙 등 다양한 종류의 견직물이 등장하였으며, 유럽에서 자카드 직기와 새로운 직조법이 도입되면서 니시진은 직물업 부문에서 기술혁신의 발상지가 되었다. 1871년의 조사에 의하면 니시진의 직기 대수는 7,389대에 이르러 막번시대 말기의 대수로 복귀하였다(奈良本辰也 1969:229). 교토부에서는 자카드 직기 사용법과 새로운 패턴을 가르치는 기관으로 1874년 오리토노 織殿를 설치하였다.

유럽에서 도입한 신기술과 기모노 대중화에 따른 소비 증가 등에 힘입어 성장세를 이어가던 일본의 견직물업은 1935년 미국의 듀퐁사가 나일론 합성에 성공하고 1939년 대량 공장생산체제에 들어감에 따라 큰 타격을 입게 되었다. 나일론이 견직물을 대체하면서 일본의 견사 및 견제품의 수출이 감소했기 때문이다. 1940년 제2차 세계대전에 참전한 일본 정부는 흔히 「칠칠금령七七禁令」으로 알려진 사치품 제조판매 제한 규칙을 공포하였다. 이에 따라 에바모요絵羽模様를 넣은 기모노나 자수, 금은사 등을 사용한 화려한 기모노 및 고가의 쓰무기紬 등이 모두 사치품으로 금지되어 니시진 같은 고급 견직물 산지는 치명적인 타격을 입게 되었다.

판정을 받은 이등품이 대량으로 시중에 유통되어 가격 인하와 대중화를 촉진했다고 말하였다(2013년 7월 개별면담).

3. 현대 일본인의 생활 속의 기모노

제2차 세계대전이 끝나자 전쟁 중에 국민총동원체제에서 여성들의 작업복으로 채택되었던 몸페가 폐지되었다.[8] 전후 사회변동기에 사람들은 상대적으로 비싸고 입기 번거로운 전통의상보다 값싸고 실용적인 서양 의복을 선호하게 되었다. 여성의 경우 1970년대까지도 일본 옷을 일상복으로 입는 사람들이 많았다. 당시 여성들 사이에서 인기를 끈 것은 모직 천으로 만든 기모노였다. 서구의 신기술, 신재료 도입으로 등장한 모직 기모노는 색채가 아름답고 가볍게 입을 수 있는 일상복으로 많은 여성들의 사랑을 받았다.

그러나 서구화라는 대세를 거스르기에는 역부족이었다. 전통의상업계는 판매를 촉진하고자 다양한 이벤트에 알맞은 일본 옷의 조건을 개발하여 선전하였다. 이것이 오늘날 일본 전통의상에서 보이는 매우 복잡하고 까다로운 계절(초여름, 한여름, 봄가을, 겨울 등)이나 상황(외출 시, 방문 시, 의례용, 일상복, 놀이용 등)에 따른 구분, 옷 입는 법, 그에 걸맞은 예절, 옷감 종류, 문양, 부속장식 등 이해하기 어려운 수많은 규칙들의 시작이었다. 새로운 규칙은 여성용 잡지나 라디오, TV, 전문가 대담 등을 통하여 적극적으로 선전되었으며 일정 부분 소비를 촉진하였다. 그러나 전반적으로 보면 발명된 전통인 복잡한 '옷 예절'은 대다수 서민들에게 "일본 옷은 어렵다"는 이미지를 심어 주었으며, 결과적으로 폭넓은 수요 창출에 오히려 방

---

8 몸페もんぺ란 하카마의 일종으로 1930년대까지 홋카이도 지방이나 도호쿠 지방에서 방한용이나 농작업용 일상복으로 입던 옷이다. 본래는 허리 부분에 천으로 된 끈을 넣어 묶어 입었으나 전쟁기에 부인 표준복으로 채택된 후에는 끈 대신 고무줄을 넣어 입기 편하게 만들었다.

그림 2-5 하쓰마이리를 치른 가족

해가 되어 전통의상업의 부진으로 이어졌다.

전반적인 전통의상의 쇠퇴 속에서도 의례는 전통의상의 명맥을 유지해 가는 데 중요한 역할을 담당하고 있다. 일본은 한국과 달리 전통의상을 입는 일생의례가 훨씬 다양하고 많이 남아 있다. 아이가 태어난 후 한 달이 지나면 지역 신사에 데리고 가서 참배하는 의례인 하쓰마이리初参り(그림 2-5), 돌 때 하는 참배 등에도 기모노를 입히지만 요즘 도시에서는 거의 행해지지 않는 것으로 보인다. 그러나 시치고산七五三 의례나 성인식, 입학식, 졸업식, 결혼식 등의 관혼상제冠婚喪祭 의례는 여자아이뿐만 아니라 남자아이가 전통의상을 입게 되는 중요한 기회이다.

그림 2-6 미쓰코시 백화점의 시치고산 광고

　시치고산이란 7세, 5세, 3세 때 아이들의 성장을 축하하는 일본의 연중 행사로(그림 2-6, 2-7) 17세기 말 다테바야시館林의 성주였던 도쿠가와 도쿠마쓰德川德松(에도 막부 제5대 쇼군인 도쿠가와 쓰나요시德川綱吉의 장남)의 건강을 기원하는 의례가 퍼진 것이라 한다. 오늘날에는 전국에서 행해지나 원래는 간토 지방의 풍속이었으며, 연령에 따라 의례의 내용이 달랐다.[9] 지금은 남

---

9 3세(만 2세) 때는 '가미오키노기髮置きの儀'(아기가 태어나면 머리를 계속 밀어 주다 3세가 되었을 때 삭발이 끝남을 기념하는 의례로서 에도 시대의 관습), 5세(만 4세) 때는 '하카마기袴儀'(남자아이가 하카마를 처음 입는 의례), 7세(만 6세) 때는 '오비토키노기帶解きの儀'(여자아이에게 어른의 것처럼 폭이 넓은 오비를 매어 주는 의례)를 행하였다.

그림 2-7 5세가 되는 남자아이의 시치고산 의상

녀 모두 한 차례의 의례로 통일되는 경향이며 남자아이의 경우 5세가 되는 해에, 여자아이의 경우 7세가 되는 해에 기모노를 입혀 신사에 참배하고 사진을 찍어 준다. 최근에는 신사나 사진관에서 아이에게 입힐 기모노를 수배해 대여해 주고 앨범을 만들어 주는 패키지 상품이 등장하였다. 이러한 의례는 전통의상의 수요를 유지해 주는 중요한 요인으로서, 부유한 집안에서는 시치고산의 신사참배를 위해 어머니와 아이가 입을 기모노를 특별히 주문하기도 한다.

시치고산과 더불어 교토 지방에서 행해지는 아이들의 의례로 주산마이리十三詣り, 十三参り가 있다. 주산마이리는 음력 3월 13일(오늘날에는 한 달 늦게

그림 2-8 성인식에 참석하러 가는 젊은이들

양력 4월 13일)경에 남녀 모두 세는 나이로 13세가 되는 것을 축하하고 아이
의 다복多福과 개운開運을 비는 의미에서 예로부터 행하던 의례이다. 교토
사가嵯峨 지역의 아라시야마嵐山에 있는 호린지法輪寺의 고쿠조 보살虛空藏菩薩
에게 4월 13일을 전후하여 13세가 되는 아이를 데리고 참배하러 가는 주
산마이리가 유명하다. 고쿠조 보살은 지혜와 복덕을 주관하는 보살로 여
겨지므로 이 주산마이리를 '지혜참배知惠詣り' 혹은 '지혜받기智惠もらい'라고도
한다.

　성인식은 일본 패망 후 피폐해진 국민 정서를 위로하고 통합을 지향한다
는 목적에서 만들어진 제도로, 매년 1월 20일경에 각 시정촌市町村에서 그

해에 만 20세가 되는 젊은 남녀를 모아 기념식을 행하고 축하연을 열어 주는 의례이다. 남자는 기모노에 하카마 정장을 입기도 하지만 거의 대부분은 검은색 정장을 착용하며, 여자는 거의 대부분이 후리소데를 입는다(그림 2-8). 부모는 성인식 때 딸에게 처음으로 성인용 기모노를 만들어 주며, 부모의 경제력이 안 되면 딸이 자신의 성인식에 입을 후리소데를 마련하기 위하여 적금을 들거나 대여하여 입기도 한다. 매년 정월에 성인식이 다가오면 기모노 상점마다 성인식용 기모노 광고가 나붙으며, 거리마다 화려한 색상의 기모노를 입고 머리에 꽃장식을 한 젊은 여성들을 볼 수 있다.

다양한 일생 의례들 중에서 기모노의 활용이 가장 눈에 띄는 의례는 결혼식이다. 그림 2-9에서 오른편은 오늘날 일본에서 일반적인 신도의례 결혼식의 남녀 의상이다. 신랑은 가문이 들어간 하오리羽織에 하카마를 입고 신부는 왼쪽 사진과 같은 기본적인 백색 비단으로 만든 기모노 위에 우치카케를 입는다. 이와 같은 의례복은 의상의 신분 차별이 사라진 메이지기 이후에 일반화되었다. 에도 시대 초기까지만 해도 무가의 남성들은 혼례 때 히타타레나 다이몬 혹은 스오우를 입었으며 소탈한 경우에는 가미시모를 입었다. 상가의 여성이라면 더욱이 오늘날과 같은 신부의 머리장식은 찾아볼 수 없었다.

일반적으로 관련 업계를 중심으로 통용되는 기모노 종류는 성인 여성용, 남성용, 어린이용으로 대별된다. 성인용은 정장과 일상복으로 나뉘고 그 사이에 적절한 예복들이 있다. 남성용 정장은 일반적으로 기모노 위에 웃옷으로 하오리를 걸치고 아래에는 치마처럼 생긴 하카마를 덧입는 것이다. 하오리를 보편적으로 입게 된 것은 메이지기 이후의 일이다. 여성용 정장은 도메소데나 후리소데, 호몬기, 모후쿠, 쓰케사게 등이다.

무늬에 따라 기모노 종류를 이로무지色無地, 고몬小紋으로 나누기도 한다.

그림 2-9 현대 일본의 결혼의상
왼쪽: 여성의 결혼식 의상. 오른쪽: 하오리와 하카마를 입은 신랑과 우치카케를 입은 신부.

이로무지란 주로 차도 등에 입는 단색 기모노이며, 가문을 넣어 호몬기처럼 입을 수도 있고 검은 오비를 둘러서 상복으로도 입을 수 있다. 염색한 비단 자체에 무늬가 있는 것도 있지만 따로 문양을 넣지는 않는다. 고몬은 전체에 작은 무늬가 들어 있다는 데서 유래한 명칭이다. 호몬기나 쓰케사게 등이 위쪽을 향해 문양이 들어가는 데 대해 고몬은 방향에 관계없이 전체적으로 같은 문양이 들어 있다. 따라서 예장이나 정장으로는 입을 수 없다. 다만 에도 시대에 영주들이 입었던 독특한 문양을 넣은 에도고몬^{江戸小}紋만 격식이 높은 것으로 여겨져 예복으로 인정된다.

기모노 입는 법의 여러 가지 규칙들은 앞서 언급한 바와 같이 대부분 메이지기 이후에 만들어졌으며 매우 복잡하여 일반인들은 쉽사리 이해하거나 따라 하기 어려울 정도이다. 예복 기모노의 경우 가문家紋을 넣은 검은색 도메소데(구로토메소데) 같은 최상급 예복에서부터 약식 예복으로 입는 에바모요의 호몬기, 호몬기처럼 보이지만 점잖은 의식에는 입으면 안 되는 쓰케사게에 이르기까지 다양하다. 또한 문양의 크기와 위치, 바탕천의 종류, 안감과 겉감의 배색[10] 등등에 따라 종류가 나뉜다. 홑겹이냐 여러 겹이냐에 따라 히토에, 아와세로도 구분한다.

오비에 이르면 규칙은 더욱 늘어난다. 예를 들어 도메소데나 호몬기 등 격식이 높은 예복을 입는 경우에는 폭이 넓은 마루오비丸帶를 착용하였으나 오늘날에는 신부의상(하나요메이쇼花嫁衣裳)이나 게이샤芸者의 기모노에 남아 있을 뿐 일반에서는 거의 쓰지 않는다. 특히 제2차 세계대전 이후에는 일반적으로 보다 간편한 후쿠로오비袋帶를 맨다. 후쿠로오비는 속이 빈 주머니형의 오비로 일반 후쿠로오비와 매는 방식을 보다 간편하게 바꾼 나고야후쿠로오비名古屋袋帶가 있다. 그 외에도 안감을 대지 않은 히토에오비単帶, 폭이 좁은 육촌 오비六寸帶, 반폭 오비半幅帶 등을 격식에 맞게 맨다.

이상의 예들은 여성용 기모노의 종류와 규칙 중 일부일 뿐이다. 남성은 물론이고 승려·신관·무녀 등 종교인, 노가쿠·가부키·일본무용·고단講談·라쿠고落語, 아악雅楽·차도茶道·가도華道·시긴詩吟 분야의 전통예능 종사자들, 게이샤 및 마이코舞妓, 료칸이나 일본요리점에서 접객하는 사람들, 장기 기사, 스모·검도·궁도·유도 선수 등 성별과 직업에 따라 기모노의 종

---

10 에바모요를 넣은 정식 호몬기처럼 겉감과 안감의 천이 같은 예장용 기모노를 '도모즈소共裾'라 한다.

류와 규칙이 다종다양하다.

부인잡지, 기모노 전문가들, 전통의상업계, 백화점 등 다양한 주체들이 개입하여 만들어지는 기모노 관련 규칙들은 일정한 시간이 흐르면 모든 사람이 따라야 하는 '전통'으로 자리 잡아 피해갈 길이 없게 된다. 기모노를 전혀 안 입으면 몰라도 일단 입고자 할 경우 그러한 규칙들을 무시하면 상식이나 교양이 없는 사람으로 취급되어 사람들의 손가락질을 받기 때문이다. 특히 제2차 세계대전 이후 대중매체의 발달은 의복의 규칙을 전국적으로 통일하는 데 일정하게 기여하였다. 그러나 복잡한 규칙으로 인해 오히려 사람들을 전통의상으로부터 멀어지게 하여 기모노의 수요가 줄어들자 최근에는 기모노를 간편하게 입도록 에도 시대의 고소데 형태로 돌아가야 한다는 주장까지 제기되고 있다.

기모노의 복잡함을 피하면서도 전통의상에 대한 재미를 느껴 보려는 일부 젊은이들 사이에서는 유카타浴衣가 유행하기도 한다. 본래 집 안에서 목욕한 후 입는 무명 홑겹옷인 유카타의 용도가 점점 확대되어 불꽃놀이花火大会나 나쓰마쓰리夏祭り를 할 때도 유카타를 널리 입게 되었으며, 문양이나 색채도 화려해지고 있다. 백화점에서는 다양한 종류의 유카타를 판매하고, 여름에는 수영복과 함께 여성의 숨은 매력을 보여 주는 소녀 패션 아이템으로 선전하기도 한다. 어린이용으로 무릎 길이의 치마와 더불어 유카타 드레스라는 상품도 등장하였다. 남성의 경우 패션 상품으로 유카타를 입는 경우가 드물다. 남성들은 통소매이고 앞에서 여며 끈으로 묶는 상의와 무릎 정도 길이의 하의로 구성된 진베이甚平를 일상복으로 입는다. 종교 관계자나 전통 장인들은 상의가 길고 하의가 없는 전통적인 진베이를 착용하기도 한다.

1990년대 들어 나타난 주목할 만한 현상으로 소위 앤티크 기모노와 리사이클 기모노의 유행이 있다. 잡지 등을 매개로 하여 등장한 이 현상은 젊은 여성들이 중고 기모노를 구입해 입는 것으로, 하나의 붐으로까지 일컬어지고 있다(김효진 2011). 앤티크 기모노는 대체로 1930~1940년대 이전의 기모노를, 리사이클 기모노는 1960년대 이후의 물건을 대상으로 한다. 앤티크 기모노란 다이쇼기大正期(1912~1926)와 쇼와기昭和期(1926~1989) 초기에 유행한 일본적 요소와 서구적 요소를 접합한 근대적 문양의 기모노가 일부 여성들 사이에서 관심을 끌게 된 현상을 일컫는다. 일본의 전통공예는 서구와의 접촉이 본격화된 19세기 말, 20세기 초에 독특한 디자인과 예술성으로 서양인들을 매료시켰다. 19세기 말부터 미국과 유럽 등지에서 열린 만국박람회에 출품된 니시진오리를 포함하여 회화, 도자기, 칠기 등 일본의 예술공예 작품들은 서구인들에 의해 적극적으로 수용되어 일본적 요소를 서구의 예술전통에 접목한 아르누보, 아르데코 등 새로운 유행의 창출에 기여하였다(並木誠士 外 編 2012). 이러한 새로운 디자인 양식은 일본에 역수입되어 크게 유행하였으며 기모노 디자인에도 적극 수용되어 큰 인기를 끌었는데, 1990년대에 다시 붐을 일으킨 것이다.[11] 그러나 김효진은 앤티크 기모노에는 이미 근대화, 서양화의 요소가 들어 있으며 그것이 전통회귀를 의미하지는 않는다고 주장한다(김효진 2011).

리사이클 기모노는 문자 그대로 재활용되는 중고 기모노 시장을 의미한다. 이 시장의 수요자는 특별한 행사 때 기모노를 입고 싶지만 고액을 들이기 어렵거나 그러고 싶지 않은 여성들이다. 그 배경에는 기모노를 많이 가지고 있던 여성들이 기모노를 입을 기회가 점점 줄어듦에 따라 처분하는

---

11 2012~2013년 조사 당시에는 앤티크 기모노 붐이 어느 정도 지나간 것으로 평가되었다. 교토에서 만난 기모노업계 사람들조차 큰 의미를 부여하지 않았다.

그림 2-10 기타노덴만구의 엔니치에 열리는 벼룩시장의 중고 기모노점

경우가 많아졌다는 현상이 있다. 과거에는 "기모노는 3대를 입는다"는 전통에 따라 친정어머니나 시어머니에게 물려받은 기모노를 수선하거나 새로이 물들여 입곤 하였으나 요즘은 그러한 예들이 거의 사라지고 있다. 또한 '단스우리單笥売り'라 하여 부모가 사망한 후 부모가 기모노를 보관하던 옷장을 통째로 시장에 내놓는 일이 많아졌다. 젊은 사람들이 기모노의 가치를 잘 분별하지 못하다 보니 간혹 옷장에 고가의 기모노가 들어 있어 중고 기모노 업자가 큰 이득을 보는 경우도 있다고 한다.

기모노를 새로 구입하지 않을 뿐 아니라 가지고 있는 기모노를 처분하는 경향은 재활용 기모노 시장을 크게 확대하였다. 인터넷상의 경매 시장은 물론이고 절이나 신사 등의 엔니치緣日[12]를 따라다니며 서는 시장들에는 어김없이 중고 기모노 가게들이 등장하여 한 벌에 500엔~1,000엔부터 시작하는 저가의 중고 기모노를 판매하며, 안목 있는 여성들은 값비싸고 귀한 물건들을 골라내기도 한다(그림 2-10). 이러한 새로운 종류의 '기모노 붐'은 젊은 여성들의 유카타 패션 유행과 마찬가지로 고급 견직 기모노를 다루는 전통공예직물 업계와는 무관하다. 그러나 니시진에서도 'e-단스' 사업을 진행하거나 낡은 기모노를 수선해 주는 보정업補正業이 등장하고 있다.

---

12 엔니치緣日란 "신불神佛과 인연이 있는 날"이라는 의미로 일본 신도의 신들이나 불교의 보살, 부처와 인연이 있는 날을 선정하여 제사나 공양을 행하는 날을 일컫는다. 그런 날에 신사나 절에 참배하면 보통 이상의 이익이 생긴다고 믿으며, 특히 해나 달이 바뀌고 처음 맞는 날은 '하쓰初ㅇㅇ'(예를 들어 하쓰텐진初天神, 하쓰칸논初觀音, 하쓰후도初不動 등), 마지막 맞는 엔니치는 '시마이終いㅇㅇ'라 부르며 많은 사람들이 모인다. 근대 이후에는 노점상들이 엔니치를 따라 전국의 절과 신사의 행사를 돌며 장터를 여는 일도 흔하다.

제2부

니사진오리의
생산과 유동 구조

제3장

전통직물 산업의 가내공업과 분업체계

전통공예 직물인 니시진오리西陣織가 생산되어 소비자의 손에 이르는 과정에서 세 집단이 주요 역할을 담당한다. 첫째는 오리야織屋, 오리모토織元, 기업가機業家, 기직업자機織業者 등으로 일컬어지는 직물제조업자이다. 이들은 원사 수배부터 직물의 설계 및 도안, 제직에 이르기까지 직물 생산의 전 과정을 조정하고 관리한다. 둘째는 생산 공정을 담당하는 기술자, 즉 장인 집단이다. '쇼쿠닌職人'이라 불리는 이들은 수년간 도제식 훈련방식을 통해 몸에 익힌 기술로 제직뿐 아니라 정련精練, 사염絲染, 정경整経, 종광綜絖 등 제직에 이르기 전 단계의 다양한 준비공정 과정을 직접 담당한다. 오늘날에는 대부분이 독립된 소규모 가내공업 형태로 일하며, 일감을 제공하는 오리야들과 개별적으로 거래한다. 셋째는 중개상인 집단이다. 니시진오리 같은 전통공예 직물의 경우 다양한 품종을 고급 기술로써 소량만 생산하므로 재고가 남으면 부담이 매우 크다. 따라서 판매 수량을 정확히 맞추기 위하여 중개상인들이 다각도로 개입해 왔다. 중개상인들은 유통을 매개할 뿐만 아니라 일종의 상업 자본가로서 직물제조업자들에게 자금을 대여하고 직물 도안이나 의장意匠을 지도하는 등 생산과정에도 깊숙이 개입해 왔다. 따라서 대부분 규모가 영세한 제조업자들은 생산 제품의 판로 개척이나 자금 조달을 위해 중개상인들에게 예속될 수밖에 없는 구조적 위치에 있었다. 이러한 측면은 오늘날까지 니시진 직물업계에서 해결해야 할 문제로 남아 있다.

동력화, 기계화, 컴퓨터 도입 등 기술 혁신이 진행되어 왔음에도 불구하고 니시진오리가 '전통공예품'으로 이해되는 가장 큰 이유는 그 생산방식에서 찾을 수 있다. 일부 공정이 기계화되었으나 니시진오리의 생산과정은 산업화된 대량생산체계가 아니다. 여전히 전통적인 방식으로 개별 공정이 독립된 영세 가내공장에서 훈련받은 장인들에 의해 분업체계가 유지되고 있으므로 니시진오리는 다양한 신기술 도입에도 불구하고 전통산업이라 할 수 있다. 가내공업에 기반을 둔 생산체계는 일본의 이에家제도를 특징짓는 가업家業 및 가독상속家督相續 관념과 더불어 니시진의 직물업을 지탱해 온 힘이다. 하지만 최근에는 심각한 후계자 확보 문제에 부닥쳐 그 지속성이 위협받고 있다.

이 장에서는 니시진오리의 전반적인 생산 및 유통체계의 특징을 개괄하고 4, 5, 6장에서는 구체적인 사례 연구들을 중심으로 생산 및 유통 과정의 중심 주체인 제직업자, 기술자, 도매상 들에 대해 분석해 보고자 한다.

1. 가내공업과 분업의 기본구조

그림 3-1은 간략하게 정리한 니시진오리의 생산 및 유통 과정이다. 그림에서 아랫부분의 판매 단계를 제외하고 생산과정만 살피면 짙은 색으로 표시된 네 가지 부문으로 나누어 볼 수 있다.

첫 번째는 기획 제문 공정企画製紋工程으로 직물을 기획하고 문양을 그리는 공정이다. 주문을 받은 제직업자, 즉 오리야(오리모토)는 도안가에게 의뢰해 문양을 그리게 한다. 도안가는 제직업자가 운영하는 회사에 소속되어 일하거나 자영업자로서 외주를 받아 일한다. 후자처럼 독립된 전문 도안가를 '즈안야図案屋'라 한다('야屋'가 붙으면 가업으로 계승되는 독립적인 가내공업임을 의미한다). 도안이 완성되면 그것을 직물로 짤 수 있도록 모눈종이에 확대하여 옮기는데 이를 몬이쇼즈紋意匠図라 하며 '몬야紋屋'가 담당한다. 다음 단계는 모눈종이에 표시된 직물 설계를 문지紋紙(몬가미)에 옮겨 실이 지나가는 구멍을 뚫는 작업(몬호리紋彫り)인데, 1980년경부터 플로피 디스크로 대체되어 문지의 사용이 크게 줄어들었다.

두 번째 공정은 원료 준비 공정으로 원사原糸, 연사撚糸, 렌시連糸, 사염糸染 및 이토쿠리糸操り 등의 작업이 포함된다. 원사란 직물을 짤 생사를 수배하는 작업으로서 '이토야糸屋'라는 생사 전문 상인이 진행한다. 생사상은 뒤에 살펴볼 직물 중개상이나 도매상과 마찬가지로 제직업자에게 외상으로 생사를 공급해 주는 일종의 금융자본 역할을 하였다. 니시진이 번성하던 시기에는 오미야도리를 중심으로 대규모 생사 도매상들이 밀집해 성업하였으나 산업의 쇠퇴와 함께 많이 사라졌으며, 최근에는 제직업자들이 산지에서 직접 생사를 공급받기도 한다.

생사를 확보하면 실 가공작업에 들어간다. 먼저 직물의 설계에 적합하

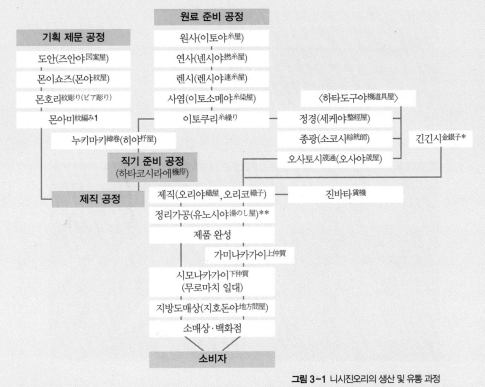

그림 3-1 니시진오리의 생산 및 유통 과정
* 금박이나 은박을 입혀 잘라서 실을 만드는 공정
** 유노시: 뜨거운 김을 쐬어서 천의 주름을 펴는 공정
출전: 西陣·町屋歩き もっと詳しく西陣·町家! (http://jia-kyoto.org/children/aboutnishijin.html)

도록 실을 꼰다(연사撚絲). 직물에 따라 몇 개의 가닥을 어느 정도의 강도로 꼬는가가 매우 중요하며 '넨시야撚糸屋'가 이 작업을 담당한다. 연사가 끝나면 실을 직물의 설계에 맞추어 잇는다(렌시連糸). 이 작업은 '렌시야連糸屋'(잇

---

1 그림 3-1에서 몬아미紋編み란 구멍을 뚫은 펀치카드 형태의 문지들을 실로 이어 묶어 자카드 직기에 장착하는 작업이다. 몬호리와 몬아미는 몬야에게 일을 받은 몬호리야紋彫屋와 몬아미야紋編屋가 작업한다.

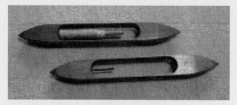

그림 3-2 씨실을 감아 넣은 북(누키마키)

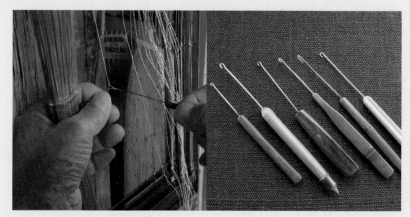

그림 3-3 종광 작업을 하는 모습과 종광 도구

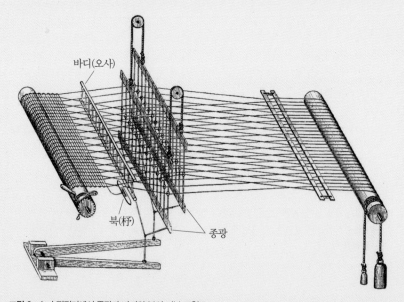

바디(오사)

북(杼)

종광

그림 3-4 수평직기에서 종광과 바디와 북의 기본 모형도

는다는 의미에서 '쓰나구'라고도 함)가 한다. 니시진오리는 제직한 후 문양을 넣는 후염 직물이 아니라 실 단계에서 염색한 후에 제직하는 선염 직물이므로 실을 꼬는 작업과 잇는 작업이 완수되면 '이토소메야糸染屋'에게 넘겨 실을 염색한다. 최근에는 작업량이 줄어 염색하는 사람이 실의 정련精練도 하는 경우가 많으나, 과거에는 정련만 전문으로 하는 집이 있었다. 예전에는 잿물에 삶아 정련하였으나 요즈음에는 약품을 사용해 기계로 정련한다. 실의 정련과 염색이 끝난 후에는 얼레감기, 즉 '이토쿠리糸繰り'라 하여 실을 타래 상태에서 제직이 가능하도록 틀(와쿠枠)에 감는 작업이 진행된다.

세 번째 공정은 직기 준비 공정이다. 여기에는 날실을 직물의 길이와 폭에 맞추어 세팅하는 정경(세케整經) 작업, 문양을 낼 수 있도록 씨실을 북(히杼)에 감아두는 누키마키緯卷(그림 3-2), 직기에서 씨실이 지나갈 수 있도록 날실을 아래위로 벌리는 기구를 만들어 주는 종광(소코토시綜絖通し)(그림 3-3) 및 오사토시筬通 작업 등이 포함된다(그림 3-4). '하타도구야機道具屋', '세케야整經屋', '히야杼屋', '소코시縱絖師' 등의 용어는 니시진에서 직기를 준비하는 모든 공정이 전문적인 가내공업으로 수행되어 왔음을 보여 준다.

모든 준비가 끝나면 제직 공정에 들어간다. 제직을 담당하는 직조공은 보통 오리테織手, 오리코織子라고 불리는데 이들은 제직업자와의 관계에 따라 '우치바타內機', '데바타出機', '진바타賃機'로 나누어진다. 우치바타란 제조업자가 운영하는 회사의 피고용인으로, 제조업자가 직접 운영하는 공장에서 직물을 짜는 직조공을 가리킨다. 우치바타는 다니던 공장의 제조업자에게 도움을 받아 독립하는 경우가 많으며, 고용주였던 제조업자는 '오모야主屋'가 되고 데바타는 이들의 주문을 우선적으로 받는다.

데바타는 우치바타가 독립하여 소규모 가내 직조공장을 차려 외주 형태로 주문을 받는 직조공을 말한다. 오리야가 공급하는 직기로 직조하는 진바타와 달리 자신의 직기를 소유하고 하청을 받아 생산하는 데바타는 독립 자영업이라는 의미에서 '지마에自前' 업자라고도 한다. 1960년대에 니시진에서 지마에 업자의 70% 이상이 직기 5대 미만을 소유하였으며, 20대를 넘는 곳은 5%에 미치지 못하였다(出石邦保 1962:46-47). 자금력이 있는 대규모 업자의 경우에도 대부분 기획력이나 판매능력을 결여하였다.

'진바타' 혹은 '진오리賃織'는 형태상으로는 독립되어 있으나 실제로는 오리모토에게 예속되어 분공장分工場 내지 종업원과 다름없는 피고용인 지위에 있는 직조업자를 일컫는다. 진바타는 직기뿐 아니라 직기를 놓을 건물, 거주할 집까지 오리야에게 대여하기도 한다. 진바타는 사실상 고용노동자나 다름없지만 우치바타가 회사 직원으로서 건강보험, 고용보험, 산재보험 등을 보장받고 월급을 받고 일하는 데 비해 진바타는 오리야가 마련해 준 공간에서 공급된 직기로 일하지만 자신이 일한 양에 따라 공임을 받는 형태의 소위 '데키타카出来高'형 임노동자이다. 즉 후자의 일터는 일종의 외부 공장이지만 일거리를 공급하는 오리야 편에서는 그들의 노동시간이나 부대비용을 책임지지 않아도 된다는 이점이 있다.

제2차 세계대전 이후 니시진오리의 부흥기에는 제직업자가 가내공장에 직기를 두고 직공을 고용하는 우치바타 형태가 많았다고 한다. 그러나 1970년대 이후 노동운동 및 노동자 보호법이 강화되면서 최저임금제가 도입되고 보험이나 연금 등 사회복지 관련 규정이 제정되어 평균임금이 상승하자 운영이 어려워진 제조업자들이 아예 가내공장을 폐쇄하고 데바타나 진바타로 전환하는 경우가 많아졌다. 경기가 좋아 주문량이 많을 때에는 직조공들이 독립하여 공장을 차리기도 하였다. 직조공들의 독립이 증가한 배경으로 근대 이후 역직기의 도입이 매우 중요하였는데, 역직기 도입으로 여성 직조공들이 늘어남으로써 가족 노동력에 의존한 가내수공업으로 전환하기가 용이해졌기 때문이다(Hareven 2002:55-56).

제직이 끝나면 뜨거운 김을 쐬어 주름을 펴는 유노시湯のし 작업 등 정리 가공 단계를 거치는 경우도 있지만 대부분은 제직 완료 단계에서 제품이 완성된다. 니시진의 가미나카가이上仲買(산지도매상)에 납품된 완성품은 무로 마치室町의 시모나카가이下仲買(중간도매상)를 거쳐 전국의 지방도매상으로 넘 어가고, 다시 전국 각지의 지방도매상을 거쳐 백화점이나 기타 소매상으로 로 전달되어 판매된다.

이러한 분업체계에서 다품종 소량생산을 지향하는 니시진의 영세 제직 업자들은 역사적으로 생산자금이나 판매망 확보 등을 중개상인들에게 의 존해 왔으며, 이러한 체계는 다른 직물 산지 지역에서 찾아볼 수 없는 니시 진의 독특한 양상이다.

2. 제직업자의 역할

그림 3-1은 대략적인 공정일 뿐, 실제로는 수백 종류의 니시진오리가 완 성되기까지 훨씬 더 복잡한 과정을 거친다. 이렇게 복잡한 분업체계에서 모든 과정을 총괄하는 존재가 오리모토, 즉 직물제조업자이다. 오리모토는 수주, 생산, 납품뿐만 아니라 소비자의 요구를 반영하여 직물 도안과 설계 에도 관여한다. 또한 주문자의 요구를 정확히 반영하여 최고의 직물을 공 급할 수 있도록 각 공정의 장인들을 개별적으로 확보해 두어야 한다. 예를 들어 실의 종류에 따라 주문받은 색을 정확하게 염색하는 기술을 갖춘 염색 공을 확보하고 그와 오랫동안 단골관계를 지속해야 제품의 질을 유지할 수 있다. 이는 정경, 종광, 제직 등 모든 공정에 마찬가지로 적용된다.

이 역할을 성공적으로 수행하려면 상인으로서의 능력뿐 아니라 예술적 감각과 안목을 갖추어야 한다. 즉 니시진의 오리모토는 직물을 짜는 사람이라기보다 직물을 기획하는 사람이라고 보는 것이 더 정확하다. 이들은 흔히 자신들을 오케스트라의 지휘자와 같다고 말한다. 각각의 연주가들이 아무리 훌륭한 연주기술을 갖추고 있어도 그들을 하나로 통합하는 지휘자가 없다면 음악을 완성할 수 없다는 것이다.

먼저 주문이 들어오면 오리모토는 직물 도안가 및 설계가에게 소비자의 요구를 전달하고 직물의 설계 및 도안을 맡긴다. 이 단계에서 오리모토는 완성품을 머릿속에서 구상하고, 아이디어를 제공하거나 안을 내어 도안 및 설계에 참여한다. 이때 예술적 재능과 감수성이 필요하므로 오리모토는 가업으로 이어지기가 어렵다. 디자인 감각이 대대로 이어지는 경우는 드물기 때문이다.

제직업자들의 동업조합인 니시진직물공업조합에 등록된 제직업자 번호는 2,000번이 넘는데 그처럼 번호가 많은 것은 한 번 등록하였다가 폐업한 경우 그 번호를 다른 사람에게 넘기지 않는 것이 관행이기 때문이다. 따라서 등록번호가 빠르다는 것은 그만큼 기업의 역사가 오래되었음을 말해 준다. 간혹 가업으로 수백 년간 이어 왔다고 주장하는 오리모토가 있지만 니시진의 오리모토로 영업을 시작하기 이전에 했던 기모노 관련 일들을 포함해 말한 것일 뿐, 순수하게 니시진의 오리모토를 몇백 년 넘게 지속해 온 경우는 매우 드물다. 니시진에는 "종기와 오리야는 커지면 터진다"는 말이 있다. 그것은 한편으로는 니시진오리같이 창의성을 중시하는 경우 대량생산 체계로 들어가면 그러한 성격을 잃어버리게 된다는 의미이며, 다른 한편으로는 니시진 같은 생산체계하에서는 기업을 키웠다가 경기가 출렁이면 망하기가 쉽다는 의미이기도 하다. 그러한 주장을 증명이라도 하듯이 니시진에서 만난 오리모토들은 일본 경제의 버블기인 1980년대에 큰 건물을 짓고 생산량을 늘려 재고를 쌓아 두었던 많은 오리모토들이 도매상들과 함께 줄줄이 도산하였던 예를 든다.

3. 제직업자와 직조공의 관계

제직은 오리모토가 주는 도안 및 설계에 따라 쇼쿠닌職人, 즉 기술자들이 행하지만 직조공마다 기술이 다르기 때문에 숙련된 직조공, 즉 오리테織手를 확보하는 것이 매우 중요하다. 오리테, 오리코織子 혹은 오리시織師라 일컬어지는 직조공들은 각기 실의 성격이나 문양 혹은 직물의 종류에 따라 특별히 잘 짜는 물건이 있으며, 각자 자신만의 기술 및 비법을 소유하고 있다. 이는 오랜 기간의 도제식 훈련을 통하여 얻어지며 자신만의 기술이나 비법을 '히덴秘伝'이라 하여 일종의 직업비밀로 여긴다. 니시진의 경기가 좋아 일거리가 많았을 때는 대부분의 오리테가 전직專職으로 한 오리모토에게 소속되었다. 오리모토는 솜씨 좋고 역량 있는 오리테와 안정적인 거래관계를 유지하는 것이 매우 중요하였고, 오리테는 장인(쇼쿠닌職人)으로서 자신의 기술에 자부심을 갖고 직물의 완성도를 높이고자 노력하였다. 쇼쿠닌 정신 그리고 오리모토와 개별적으로 맺는 신용관계로 인해 오리테 간의 교류는 희박한 편이며, 오리모토 간에도 항상 경쟁관계가 유지된다.[2]

1970년대 이후 우치바타가 줄어들고 데바타, 진바타가 늘어나자 오리테

---

[2] 이러한 니시진 생산조직의 특징은 직공들 간의 노동조직이나 노동운동을 어렵게 만드는 요인이기도 하다(Hareven 2002:102).

와 오리모토의 관계도 달라졌다. 우치바타는 오리모토와 한 집에서 함께 숙식하며 생활하는 까닭에 거의 가족 같은 관계를 맺게 되고 일을 할 때도 자연스럽게 윤리적 책임감을 가질 수 있다. 하지만 독립한 데바타는 우치바타에 비해 정서적 의리 관계가 생기기 어려우며, 니시진 이외 지역에 있는 데바타의 경우에는 더욱 그러하다. 진바타도 임노동자에 가까운 고용인이기 때문에 우치바타처럼 윤리적 책임감을 갖기 어렵다.

1970년대 이후 니시진의 제직업자들은 더욱 엄격해진 노동 관련법에 따라 직조공들의 임금상승에 대처하면서 증가하는 수요를 충족하기 위해 니시진 이외의 지역으로 직물 생산 하청을 확대해 나갔다. 특히 교토에서 북쪽으로 자동차로 4시간 정도 걸리는 거리에 위치한 단고丹後 반도로 많이 진출하였다. 그 지역은 에도 시대 이래 '단고치리멘丹後縮緬'이라는 직물의 특산지로서, 농민들이 농한기에 현금 수익원으로 길쌈을 하던 전통이 있어 조금만 훈련하면 바로 니시진오리를 짤 수 있었기 때문이다. 여기서 주목되는 점은 이러한 과정에서도 니시진오리의 생산과정이 기계화, 공장화되지 않고 가내수공업 형태를 유지하였다는 점이다.

단고 이외에 직조 공임('오리친織賃')이 더욱 싼 해외로 진출하는 경우도 있었다. 한국, 중국, 베트남 등이 그에 해당하는 지역으로서 지금도 중국 등지에서 직물을 짜 오는 니시진 제직업자들이 있다. 이러한 경향은 니시진 직물의 가격을 낮추는 데 기여하였으나 질을 떨어뜨렸으며, 니시진의 직조공들에게 큰 타격을 입혔다. 이에 따라 니시진직물공업조합에서는 상품 관리를 위해 1959(쇼와 34)년부터 니시진 지역과 단고 지역에서 직조된 직물에만 '니시진오리' 인증지를 첨부하도록 하였다. 따라서 공식적으로 해외에서 직조된 직물은 니시진오리가 아니다(西陣織物工業組合 1972:203- 204). 그러나 해외에서 직조해 온 것을 니시진에서 직조하였다 하거나 정견正絹이 아닌 것을 정견이라 속이는 경우가 종종 일어난다. 제4장에서 살펴볼 '오비야 스테마쓰' 같은 오리모토는 엄격한 기술지도하에 중국에서 짜오는 제품이 니시진이나 단고 지역에서 직조하는 직물에 비해 질이 떨어진다고 볼 수 없다고 주장한다.

현재 오리테의 고용 유형은 크게 데바타와 우치바타로 구분되며, 오리모토가 직접 공장을 운영해 우치바타를 두고 일부 일감을 데바타에게 맡기기도 한다. 오리테는 일감을 가져오는 오리모토를 '오야카타親方'3라고 부르기도 한다. 중개상과 오리모토가 단골관계를 유지하듯이 오리모토와 외주를 받는 오리테의 관계도 대를 이어 지속되는 경우가 많으나, 때로 경기의 부침이나 오리테가 가진 직조기술의 질에 따라 변화를 겪는다. 4대째 니시진에서 오리모토를 하고 있는 히구치 쓰네키 씨는 오리테와의 관계에 대하여 다음과 같이 이야기한다.

오리야는 오리테에게 고용관계든 외주관계든 노동의 대가로 공임을 지불한다. 오리테는 조금이라도 공임을 높게 받기를 희망하며, 오리야는 공임이 높아질수록 원가가 올라가 수익에 압박을 받게 된다. 따라서 노사 간의 임금 교섭처럼 공임을 교섭한다. 공임이 예상보다 낮아 받아들일 수 없는 오리테는 퇴사하거나 외주관계를 그만두고 자신의 조건에 맞는 오리야를 찾아 떠난다. 목수나 조리사 같은 쇼쿠닌 중에 직장을 자주 바꾸는 이들이 있는데 이런 행태를 '떠돌아다닌다渡り步く'거나 '전전한다'고 표현한다. 니시진에도 이처럼 오리야를 전전하는 오리테들이 있다. 이것은 오리테의 기술과 대가에 대한 생각 차이 때문이다. 기술이 뛰어난 오리테

---

3 우두머리, 감독, 은혜를 입어 섬기는 사람이란 뜻으로, 같은 직업의 장인이나 제자들의 기능을 가르치고 생활을 보살펴 주며 감독하는 사람을 이르는 말이다.

는 자신의 능력에 합당한 대가를 받고 싶어 하며 오리야들도 그에 동의하여 공임을 지불하므로 별 문제가 없으나, 기술이 뛰어나지 않은 오리테가 높은 공임을 부르면 오리테나 오리야나 서로 불평이 많아질 수밖에 없다. 니시진에서 공임 교섭은 경기가 좋을 때 특히 두드러진다. 교섭 과정만 보면 서로 불평불만이 가득해 보이지만 기본적으로 공임 교섭은 상호 신뢰 관계가 없으면 성립할 수 없다. 원가를 낮추기 위해 오리야가 공임을 낮게 정하면 기술이 좋은 오리테가 다른 회사로 옮겨 가게 되고, 오리테가 희망하는 대로 공임을 정하면 오리야의 영업이익이 나지 않을 수 있으므로 서로 잘 타협해야 한다.

어느 업종이든 고도 성장기에는 임금 교섭을 통해 임금이 기본적으로 상승하지만 오늘날에는 현상 유지이거나 일부에서는 임금이 삭감되는 형편이다. 최근 니시진 업계에서도 공임이 인하되고 있다. 그러나 억지로 하는 것이 아니라 교섭을 통해 이해를 구하여 이루어진다. 요즘은 오리테가 오리야를 옮길수록 조건이 나빠지는 경우가 많으며, 신규채용일수록 설정가격이 낮기 때문에 가급적 서로 관계를 유지하도록 노력하고 있다.

이처럼 공임 교섭은 경기에 따라 달라지며 항상 투쟁만 하는 것은 아니다. 오리테의 기술을 어떤 수준으로 평가하는가에 따라 불평불만의 정도가 달라진다. 일반적으로 오리테와 오리야는 신뢰관계를 유지하면서 상품 개발에 노력한다. 그러지 않으면 좋은 상품이 나오지 않기 때문이다. 오리테가 불평불만을 가진 채로 일하면 치수가 안 맞거나 제직 상태가 엉망이거나 하는 등 좋은 상품이 나오지 않아 결과적으로 매상이 떨어진다는 사실을 서로 이해하고 있다. 즉 오리테와 오리야의 관계는 쇼쿠닌과 오야카타의 관계인 것이다. 오리테와 오리야는 대부분 양호한 관계를 유지하면서 매일매일 일감을 소화하고 있다. (히구치 쓰네키 씨의 면담자료)

오리모토의 입장에서 서술한 이 글을 통해 우리는 니시진 직조공들의 일과 정체성과 관련하여 두 가지 점에 주목할 수 있다. 첫 번째는 그들이 쇼쿠닌, 즉 장인으로서 자신의 기술에 자부심을 갖고 있다는 점이다. 그들은 오리모토에게 주문을 받고 직물을 짜서 납품한 만큼 공임을 받으나 자신들을 단순히 품삯을 받고 일하는 노동자로 인식하지 않는다. 자신들은 하나하나 작품을 만든다고 생각하며 완성도를 높이기 위해 공을 들이고 그 노력과 결과를 상대방이 알아봐 주고 평가받기를 기대한다.

두 번째는 그들이 우치바타 형태의 고용인이든 독립된 데바타 형태이든 오리야와 지속적인 상호 신뢰 관계하에서 작업한다는 점이다. 이것은 니시진의 독특한 인간관계 형태로서 문화적 특성을 띤다. 예를 들어 제2차 세계대전 이전이나 전쟁 중에 니시진에서 많은 재일한국인들이 오리테로 일하였으나 지금은 거의 없어졌는데, 이에 대해 한 오리야는 그들에게 "시가라미柵(얽매임, 들러붙음)가 없었기 때문"이라고 말하였다. 즉 재일한국인은 니시진에 문화적 연고가 없었기 때문에 경기가 나빠지거나 고용조건이 악화되면 바로 전업했다는 것이다. 니시진 직조공들의 행동유형 및 삶의 세계에 대해서는 제5장에서 다시 살펴보겠다.

4. 니시진오리의 전통적 유통구조

니시진은 일본 견직물업이 기원한 곳이자 선두에서 그 발달을 주도해 온 곳으로서 일본 견직물업 발달사에서 매우 중요한 위치를 차지하고 있다(出石邦保 1972:157). 도쿠가와 시대에 니시진에서 시작된 다카바타高機를 이용한 제직법이 전국으로 전파되어 전국 각지의 직물업 발달을 이끌었다. 메이지기에 들어서도 니시진은 유럽에서 가장 먼저 자카드 직기와 새로운 패턴들을 수입하여 근대적 제직법이 확산되는 데 기초를 제공하였다. 또한 니시진의 직물은 전통적인 직물 생산뿐 아니라 새로운 섬유 발명, 생활양식의 변천에 따른 신제품 고안 및 개척 면에서 많은 자취를 남겼다.

오늘날 니시진의 직물업은 전반적인 수요 감소 속에서 전통직물로 집중되는 경향을 보이고 있으나 오비지 및 기모노지 같은 전통직물 이외에도 수공예 직물인 '쓰즈레오리綴織'를 포함하여 복지服地, 커튼지, 넥타이지 등 일상생활의 서양화에 따른 광폭 직물도 폭넓게 생산하고 있다. 오비지, 기모노지의 경우에도 전통적인 고급품과 함께 대중품도 제직하였으며 생사, 인견사뿐만 아니라 울, 아세테이트, 나일론, 테트론 등 다양한 원료를 취급하고 있다.

니시진의 직물업은 생산 품종이 다양하고 수직기手織機와 역직기力織機가 공존한다. 그러나 전반적으로 경영 규모가 영세하고 극도로 세분화된 분업체계가 확고하다는 것이 니시진 직물업 생산구조의 특징적 성격이다. 이는 흔히 니시진과 비교되는 간토關東 지방의 기류桐生나 도카마치十日町 같은 다른 직물업 지역과 대조적이다. 기류나 도카마치에서는 기업 규모가 커지면서 한 공장에서 전체 생산과정을 진행하는 소위 '일관공장一貫工場'이 등장하였고, 생산 능률을 높이기 위해 광폭 역직기화가 진전되었다(出石邦保 1972:164). 반면 니시진에서는 대규모 직물제조업자들도 종업원을 고용하기보다는 독립 가내 직조업자들에게 외주를 주는 비율이 높다. 제2차 세계대전 이후 생산 확대 과정을 거치는 동안 전통적인 오리모토와 진바타, 데바타 간의 가내공업적 상호의존 관계가 오히려 재생산되고 강화된 것이다. 이러한 생산구조가 유지되는 데에는 흔히 매계제도라 일컬어지는 독특한 유통구조도 중요한 역할을 담당하였다.

다음에서는 니시진의 매계제도에 대하여 자세히 살펴본다.

(1) 니시진 매계제도의 구조 [4]

니시진 직물업의 극도로 분업화된 생산구조와 제품의 다양성을 뒷받침하는 유통체계가 '가이쓰기', 즉 매계買繼 제도이다. 이 용어는 본래 간토 지방에서 직물을 판매 및 거래할 때 쓰던 말로서, 니시진에서도 같은 분야에서 사용되고 있다(出石邦保 1972:164-165). 그러나 그 의미는 간토의 것과 크게 다르다. 이러한 차이를 구분하기 위해 본래의 매계제도를 '간토형', 니시진의 매계제도를 '니시진형'이라 칭하기도 한다. 간토형에서 매계상買繼商은 직물제조업자, 즉 기업가機業家와 도매상(돈야問屋) 양자의 거래 중개자로서 혹은 직물제조업자의 대리기관으로서 매매를 알선하고 계약이 성립된 제품의 포장이나 운송 및 제품 대금 징수 업무를 하며, 경우에 따라 제품 대금을 미리 지불하고, 제품 거래에 따라 일정한 매계구전買繼口錢(수수료)을 받는다. 따라서 매매 당사자는 직물제조업자와 도매상이며 원칙적으로 매계상은 제품을 매입할 수 없다.

니시진형 매계상인 '가미나카가이上仲買'(산지도매상)는 자신의 이름으로 혹은 자기 자본으로 직물제조업자에게 수시로 제품을 매입하여 '시모나카가이下仲買'라 불리는 교토 시내 무로마치의 집산지도매상들에게 전매轉賣한다. 따라서 니시진형 매계제도에서는 직물제조업자와 집산지도매상 사이에 어떤 직접적인 관계도 존재하지 않으며 직물제조업자와 매계상의 거래는 원칙적으로 '가이토리제買取り制'(물건을 반품하지 않는 조건으로 일괄 구매하는 방식)를 취한다(그림 3-5). '가이토리'라는 말에는 여러 가지 깊은 의미가 있는데, 그것을 이해하려면 니시진 매계제도의 근본에 관행화된 거래방법을 간단히 살펴볼 필요가 있다.

---

4 이 절의 내용은 주로 이즈시 구니야스(出石邦保 1962, 1972)의 연구에 기초하여 정리하였다.

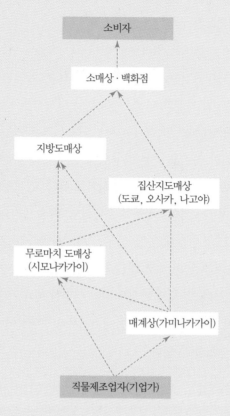

그림 3-5 니시진오리의 주요 배급 경로도 (出石邦保 1962:50)

제2차 세계대전 이전까지만 해도 니시진의 오리야나 하타야機屋 중에는 기업이라기보다 기술자, 즉 쇼쿠닌이 더 많았으며, 이들은 자금뿐만 아니라 의장意匠 기획력 면에서 매계상에게 의존하였다(出石邦保 1972:168~169). 오리야와 하타야는 명확히 구분되지 않으며 오리모토, 오리야, 하타야가 모두 직물제조업자, 즉 기업가機業家를 지칭하는 용어로 혼용되고 있다. 본래 오리야란 원사를 구입하여 실 염색부터 직물 기획까지 직접 하는 사람들을 일컬었으나, 최근에는 다른 오리야나 매계상에게 제공받은 실로 계획된 설계에 따라 직조만을 담당하는 하청 오리야가 늘고 있다.[5] 후자의 경우 보통 하타야라고 불리었는데, 이들 중 간혹 직물 도안이나 디자인을 하는 이들도 있어서 실제로는 둘을 명확히 구분하기가 어렵다.

어느 경우에 속하건 영세 규모로 다양한 제품을 소량으로 생산한 니시진의 직물제조업자들은 제품을 판매해 주는 매계상인 가미나카가이와 거래할 때 관행적으로 소위 '네이리'제値入制라는 독특한 형태를 취하였다. 네이리제란 완제품을 매계상이 인수할 때 가격을 정하지 않고 결산할 때 가격을 협상하는 방식이다. 제품을 받은 가미나카가이는 직물제조업자에게 일단 '내금內金'을 지불하고, 나중에 결산할 때 제품의 대금에서 내금을 빼고 계산한다. 이러한 거래 방식은 직물제조업자들에 대한 '도매상의 수탈'을 온존하는 요인으로 주목되어 왔으며, '부비키'제步引制 같은 불합리한 가격 할인을 강요하게 되어 오랫동안 직물업자와 가미나카가이의 갈등을 발생시키는 요인이 되어 왔다. 즉 직물제조업자는 제품 판매를 매계상에게 전적으로 의존하는 반면 매계상은 제품을 받고 지불을 유예한 상태이므로 물건이 팔리지 않을 경우 직물제조업자에게 가격 할인을 강요하거나 불이익을 주는 일이 빈번하였다.

제2차 세계대전 이후 니시진 직물업이 기업가를 중심으로 부흥하자 가미나카가이를 따라잡는 하타야들이 나타났다. 종전 후 가미나카가이의 자금력은 전쟁 전에 미치지 못했지만 하타야를 중심으로 니시진 직물업이 발달하면서 금융력이나 기획력을 어느 정도 갖춘 오리야, 하타야가 많아졌

---

5 하청 오리야는 니시진의 경기가 쇠퇴하자 위험 부담을 피하기 위한 자구책으로 나타난 현상으로, 독립된 오리야라기보다 쇼쿠닌이라 부르는 것이 마땅하나 적어도 호칭으로는 구분되지 않는다.

다. 그러나 하나의 기업으로서 자립하지 못한 하타야가 여전히 많았기 때문에 전쟁 전에 비해 독립 자영 기업가(오리모토)에 대한 임기업자(진바타)의 비율이 오히려 증가하였다. 니시진 기업조사에 따르면 1936(쇼와 11)년 독립 자영 기업가 대 임기업자의 비율이 62 대 38이던 것이 1955(쇼와 30)년에는 34 대 66으로 역전되었다. 그러나 이러한 현상도 니시진의 직물업이 하나의 산업으로 어느 정도 가능성을 보였을 때의 이야기로, 산업이 사양화되자 임기업자가 제일 먼저 줄어들기 시작해 2012년 조사에서는 완전히 사라졌다.

전후에 직물제조업자의 지위가 전반적으로 향상되고 노동 조건이 개선됨에 따라 1960년대에는 약간의 가격 할인(부비키)만 남아 있을 뿐 네이리제는 거의 사라졌다. 그러나 영세 직물제조업자가 다수를 차지하였고, 비교적 규모가 큰 직물제조업자들도 독자적인 판매경로를 확보하지 못했기 때문에 여전히 매계상에게 판매 유통을 의존하였다. 또한 주문생산이나 계획생산을 하지 못하고 예측생산을 할 수밖에 없는 구조가 지속되어 매계상을 통한 전근대적 거래 방법이 지배적이었다. 간토형 매계제도의 전형이 존재했던 군마현 도카마치十日町에서는 직물제조업자와 매계상들이 적립한 거래안정기금을 바탕으로 매매계약을 맺고 매계상들이 인수한 제품 대금을 매월 정해진 날짜에 어음으로 지불하는 방법으로 거래 관행을 개선하였다. 반면 니시진에서는 1970년대 이후까지도 거래 방법이 근대적으로 개선되지 못하였다. 즉 직물제조업자가 수시로 매계상에 제품을 가져가면 매계상은 마감일에 일부 대금만 어음이나 현금으로 지불하고 나머지는 미결제로 남기는 과정을 반복하고, 매년 1, 2회 미결제 금액을 청산할 때 직물제조업자에게 가격 할인을 강요하는 경우가 많았다. 오늘날에도 니시진에서는 일단 매계상에게 넘긴 제품에 대해 직물제조업자는 위탁 계약을 하지 않는 한 매입된 것으로 간주하지만 매계상은 단지 제품을 맡아 둘 뿐이라고 생각하는 애매한 거래가 일반적이다. 이러한 거래 방법은 네이리제의 잔존물이라고 할 수 있으며, 가이토리도 위탁도 아니어서 어떤 학자는 "직물업자가 책임지는 가이토리제"라 부르기도 한다(出石邦保 1972:170).

1960년대에 들어서자 니시진의 매계상(가미나카가이)은 직물제조업자와 집산지도매상 사이에서 경영상 곤란에 직면하게 되었다. 자금력이 전쟁 전같이 풍부하지 못했을 뿐 아니라 일본 전통의상, 즉 와소和裝가 일상생활의 중심에서 물러나고 양장이 그를 대신하는 생활양식의 '양풍화洋風化' 바람이 거세졌다. 직물업의 대세가 대중품 양산으로 기울어지자 기모노지의 경우 니시진의 직기 대수에 필적하는 수의 데바타가 교토 북부의 단고를 시작으로 전국 각지로 진출해 경쟁이 격화되었고, 직물 생산 지역 간의 경합이 점점 심화되었다. 또한 기모노의 유행 속도가 빨라지고 인조섬유가 개발되는 등 시장 상황이 급속히 변화하였다.

니시진 직물산업의 전초선으로서 변화의 거센 파도에 직접 부닥치게 된 매계상은 기존의 역할만으로는 이익을 내기가 어려워져 위험을 무릅쓰고 취급량을 늘릴 수밖에 없는 모순에 처하게 되었다. 특히 역직기 제직이 지배적인 기모노지 부문은 제품 원가에서 원사비의 비중이 높고 니시진 고유의 의장력을 발휘해 고부가가치를 창출하기가 어려워 니시진의 제품이 다른 직물 산지의 제품과 경쟁하는 데 매우 취약하였다. 이즈시는 니시진에서 1959년 가을부터 1960년 봄에 기모노지 부문의 매계상 여러 곳이 도산하였고 그중에 상당히 유력한 매계상이 포함되었다는 사실에는 그러한 배경이 있었다고 해석한다(出石邦保 1962:47).[6]

---

6 1980년대까지 니시진의 매계상은 오비지 전문 매계상과 기모노지 전문 매계상으로 나뉘어 있었다. 그 후 니시진에서 기모노지 생산이 급격히 감소함에 따라 이러한 구분은 무의미해졌다.

(2) 직물 거래 관행의 변화

니시진의 다종다양한 제품과 세분화된 분업체계는 매계제도로 유지되었다. 즉 많은 수의 영세 직물업자들은 매계상을 통하여 생존할 수 있었고, 역으로 이들은 매계상의 존재 의의를 제공해 주었다. 이는 니시진 기업의 근대화를 지연한 주요 요인이 되었다. 근대적 생산체계로 전통적 생산체계가 만들어내는 품질의 직물을 생산하려면 대규모 자본이 필요하고, 니시진형 매계제도가 아니라 간토형 매계제도를 따른다면 제품을 일정 기간 동안 보관해야 하므로 물류 비용이 증가하게 된다. 모두 큰 자본이 필요하기 때문에 니시진 고유의 생산체계는 쉽사리 변화할 수가 없었다.

매계상은 직물업자와 최종 판매업자의 직접적인 관계를 이중, 삼중으로 차단하였으므로 직물업자들은 시장 상황에 따라 생산량을 계획하거나 조절하기가 어려워 생산 과잉에 빠질 경우 매계상에게 절대적으로 의존할 수밖에 없었다. 반면 매계상이 경기 변동의 파고를 중간에서 막아 주는 구실을 하기도 했다.

가미나카가이라 불리는 니시진 매계상은 메이지 말기~다이쇼 초기에 니시진오리 수요가 크게 증가하자 생겨난 것으로 당시에는 니시진오리의 90%가 매계상을 통해 유통되었다(出石邦保 1962:51). 나머지는 무로마치의 도매상(시모나카가이)이나 교토의 무로마치를 포함한 4대(도쿄, 오사카, 나고야) 집산지도매상, 상사商社 및 기타 지방도매상들에게 직접 판매되었다. 이즈시의 분석에 의하면 1960년대에 니시진에서 생산된 직물의 80% 이상이 기모노지 및 오비지였다. 전통직물의 60% 이상이 매계상을 통하여 유통되었고, 30% 정도는 집산지도매상에게 판매되었다. 이들의 손을 전혀 거치지 않고 도쿄, 나고야, 오사카 등 다른 지역의 집산지도매상에게 직접 판매된 직물의 비중은 니시진에서 생산된 전체 오비지의 약 10%, 기모노지의 약 4%에 지나지 않았다(出石邦保 1962:51).[7] 이는 1960년대까지도 니시진 직물 유통과정에서 매계상의 역할이 절대적이었음을 보여 준다.

전후에 니시진에도 규모가 큰 직물업자들이 등장함에 따라 집산지도매상과 직접 거래하는 관행이 늘어났으나 비교적 소규모 직물제조업자들은 여전히 매계상에 의존하였고 이는 지금까지 이어지고 있다. 직물 품종의 다양성, 다수의 영세 직물제조업자, 소량의 제품을 매계상에게 수시로 맡길 수 있다는 점, 매계상의 금융 기능 등의 특성으로 인하여 매계제도와 매계상이 사라지기가 어려웠고, 집산지도매상의 입장에서도 매계상과 거래하는 것이 직물제조업자와 직접 거래하는 쪽보다 반품이 용이했기 때문이다.

---

7 1960년대에 니시진의 제품 유통경로는 크게 다음 세 가지였다(出石邦保 1962:52).
　① 직물업자 – 매계상(가미나카가이) – 도매상(시모나카가이) – 집산지도매상 – 지방도매상 · 백화점 · 소매상 – 소비자
　② 직물업자 – 무로마치 도매상 – 집산지도매상 – (이하 생략)
　③ 직물업자 – 매계상 – 집산지도매상 – (이하 생략)

제4장

니시진 제직업자의 다양한 유형

니시진의 직물제조업자 단체인 니시진직물공업조합西陣織工業組合의 자료에 따르면 2014년 현재 조합 회원으로 등록된 독립 자영 제직업자는 391개 사이다. 이는 니시진 직물업의 최성기였던 1975년도 1,530사의 약 25.6%에 해당한다. 제직업자들이 니시진 및 단고 지역에서 운영한 직기 대수는 29,491대에서 3,873대로 같은 기간 13.1%까지 감소한 것으로 나타난다(西陣生産概況 平成 26(2014)年). 오리모토織元, 오리야織屋, 기직업자機織業者, 기업가機業家 등으로 일컬어지는 제직업자들은 산업 전반이 사양화되는 흐름 속에서 다양한 생존 전략을 모색하고 있으며 그 스펙트럼이 매우 다양하다. 전통적인 오비지 생산을 고수하며 중간도매상 납품 위주로 생산하는 오리야부터 새로운 제품 영역을 개척하여 해외 진출을 시도하는 오리야, 소매업을 병행하면서 인터넷 판매, 기모노 리메이크 사업 등으로 사업 영역을 확장하는 오리야, 직물 기획, 도안 등을 포기하고 도매상인들의 주문에 따라 정해진 직물만을 생산하는 하청업 형태의 오리야(하타야機屋)에 이르기까지 매우 다양하게 나타난다. 이 장에서는 필자가 직접 조사한 개별 심층 면담 자료 중에서 제직업자의 유형을 알아볼 수 있는 구체적 사례를 소개한다.

1. '주식회사 오리히코'의 사례

히구치 쓰네키樋口恒樹(2012년 조사 당시 62세) 씨는 창업한 지 4대째인 '주식회사 오리히코織彦'의 경영자이다. 메이지 초기 쓰네키 씨의 증조할아버지인 히구치 만지로樋口万次郎 씨는 가지타梶田라는 오리모토 밑에서 직접 직물을 짜는 오리테織手로 일하였다. 그러면서 차남, 즉 쓰네키 씨의 할아버지인 가쓰지로勝次郎 씨를 자신이 일하던 오모야主屋에 입주견습공(뎃치보코丁稚奉公)으로 보냈다. 각종 직업학교들이 등장하기 시작한 근대 이전에는 전문 직종을 가진 집안에 입주견습공으로 들어가 도제徒弟로 일을 배우는 것이 직업훈련을 받는 길이었다. 처음에는 견습사원이라 할 수 있는 뎃치보코로 들어가 몇 년간 일한 후 반토番頭라고 하는 간부사원 내지 관리직으로 올라가면서 훈련과정을 마쳤다. 뎃치보코는 주인집에서 함께 숙식하며 잔일을 거들면서 약간의 용돈을 받지만 보통 월급을 받지 않았으며, 대신 훈련비용도 내지 않았다. 오리모토는 주로 상매매商賣買, 직물의 품질 판별 능력, 경리(주로 주판에 관한 일) 등을 배웠다.

오모야에서 20여 년 가까이 훈련하여 오반토까지 오른[1] 할아버지 가쓰지로 씨는 메이지 40(1907)년 오모야로부터 노렌와케暖簾分け 하여 증조할아버

---

1 반토에도 여러 급이 있어 고반토小番頭, 나카반토中番頭, 오반토大番頭 등의 단계를 거친다.

지와 함께 오리모토로 독립하였다. 노렌暖簾이란 가게 입구에 늘어뜨리는 발을 가리키는 말로 상호商號 혹은 옥호屋號를 의미하기도 한다. 노렌와케란 일정기간 훈련을 마친 후 주인의 허가를 받아 독립된 업체를 차리는 것을 말한다. 노렌와케를 하면 옥호를 찍은 노렌을 사용할 수 있다. 독립할 때 오모야의 주인이 가게 주인만 입는 하오리羽織(기모노 위에 입는 짧은 겉옷)를 선물하기도 한다.[2]

오리히코는 니시진에서 오래된 오리모토에 속한다. 3대 이상 지속되지 못하고 전업하거나 폐업하는 오리모토가 많은데, 특히 1980년대 경제 버블기에 사업을 크게 확장하였다가 도산한 업체가 많았다. 니시진에는 "부스럼과 오리야는 커지면 터진다"는 말이 있다. 히구치 씨에 따르면 니시진의 오리모토는 단순한 직물제조업자가 아니라 예술적 감각, 생산품 관리 능력, 인재 관리 능력 모두가 필요한 독특한 직업이기 때문에 가업으로 오랫동안 지속되기가 어렵다고 한다. 니시진에서 7~8대 혹은 10대 이상 이어져 왔다고 주장하는 곳들이 간혹 있으나 이는 다른 지역에서 직물 관련 업종에 종사하다가 니시진으로 들어온 이들이 그전의 역사까지 다 포함해서 말하는 것이지, 실제로 니시진에서 그렇게 장기간 지속된 오리야는 매우 드물다고 한다.

오리히코는 1910년대에 크게 성공한 후 3대까지 주로 오비지를 생산하다가 4대째인 히구치 쓰네키 씨가 아버지의 동의를 얻어 기모노 및 전통의상 전반에 관련된 물품을 다루는 데까지 영역을 확장하였다. 그것은 한편으로는 니시진 매계상들의 지배에서 벗어나기 위한 조처였다.

---

2 오모야에서 일하다 독립할 때 주인의 허가와 지원을 받지 않는 경우에는 노렌을 사용할 수 없다(문옥표 1994 참조).

쓰네키 씨가 이러한 선택을 하게 된 주된 배경의 하나는 '기모노바나레着物離れ' 현상이다. 쓰네키 씨는 생활양식의 변화로 기모노 수요가 지속적으로 감소하는 상황에서 니시진오리 같은 고가 공예품의 경우 생산품의 가치를 소비자에게 잘 전달해야 가격을 유지할 수 있는데, 과거와 같이 여러 중개상들을 거쳐 판매하면 비싼 가격에도 불구하고 니시진오리가 지닌 진정한 가치가 소비자들에게 제대로 전달될 수 없다고 판단하였다. 그같이 결정한 이후 직접 판매를 점차 늘려 나가 현재에는 전체 판매량의 50% 정도를 직접 소비자에게 판매하고 나머지는 중개상들에게 넘기는 형식으로 운영하고 있다. 오리야가 이러한 결정을 하는 데는 많은 부담이 따른다. 중개상들이 주문을 아예 끊어 버리는 방식으로 판매 독점권을 지키려 하기 때문이다.

그러나 쓰네키 씨는 산지도매상의 주문량만 생산하고 그곳을 통하여 판매하는 종전 방식을 고수할 경우 직물의 예술적 가치가 소비자에게 제대로 전달되지 못하고, 중간마진 때문에 불합리한 가격이 형성될 뿐만 아니라 오리야의 자율성을 확보하기도 어렵다고 생각한다. 그는 중개상들이 공예품의 가치를 제대로 이해하지 못하고 이익만 생각하므로 생산자, 소비자 모두에게 피해를 주고 전통의 보존 및 계승에도 장애로 작용한다고 본다. 그런 의미에서 쓰네키 씨는 앞으로 니시진이 살아남는 길은 자신이 만든 물건을 직접 소비자에게 전달하는 것, 즉 제조업자가 소매업자가 되는 길밖에 없다고 생각한다. 그것은 기모노가 고급품이 되어 입는 기회가 줄어들면서 종당 생산량이 줄어드는 경향 때문이기도 하다. 과거에는 니시진의 제품이 비록 다품종 소량생산이라 해도 한 종류당 적어도 20~30단反씩 생산하였다. 그러나 최근에는 고객의 요구가 까다로워져 1단만 주문 생산하는 경우도 생기고 있다고 한다.

많은 직물제조업자들이 직접 판매를 두려워하는 이유는 고객 네트워크를 가지고 있지 못하기 때문이다. 오리히코에서는 직접 판매를 늘려 단골고객을 확보해 나가는 데 주력하며 이들을 세심하게 관리하고 있다. 기모노는 일상품이 아니라 1년에 한두 번 특별한 의식이 있을 때 마련하는 물건이므로 쓰네키 씨는 자신과 계속 연락하며 관계를 지속하는 고객 수가 거의 천 명에 이른다고 한다. 그중에는 선대부터 알던 사람도 있고 다른 고객의 소개를 받아 찾아오는 사람도 있다. '기모노는 3대를 입는다'는 풍습이 있어 오리히코에서는 신제품뿐만 아니라 어머니나 할머니가 입던 오래된 기모노의 개조 서비스를 대행하고 중고 기모노 판매를 알선하기도 한다. 이를 위하여 전문 수선업자(기모노 보정업)나 유젠友禅업자,[3] 오시마쓰무기大島紬(규슈 남쪽에 위치한 아마미오시마奄美大島의 특산 직물) 같은 다른 지방 특산 직물 도매업자 등 8개 업체와 연계해 '전통염직공예회'를 조직하여 기모노 활성화 운동에 힘쓰고 있다.[4] 또한 오리히코만의 독특한 디자인과 고도의 직조기술을 확보하기 위해 회사에 소속된 직조공들 이외에 단골 하청공장을 두고 있으며, 수선업자, 염색업자, 도안가, 직조공 등 각 분야의 전문기술자들과 대를 이어 관계를 이어 오고 있다.

장남인 쓰네키 씨는 태어날 때부터 가업을 이어갈 존재로 특별한 대우를 받고 자랐다. 가업을 일으킨 할아버지 가쓰지로 씨의 사업을 돕던 아버

---

3 유젠이란 다양한 색채와 독특한 곡선으로 동식물, 기물, 풍경 등의 문양을 염색하는 일본의 대표적인 염색 기법이다. 유젠업자란 유젠염 기모노를 생산 조달하는 업자로서, 유젠염 기모노에 니시진오리 오비를 갖추면 최고급 기모노로 여겨진다. 유젠 역시 전문 업자가 담당하며, 교토의 많은 재일 한국인들이 유젠염의 가장 고된 단계인 염색한 직물을 찌고 헹구는 일에 종사했다. 교토의 유젠업과 재일 한국인의 관련성에 관한 연구로는 야스다 마사시(安田昌史 2010) 및 권숙인(2011)이 참조할 만하다.
4 이 조직의 활동에 대해서는 제9장에서 상세히 분석하였다.

지 쓰네지로恒次郎 씨가 상매에 애착이 없고 건강이 좋지 않았으므로 할아버지가 다음 대를 이을 장손인 쓰네키 씨를 특별히 아끼고 그에게 많은 기대를 걸었다. 한 살 아래의 남동생이 있었으나 장래 후계자인 쓰네키 씨는 어려서부터 할아버지, 아버지와 함께 따로 식사하였으며, 가끔씩 오차야お茶屋(게이샤를 불러 연회를 벌이는 요정)에서 배달된 특별음식도 쓰네키 씨만 할아버지와 함께 먹곤 하였다. 아이들의 명절인 시치고산 때도 기모노 전문집이었음에도 불구하고 당시 제일 고급으로 여겨진 '세비로背広'(신사복)를 맞춰 입고 의례를 치렀다.

할아버지가 사망한 후 쓰네키 씨의 아버지가 건강을 이유로 60세가 되던 해에 은퇴하여 나라奈良로 옮겨 가 쓰네키 씨가 30대에 가업을 계승하게 되었다. 아버지가 사망한 후 남동생과 재산 문제로 불화하다 나라에 신축한 아버지의 집과 미술품 등 동산을 남동생이 상속하고 쓰네키 씨는 교토의 사업체를 물려받는 것으로 타협하였다.

히구치 씨의 두 딸은 직물업과 무관한 전문 직종에서 일하고 있다. 장녀는 교토 대학에서 미생물학 박사학위를 받고 현재 같은 대학 조교수로 재직하고 있다. 역시 교토 대학을 나와 공인회계사가 된 차녀는 도쿄에서 일하고 있으며, 얼마 전 회사 동료와 결혼했다. 히구치 씨는 자녀들에게 가업 계승에 관해 이야기하지 않는다. 자신이 앞으로 10~15년은 더 일할 수 있으며, 은퇴할 때쯤 현재 남의 밑에서 일하고 있는 차녀 부부가 자영업을 하는 편이 더 낫겠다고 판단하여 교토로 돌아와 가업을 계승할 수도 있다고 생각한다. 두 딸 모두 지금은 가업과 관계없는 일을 하고 있으나 다른 젊은 이들과 달리 전통의상에 대한 안목과 지식을 갖추고 있으며, 앞으로 니시진 경기가 나아져 이 일을 생업으로 삼을 만하다면 히구치 집안에서 그간 쌓아 온 노력에 힘입어 딸들이 가업을 이어 갈 수도 있다고 믿고 있다.

2. '야마시타 오리모노'의 사례

창업한 지 14대째인[5] 니시진의 오리모토이자 소매상인 '야마시타 오리모노山下織物'는 시가현滋賀県 사카모토坂本에 있다가 1782년에 교토로 들어왔다. 시가현에 있을 때도 사카모토야坂本屋라는 오리야를 했으며 메이지기에 들어와 4대조인 야마시타 야시치山下弥七 대에 현재 상호인 '야마시타 오리모노'로 회사 이름을 바꾸었다. 야마시타 오리모노는 오리히코와 달리 오늘날까지도 오비지가 주요 생산 품목이며, 주로 니시진의 산지도매상을 통해 주문을 받아 제품을 생산하여 위탁판매로 넘긴다.

14대 경영주인 야마시타 게이조山下敬三(2006년 조사 당시 61세) 씨는 차남이지만 장남이 상매 일을 싫어하고 가업을 계승하기를 원치 않아 형의 자리를 대신하여 가업을 계승하였다. 어려서부터 집안에서 일을 배웠으며, 대학 졸업 후 3년간 나고야에 있는 도매상에 들어가 일한 후 집에 돌아와 가업을 이었다. 남동생도 다른 도매상에서 일하다가 집으로 돌아와 함께 일하고 있다. 아버지 대에도 3형제 중 둘째 삼촌은 다른 직종으로 나가고 셋째 삼촌이 얼마 동안 아버지와 함께 일하다 견해차로 독립하여 나갔다. 아버지는 경제성을 중시한 데 반해 셋째 삼촌은 니시진오리를 예술작품이라고 생각했다고 한다. 그는 현재 야마시타 오리모노 근처에서 '오비쇼야마시타帯匠山下'라는 별도의 업체를 운영하고 있다.

야마시타 오리모노는 주로 교토 북부 단고丹後에 있는 직조업자들에게 데바타出機 형태로 일감을 주어 직물을 짠다. 전에는 니시진의 데바타 업자들과 거래하였으나 이들이 점차 고령화되고 공임도 비싸져 1960년경부터 단

---

5 덴메이天明(1781~1789) 연간에 오리야로 창업하여 300여 년의 역사를 가지고 있다 한다.

고 지역으로 진출하였다. 교토 북부 해안가에 위치한 단고 지역은 본래 농한기의 부업으로 기모노용 '시로키지白生地'를 생산하던 곳으로서 18세기경부터 단고치리멘丹後縮緬 산지로 널리 알려진 지역이다. 따라서 조금만 기술을 가르치면 니시진에서 요구하는 복잡한 직조를 할 수 있는 데다 공임이 싸서 1960년대에 니시진의 오리야들이 단고 지역으로 직기와 부품을 들고 진출하였으며, 야마시타 오리모노는 그중에서도 빠른 편이었다. 조사 당시인 2006년에 야마시타 오리모노는 니시진에서 직물을 거의 짜지 않았으며 사람들에게 보여 주기 위한 시험제직 정도만 하고 있었다.

야마시타 게이조 씨는 수요 감소에도 불구하고 니시진의 직조업이 계속 유지되어 온 것은 니시진 직물업의 분업체계 덕분이었다고 생각한다. 오리야의 입장에서 볼 때 하청을 기반으로 한 분업체계는 생산의 위험 부담을 줄이는 기능이 있다. 직접 공장을 소유하고, 직기 등 설비를 운영하고, 직조공들을 우치바타內機 형태의 종업원으로 고용할 경우 수요 감소에 대처할 수 있는 탄력성이 매우 떨어진다. 그러나 공장을 운영하지 않고 주문이 들어올 때만 데바타에 외주를 주어 물건을 생산하면 부담을 크게 줄일 수 있다. 여기에 조합에서 단고 생산품도 니시진오리로 인증해 준 것이 오리야들에게 큰 도움이 되었다. 비록 다양한 공정 단계의 가내 하청공장들의 희생 위에 성립한 구조이지만, 역설적으로 그러한 분업구조 덕분에 계속된 불경기와 기모노 수요 감소에도 불구하고 니시진의 직물업이 계속되어 왔다는 것이다.

지금은 거의 없어졌으나 제2차 세계대전 이전까지만 해도 니시진의 쇼쿠닌 중에 재일한국인 출신이 많아서 야마시타 오리모노의 데바타 중에도 많을 때는 50명까지 있었다고 한다. 전쟁이 끝나자 그중 대부분은 직기를 팔고 귀국하였고 교토에 남은 이들도 거의가 다른 직종으로 전업하였다.

야마시타 씨는 니시진 직물업에 종사한 재일한국인들은 기모노에 애착이 있다기보다는 돈을 벌려고 일했으며 일본인들처럼 '가업'을 잇겠다는 생각이 약했다고 믿고 있다.

야마시타 씨는 매계제도가 폐단이 많긴 하나 필요하다고 생각한다. 소비자에게 물건의 가치를 알리고 중개상인을 통한 판매 마진을 줄이면 가격이 합리화되겠지만 그 대신 어려움이 더 커질 것이라고 믿기 때문이다. 경제성을 중시하는 야마시타 오리모노는 한 품종당 20~30단反을 생산하는데, 이 정도 수량이면 개별 판매로 제품을 다 팔기가 어려워 매계상, 즉 니시진 산지도매상(가미나카가이)에게 판매를 맡겨야 한다. 그러려면 도매상에게 계속 주문을 받고 그들과 신용관계를 유지해야 한다. 대부분의 도매상에서는 새로운 물건을 잘 받아 주지 않으며, 주로 원래 거래하던 회사의 물건을 받는다. 전통적으로 무로마치의 큰 도매상들은 매계상을 통해 들어온 물건만 받아 왔기 때문이다.

매계상은 오리야에게 어음을 써 주고, 오리야는 어음을 담보로 대출을 받아 자금을 마련해 직물을 생산한다. 그렇게 하여 도매상, 매계상, 직물제조업자(오리야), 직조공(오리테) 들이 연속적인 신용 의존관계에 놓이게 된다. 니시진에서는 생산과정에서와 마찬가지로 유통, 판매의 하청관계도 독점적으로 대를 이어 지속되는 경향을 보인다. 이처럼 종속적 의존관계의 틀 안에서 생산할 경우 판매의 위험 부담을 줄일 수 있는 반면, 주 거래처가 도산할 경우 관련 업체들이 줄줄이 망하게 된다. 1980년대 버블경제기에 생산 규모를 크게 늘린 도매상들이 경제 침체기에 많이 도산한 것은 이 때문이다. 그 영향으로 오리야에 대한 도매상과 매계상의 지배력이 크게 약화되었다.

야마시타 오리모노는 오비뿐만 아니라 이세 신궁伊勢神宮의 의례용품도 공

급한다. 이세 신궁에서는 20년마다 천궁遷宮할 때 신사의 모든 물품을 새로이 바꾸는데, 니시진의 오리야는 신궁의 직물을 제작하는 것을 매우 영예로운 일로 여긴다. 야마시타 오리모노는 2006년에 직물 공급을 위탁받았다. 일단 위탁이 들어오면 다른 직물 생산을 모두 멈추고, 몸을 깨끗이 하고 흰 천으로 된 전통의상과 관을 갖춘 특별한 복장을 차려 입은 후 천을 짠다. 작업장 주변에 흰 장막을 치고 '시메나와しめ繩'(금줄)를 내걸어 외부의 나쁜 기운을 막은 후 작업을 진행한다. 또한 자신의 회사에서 영리 목적으로 그러한 일을 한다는 사실을 선전해서도 안 된다. 그것은 신을 이용하는 행위이므로 옳지 않은 일로 여겨진다.[6] 그러나 야마시타 오리모노에서 신궁에 쓰이는 직물을 만든다는 사실이 알려져 관련 직조기술을 배우기 위하여 많은 이들이 찾아온다. 이세 신궁에 쓰이는 직물은 수직기手織機를 사용하는 전통 기법으로 짜기 때문에 이 기술을 배우려는 젊은이나 예술대생들이 찾아온다.

평소 야마시타 오리모노의 주 업무는 기모노, 오비 등을 독자적으로 디자인하여 판매하는 일이다. 대체로 정해진 매계상을 통하여 생산 물품을 판매하며, 최근에는 옥션 판매 사이트들에 중저가 제품을 올려 재고를 해소하고자 시도하고 있다. 전반적으로 볼 때 오비 주문량은 20여 년 전(1980년대 말~90년대 초) 니시진 전성기에 비해 10분의 1 정도로 감소하였으며, 조합 등의 조사자료에 나오는 수치보다 실제로는 더 많이 감소하였다고 생각된다. 종사자 수는 그 정도로 줄지는 않았으나 오리야가 보유한 기계 대

---

6 신사에서 들어온 주문량을 다 소화하지 못할 때는 주변의 가까운 오리야들에 하청을 주는데, 야마시타 오리모노에서 하청을 받은 적이 있다는 한 오리야는 아무런 금기 없이 평소와 다름없는 환경에서 직조하였다고 말했다.

수는 크게 감소하고 있다. 전체 생산량도 5분의 1 정도로 줄었다. 더 큰 문제는 값싼 상품이 자꾸 만들어지고 있다는 점이다. 중국산 견사가 많이 수입되어 제품 가격이 낮아지고 있고, 교토 시내에 있는 이세탄伊勢丹 백화점의 전통의상점(고후쿠야吳服屋)에서도 8,000엔짜리 오비가 판매되는 실정이다. 이러한 현상은 가격 경쟁을 심화해 전반적인 품질 저하를 불러올 수 있다.

그와 같은 어려움에도 불구하고 니시진 같은 고급 비단 산지가 명맥을 이어가는 것은 고급품의 가치를 알아보는 사람들이 있기 때문이다. 그런 점에서 야마시타 씨는 니시진의 미래가 겉보기처럼 암울하지만은 않다고 믿고 있다. 그러한 안목은 연령에 상관 없이 직업적으로 전통의상과 관련되거나 그것에 관심을 둔 사람들이 갖추고 있다. 대표적으로 '오카미상おかみさん'이라 불리는 유명 료칸의 안주인이나 오차お茶(차도)를 하는 사람, 전통예능에 종사하는 사람 등이 있다. 무엇보다 비싼 기모노를 구입할 수 있는 경제적 능력이 있어야 한다. 예를 들어 야마시타 게이조 씨 부인의 친구는 매년 봄 꽃구경 시즌이 되면 이곳에서 100만 엔이 넘는 기모노와 오비를 구입한다. 교토의 유명 료칸인 히라기야㐳家의 안주인이나, 작고한 전후 일본의 대표 가수이자 배우인 미소라 히바리美空ひばり(1937~1987)는 최고급 기모노를 100벌 이상 가지고 있었다고 알려져 있다. 야마시타 씨는 현재 유행하는 중고 기모노 시장이나 리사이클 기모노 현상을 봤을 때 기모노에 대한 관심이 완전히 사라지지는 않았다고 생각한다.[7]

가업 계승에 대하여 야마시타 씨는 아직 아무것도 말할 수 없다고 생각

---

[7] 일본은 한국에 비해 젊은 사람들이 성인식이나 졸업식, 입학식, 친구의 결혼식, 시치고산 의례 등에 참석할 때 기모노를 많이 입는다(제2장 참조).

한다. 자신들이 자랄 때는 부모의 말을 따라야 한다고 여겼으며, 장남이 도저히 적성에 맞지 않아 떠난 경우에는 형제 중 한 명이 부모의 뒤를 이었다. 그러나 지금은 시대가 달라져 그렇게 생각하는 젊은이가 많지 않다. 야마시타 씨는 딸만 셋이 있으나 아직은 누구도 가업을 잇겠다고 드러내 놓고 이야기하지 않은 상태이다.

3. '가와시마 오리모노'의 사례

에도 시대 말기인 1843년 가와시마 진페이川島甚兵衞가 창업한 '가와시마 오리모노川島織物'는 초창기부터 매우 혁신적인 오리야로 다양한 직물을 생산해 왔다. 메이지 시대 이래 오비帶, 돈초緞帳(극장에서 말아서 오르내리는 무대 막. 두터운 천에 무늬나 문양을 짜 넣는다), 제례막祭礼幕, 전통의상용 포목, 전통의상용 잡화, 우치카케打掛, 노이쇼能衣裝(전통 가면극인 노에서 입는 의상), 게쇼마와시和裝廻し8(그림 4-1), 깃발, 테이블센터 등 다양한 품목의 미술공예직물을 생산해 왔으며 고대 직물의 복원에도 많은 힘을 기울여 왔다. 또한 쓰즈레오리綴織 기술을 확립하여 천 벽지, 장식용 태피스트리, 자동차와 비행기의 좌석 커버, 커튼 등 다양한 실내장식용 직물을 개발하고 판매해 왔다.

가와시마 오리모노는 오비, 오메시 등 전통직물에서 시작하여 19세기 말 실내장식용 직물 부문에 일찍이 진출하였고, 분업체계가 일반적인 니시진 직물업계에 상품 기획·직물 설계와 디자인·제직·판매에 이르기까지 원

---

8 스모 선수들이 경기 시작 전 인사할 때 허리 부분에 둘러서 입는 의복. 오비보다 훨씬 고가의 상품으로 한 작품당 1,000만 엔 정도도 흔하다고 한다.

그림 4-1 스모 선수들이 시합을 시작하기 전 의례에 착용하는 게쇼마와시

사 가공을 제외한 모든 공정을 회사 내에서 진행하는 일관생산 방식을 도입하였다. 그런 점에서 가와시마 오리모노의 역사는 니시진 직물업의 미래를 가늠해 보는 지표라고 할 수 있다. 전통기술과 현대 생활 스타일을 결합하고자 한 가와시마 오리모노의 노력에 대하여 1960년대 말, 1970년대 초 니시진 직물업을 연구한 미국 인류학자 로널드 하크는 가와시마 오리모노가 여러 면에서 일본이라는 나라의 축소판 같다고 한 바 있다(Haak 1973:103).

가와시마 오리모노의 창업자인 1대 진페이[9]는 직물회사를 만들고 싶어

---

9 1938년 4대 사장이 가와시마 진페이를 회사의 습명襲名으로 정한 이후 1대부터 같은 이름으

도야마에서 교토로 왔으나 직물공장을 차릴 자금이 없어서 큰 자본 없이도 가능한 싯카이야瑟皆屋[10]로 시작하였다. 얼마 후 기모노 소매점인 고후쿠야吳服屋를 하다가 메이지 유신 후 무역업에 손을 대 큰돈을 벌었다. 메이지 12(1879)년 부친의 고후쿠야를 계승한 2대 진페이는 정한론이 대두되고 일본인들의 한반도 진출이 시작되던 시기인 메이지 14(1881)년에 조선 순종 임금의 국혼에 쓰인 의장衣裳용 직물을 제작하였다.[11] 그리고 메이지 17(1884)년에 드디어 직물회사를 설립하였다. 메이지 21(1888)년 도쿄에 새 궁전을 지을 때 니시진의 직물업자들이 모두 동원되어 내장 직물을 공급하였는데 이때 가와시마 오리모노는 황실과 밀접한 관계를 맺게 되었다. 메이지 유신 이후 전통직물의 수요가 줄어들자 가와시마 오리모노는 재빨리 황실을 대상으로 한 실내장식용 직물 부문에 진출하여 활로를 찾은 것이다.

2대 진페이 때 큰 명성을 얻은 가와시마 오리모노는 유럽의 고블랭gobelin 직조기술과 일본의 쓰즈레오리 기법을 접목해 다양한 디자인의 직물을 개발하여 19세기 말부터 수많은 세계 박람회, 공예전 등에 출품하였고, 1900년 파리 엑스포 일본관, 네덜란드 헤이그 국제사법 재판소 등에 천 벽지, 태피스트리 등을 제공하였다. 해외에서 견문을 넓힌 가와시마 오리모노는 니시진의 정교한 직조기술로 대형 태피스트리뿐만 아니라 대형 극장의 무대막, 열차 및 항공기의 실내장식용 직물 등을 생산하여 예술성과 기술력

로 불리고 있다.

10 에도 시대에 관서 지방에서 기모노를 염색하거나 세탁하는 일을 하던 사람 또는 가게를 말한다. 오늘날에는 '기모노 클리닉'이라고도 불린다.

11 순종純宗(1874~1926)은 고종과 명성황후 민씨의 소생으로 1875년 세자로 책봉된 후 두 번 혼인하였다. 왕세자 신분의 첫 번째 가례嘉禮는 1882(임오)년 2월이었으므로(안애영 2009:107) 면담 자료에서 1881년이라 한 것은 착오인 듯하다. 순종의 가례 의장에 일본 직물 회사가 관여하였다는 사실은 지금까지 알려진 바가 없었다.

을 인정받았다.

초창기에는 실내장식용 직물과 와소和裝 직물의 제직이 지금처럼 분명하게 구분되지 않았다고 한다. 소폭 직물인 오비는 가장 폭이 넓은 것이 68cm였는데 초창기에는 소폭으로도 커튼을 만들 수 있어서 오비지를 짜는 직기로 커튼지를 제직했다고 한다. 실내장식용 직물에 사용한 제직법인 쓰즈레오리도 원래 오비지를 짤 때 널리 쓰이는 방법이었다. 1912년 '실내장식부'를 별도로 분리하여 비로소 130~150cm 폭의 광폭 직물을 본격적으로 생산하였다. 최초의 광폭 직기는 스위스제 직기를 모방하여 만든 50인치짜리 역직기였다고 한다. 소폭 직물은 수직기로 제직할 수 있지만 폭이 100cm가 넘어가면 손으로 북을 날실 사이로 밀어 넣어 씨실을 건너가게 할 수 없으므로 역직기를 사용해야 하였다. 당시에는 일반인들이 커튼지 등을 구입하지 않았으므로 주로 호텔 또는 나라에서 짓는 고급 건물 등에서 주문을 받았다.

1965년에는 니시진의 공장을 현재의 교토 시외로 이전하면서 실내장식용 직물 부문에 일관생산 방식을 도입하였다. 이는 분업 생산이 일반적인 교토 직물업계에서 매우 드문 사례이다. 이로써 높은 품질을 유지하고, 고객의 요구에 신속히 대응하며, 신기술을 개발하고 관리하기가 용이해졌다고 한다. 물론 전체 생산량의 10%를 차지하는 전통직물 부문은 여전히 분업 생산체계를 유지하고 있다.

쇼와 13(1973)년에는 가와시마 텍스타일 스쿨이라는 전통 직조기술을 가르치는 기관을 설립하였다. 당시만 해도 전통공예 직물의 직조기술을 배울 수 있는 시설이 드물어 수강생들이 몰려들었고, 지금까지 전통 직조기술 전수에 큰 공을 세웠다. 그러나 최근 들어 개인 작가가 운영하는 사설학원들이 늘어나고, 각 대학 직물염색 계통 학과의 커리큘럼이 풍부해져 가와시마 텍스타일 스쿨을 찾는 학생들이 줄어들고 있다고 한다. 전에는 취업을 위해 단기대학 졸업생들이 제직 기술을 배우기 위해 찾아왔으나, 지금은 대부분의 단기대학들이 4년제로 바뀌고 수업 내용이 다양해진 반면 가와시마 텍스타일 스쿨은 일종의 사설학원이므로 취직에 도움이 되는 공인 자격증을 줄 수 없다는 점도 학생 수가 줄어드는 요인 중 하나라고 한다.

가와시마 텍스타일 스쿨을 설립한 4대 진페이는 창업자의 집안에서 대대로 계승하여 사장을 맡으면 회사의 발전에 도움이 되지 않는다고 판단하여 50대에 사장직을 그만두면서 가와시마 가와 혈연관계가 없는 사람에게 경영권을 넘겼다. 이후 가와시마 가는 경영에서 완전히 손을 떼 현재 8대 사장도 가와시마 가와 혈연관계가 없는 은행 출신 경영자이며, 리쿠시루Lixil 라는 지주회사가 단독 주주이다.

니시진 직물업자들 중 가장 혁신적이고 명예로운 위치를 자랑해온 가와시마 오리모노는 2005년에 오사카에 기반을 둔 인테리어 전문회사인 세루콘에 병합되어 가와시마-세루콘이 되었다가 2011년 8월에 지주회사인 리쿠시루의 자회사로 흡수되었다. 2012년 조사 당시 가와시마 오리모노는 리쿠시루의 자회사인 가와시마세루콘의 한 부서로 축소되어 운영되고 있었다. 전통의상(고호쿠呉服) 관련 직물 및 돈초나 마쓰리에 쓰이는 장식 직물 등을 담당하는 미술공예사업부와 의자 등 가구용 직물, 벽지, 커튼지 등을 생산하는 인테리어 사업부로 나뉘어 있으며, 가와시마 오리모노 전체 생산량의 30%를 차지하던 자동차 내장 직물부는 2010년 도요타 통상과 도요타 방직, 가와시마 오리모노 3사의 출자로 'TB가와시마'라는 이름의 회사로 분사하였다. 과거의 명성에 힘입어 여전히 매년 교토의 기온마쓰리나 20년마다 행해지는 나라 이세 신궁의 천궁 의례에 사용되는 직물을 위탁받아 공급하고 있으나 이는 회사 전체 생산량 중 극히 일부분일 뿐이다.

2012년 조사 당시 가와시마세루콘의 전체 생산량 중 90% 이상을 차지한 실내장식용 직물은 대부분 역직기로 제직하며 최근에는 중국에서도 제직한다. 연간 생산량은 200만 미터 정도이며 전국에 영업소가 있다. 수직기를 사용하는 제직은 계속 줄어들고 있어 전체 생산량의 10% 미만이며 교토와 도쿄 단 두 곳에만 영업소가 있다. 회사 전체 직물부 사원 수인 1,000여 명 중 100명가량이 전통직물부에서 일하고 있다. 전통직물의 생산공정 특성상 교토나 단고 등지에 일부 하청을 주므로 하청공장 종업원까지 포함하면 종사자 수는 이보다 좀 더 많을 것이다. 전통직물은 수공예품이며 대량생산을 하지 않으므로 인테리어 직물같이 미터 단위가 아니라 오비 몇 개, 게쇼마와시 몇 개 등 완성품의 개수로 생산량을 계산한다.

니시진직물공업조합에서는 매년 통계조사를 할 때 니시진오리 총 생산량에 커튼지, 벽지 등 광폭직물도 포함한다. 물론 오비지나 기모노지, 넥타이용 직물처럼 조합에서 발행하는 인증서를 첨부해 판매하지는 않는다. 하지만 가와시마 오리모노는 자사가 생산하는 자동차 시트가 '니시진오리 시트'라고 소개되듯이 인테리어 직물도 니시진오리의 전통을 이어가고 있다고 주장한다. 그러나 니시진오리 브랜드를 붙인다고 해도 광폭직물은 대부분 역직기로 생산하므로 전통적인 니시진오리가 아니다. 게다가 최근 가와시마세루콘을 합병한 지주회사 리쿠시루는 전통직물에 별다른 관심이 없다고 한다. '가와시마'라는 이름의 역사적 명성과 브랜드 가치 때문에 그 이름을 살려 두었으나 이윤을 내지 못하는 사업은 언제든 조정할 수 있다는 입장이므로 전통적인 니시진오리의 기술 전승과 관련된 사업은 하지 않는다고 한다.

4. '가쓰라 기업점'의 사례

가쓰라 히로유키桂浩之(53세) 씨는 할아버지 때부터 니시진에서 긴란金襴 전문 직조업을 하던 사람이다. 차남인 아버지가 본가에서 일을 돕다 약 60여 년 전 노렌와케로 분가하여 기업점機業店을 시작하였고, 본가는 5년 전 폐업하였다. 2대째인 히로유키 씨가 1990년대 중반에 사업을 물려받았다. 그의 부모는 조사 당시인 2012년 현재 87세, 82세로 아직까지도 직조에 도움을 주고 있다. 아버지가 운영할 때는 작은 집에서 가족 노동력만으로 직조하였으나 히로유키 씨가 이어받은 후로 주문이 꾸준히 늘어 2000년경에 새로 집을 짓고 작업장을 옮긴 후 4명을 고용하였다.

가쓰라 기업점은 사양길에 있는 니시진 직물업계에서 드물게 젊은 직조공들을 고용하여 가내공장을 운영하고 있는 오리야이다(그림 4-2). 20대 여성 1명, 30대 여성 1명, 30대 남성 1명, 50대 여성 1명이 정규직원으로 일하고 있으며, 모두 히로유키 씨가 직접 뽑은 사람들이다. 보통 니시진에서는 데키타카라 하여 자신이 짠 직물 양에 따라 공임을 주지만 히로유키 씨는 그러면 제품의 질이 떨어진다고 생각하여 본인이 가업을 이은 때부터 월급제를 고수하고 있다. 가쓰라 기업점에서는 현재 7대의 수직기를 돌리고 있다. 전문 생산품은 불교 승려들이 입는 법의인 가사袈裟이다. 종파에 따라 색깔과 문양이 조금씩 다르나 일정한 형식이 있고, 화려한 것을 선호하는 경향이 있어 수요가 꾸준한 편이다. 또한 니시진에 가사를 전문적으로 직조하는 곳이 많지 않아 경쟁이 심하지 않고, 오리야들이 직면한 '기모노바나레'의 영향을 크게 받지 않는다.

가사를 전문적으로 생산하는 가쓰라 기업점에서도 결혼식 때 입는 우치카케 등을 시도하였고, 이세 신궁에서 20년마다 행하는 천궁 의례에 사용

그림 4-2 직조 작업 중인 가쓰라 기업점의 가내공장 내부

하는 직물도 직조한 바 있다. 우치카케는 결혼을 앞둔 직원에게 본인이 입을 예복을 직접 만들어 보라고 권하면서 시작하게 되었다. 히로유키 씨의 아버지가 우치카케를 짜 본 경험이 있어 기술을 지도하였으며, 직원들이 근무 이외 시간에 서로 도와가며 한 달 정도 걸려 완성하였다. 관련자들에게 취지를 설명하여 실 공급부터 염색, 가공 등 모든 공정을 무상으로 제공받아 진행하였다. 완제품은 제작 과정에 참여한 사람들이 공동으로 소유하여 누구나 집안에 결혼식이 있을 때 무료로 빌려 입을 수 있도록 하였다. 히로유키 씨는 이 일이 기술도 보존하고 직원들에게 직조 기술도 가르치는 좋은 기회가 되었다고 생각한다.

이세 신궁에 납품한 직물은 하청을 받아 제직한 것으로 마구馬具용 천, 의자 커버, 천 벽지 등이었다.[12] 의례용 직물은 공임이 매우 싼 편이지만 전통 기술을 익힐 수 있고 회사 이미지 제고에도 도움이 된다.

일반적인 오리야에서는 직물 설계와 도안 등을 사장이 하지만 가쓰라 기업점에서는 직조공(쇼쿠닌)들이 자유롭게 아이디어를 내도록 장려하고 있다. 사장 혼자 그 일을 맡으면 아무래도 한계가 있지만 경험 많은 쇼쿠닌들이 함께 생각하면 여러 가지 새로운 아이디어가 나올 수 있기 때문이다. 그동안 니시진에서 쇼쿠닌은 주문자가 원하는 디자인의 직물을 빨리 짜는 기술을 갖추는 데 중점을 두어 왔다. 하지만 히로유키 씨는 그런 방식으로는 남의 것을 모방하거나 약간 변형하는 데 그칠 뿐이므로 니시진오리의 매력이 점차 사라질 것이라고 본다. 특히 수요가 감소하고 있는 오늘날에는 독창적이고 개성이 있어야만 살아남을 수 있다고 생각하여 지금 같은 방식을 택했다고 한다.

가쓰라 기업점의 전문 품목인 가사는 승려의 필수품목이어서 유행이나 소비 패턴의 영향을 받지 않으므로 오비지나 기모노지처럼 경기를 타지 않았으며 생산량을 늘리기 위해 공장 규모를 키우는 경우도 드물었다. 니시진에서 가사 전문 오리야들은 아직도 가족 노동력을 중심으로 소규모로 운영되고 있으며 가쓰라 기업점같이 직원을 고용한 곳은 드물다. 니시진의 오비 생산량이 위축되고 있는 현실에서 히로유키 씨는 가사 전문 오리야로 남은 것을 매우 다행스럽게 여긴다.

---

12 가쓰라 기업점에 직물을 의뢰한 오리야는 앞에서 살펴본 야마시타 오리모노이다. 서로 가까이 위치해 있고 사장들이 동창생이어서 하청 의뢰를 받았다고 한다.

5. '오비야 스테마쓰'의 사례

'오비야 스테마쓰帶屋捨松'는 교토의 전통적인 민가인 마치야町屋에서 직조해온 오리야이다(그림 4-3).[13] 에도 시대 말인 안세이安政 연간(1854~1859)에 창업했으며 현재 7대째이다. 증조할아버지(4대 스테마쓰) 대인 1900년경부터 회사가 커졌으며 1940년에 채택한 현재의 회사명도 증조할아버지의 이름에서 따 왔다. 당시에는 할아버지와 그 형제들이 직조한 직물을 직접 리어카에 싣고 도매상에 가서 팔았다. '시모'[14]에서는 가격을 좀 더 쳐준다 하여 무로마치까지 간 적도 있으나 대부분은 니시진의 산지도매상에게 팔았다.

제2차 세계대전 후 경기가 회복되면서 너도나도 양산量産으로 치닫던 1950년대 말, 현재 사장인 히로유키博之 씨의 아버지인 야지로弥次郎 씨가 당시 이름 있는 도안가이자 직물장인이며 염색가인 도쿠다 기조德田義三 씨의 제자로 들어가면서 양보다 질을 선택하게 되었다고 한다. 당시는 히로유키 씨의 할아버지와 아버지, 삼촌들이 모두 함께 일하고 있었는데 야지로 씨는 차남이었으므로 큰 부담 없이 도쿠다 씨 밑으로 들어가 도안가, 의장가意匠家로 30여 년 간 연구한 후 1978년 오비야 스테마쓰로 돌아왔다. 그는 2013년 사망하기 직전까지 오비야 스테마쓰에서 중추 역할을 하였다.

오비야 스테마쓰는 20여 년 전까지 현재 전시장이 된 마치야 부근에 별도의 공장을 차려 2층과 3층에 기계를 두고 직조공(오리테)들을 여러 명 고

---

[13] 오비야 스테마쓰는 20여 년 전부터 중국에서 직조하고 있다. 2012년 면담조사차 방문했을 당시 오비야 스테마쓰의 마치야는 사무실과 관람객을 위한 전시 시설로만 이용되고 있었으며, 실 선택이나 시범 직조 등은 인근에 위치한 직공장으로 쓰이던 건물에서 하고 있다.

[14] '시모'란 '아래'라는 뜻으로 니시진이 위치한 가미교구 남쪽에 있는 시조무로마치四条室町에 있는 직물 도매상들을 말한다.

그림 4-3 현재 전시장소로 이용되고 있는 오비야 스테마쓰의 마치야

용하여 직접 제직하였다. 그러나 오리테의 평균 연령이 60대 이상으로 올라가면서 작업 시간이 점점 단축되고 공임도 상승하여 하청을 주기도 하였으나 그런 상태로는 기술을 보존할 길이 없다고 생각하여 1989년에 중국 상하이에 공장을 세우고 현지 노동자들에게 기술을 가르쳤다.

상하이는 역사적으로 직물산업의 토양이 있던 곳이다. 오비야 스테마쓰가 진출할 때만 해도 특별한 산업이 없었고 다른 산업에 비해 직물산업이 '깨끗한 일'로 여겨져 일하려는 사람이 많았지만 많은 어려움도 겪었다고 한다. 1990년대에 들어 상하이에 다른 산업들이 생겨나고 일자리가 늘어나자 이직이 흔해졌기 때문이다. 그러나 잔업이 많고 휴일이 없어 '비인간적인' 다른 공장에 비해 비록 공임은 적어도 근무환경이 좋은 이곳으로 노동자들이 돌아오기 시작했고, 현재는 안정적으로 운영되고 있다. 오비야 스테마쓰는 중국에 4개 지사를 갖추고 20여 대의 직기를 돌리고 있다. 니시진 경기가 한창 좋았던 1990년대에는 40여 대까지 돌렸다고 한다. 현재는 손이 많이 가는 히키바쿠나 쓰즈레오리 등을 주로 짜고 있다.

오비야 스테마쓰에서는 중국에서 직물을 짜지만 의장, 디자인, 배색은 전부 니시진의 본사에서 하고 있다. 배색이 같아도 국내에서 작업한 것과 중국에서 작업한 것이 전혀 다른 느낌을 주기 때문이다(그림 4-4). 즉 전체 생산 공정의 7할을 일본에서 하고 3할만 중국에서 하는 셈이다. 중국에서 직조한 직물은 본사에서 철저한 검수 단계를 거친다. 그러나 니시진직물공업조합에서는 니시진과 단고에서 짠 직물에만 니시진오리로 인정하는 제품 인증지를 발급해 주므로 중국에서 제직한 직물은 니시진오리로 팔 수 없다.

히로유키 씨는 물건 자체를 평가하지 않고 직조 장소에 따라 니시진오리냐 아니냐를 규정하는 것은 잘못된 관행이라고 생각한다. 실제로 니시진이나 단고에서 직조되었지만 정견正絹이 아닌 것을 100% 실크라고 속이거나 역직기로 짠 것을 수직이라고 속여 판매하는 경우가 종종 있다고 한다. 조합에서는 등록 회원이 생산량을 적어 신청하면 그 양만큼 인증지를 판매한다. 즉 품질보다 신용을 기준으로 하여 인증지를 발행한다. 히로유키 씨는 지금 같은 절차로는 품질을 관리할 수 없기 때문에 설사 인증지가 붙어 있더라도 이것이 품질을 보장하지는 못한다고 주장한다. 중국에서 짠 직물도 정통 니시진오리만큼 품질이 좋을 수 있지만 지금 같은 제도 아래에서는 이것을 증명할 방법이 없다. 물론 니시진오리가 생존하는 데 조합의 상표 관리가 어느 정도 도움이 되었지만, 그는 '좋은 물건'을 생산하는 것이 중요하지 어디에서 제직했는가는 중요하지 않다고 생각한다.

그림 4-4 중국 공장으로 보내기 전에 실을 배색하고 있는 종업원들

2012년 현재 교토 본사에 10여 명이 근무하고 있으며, 매주 열리는 연구회에는 전 직원이 참석하여 직조 기술을 공부한다. 히로유키 씨는 그러한 과정을 통하여 우수한 품질과 문화성文化性을 지닌 제품을 개발·생산할 수 있다고 믿는다. 그는 문화성을 살리는 것만이 니시진의 직물산업을 살리는 길이라고 보지만 현재 니시진직물공업조합은 그와 반대방향으로 가고 있다고 생각한다. 심하게 말하면 현재의 조합은 산업 부흥이나 니시진오리의 발전을 위해 회원들의 뜻을 모으는 곳이 아니라 소수의 임원들만을 위한 조직이며 "육성보조금을 쓰는 조직"일 뿐이라는 것이다.

1962년생인 히로유키 씨는 대학을 졸업한 후 가업을 계승하기 전에 6년간 무로마치에 있는 직물 도매상에서 일한 후 오비야 스테마쓰에 들어왔다. 부인은 미술을 전공한 대학 동급생으로 결혼 후 직물 도안가인 시아버지에게 일을 배워 지금은 오비야 스테마쓰에서 직물 도안, 배색, 디자인 등을 하고 있다. 히로유키 씨 부부는 아들 하나와 딸 둘을 두었는데 대학에서 사회복지학을 전공한 아들은 졸업 후 니시진에 있는 산지도매상에서 일하고 있다. 그도 히로유키 씨처럼 몇 년 안에 가업을 계승하게 될 것이다.

6. '주식회사 호소오'의 사례

'주식회사 호소오細尾'는 니시진의 전통공예 직조기술로 해외 진출에 성공한 오리야이자 도매상이다. 현재 사장인 호소오 마사오細尾真生 씨는 대학 졸업 후 일본의 유수 종합상사인 이토추伊藤忠의 해외지사에서 오랫동안 근무한 경험을 토대로 세계시장을 개척하고 있다. 공식 창업 연도는 1688년이지만 처음에는 조그만 오리야였으며, 마사오 씨의 할아버지가 미에현에 있는 직물 도매상에서 일을 배운 후 노렌와케를 허락받아 1923년 니시진에서 오비와 기모노 도매업을 시작하였다. 현재 호소오는 그때 받은 옥호屋號(그림 4-5)를 중국, 미주 및 유럽에서 국제상표로 등록할 만큼 해외 진출에 성공한 모범 사례로 인정받고 있다.

해외 진출이 처음부터 순조롭지만은 않았다. 2006년 세계적인 인테리어 박람회 메종 오브제에 처음 참가하여 다른 업체들과 함께 부스를 꾸려 가구 커버 등을 전시했지만 매출을 올리지 못했다. 1년 동안 많은 돈과 노력을 투자했지만 실질적인 성과를 거두지 못해 의기소침해 있던 마사오 씨는 다시 한 번 도전해 보라는 교토상공회의소의 권유를 받았다. 2007년에는

그림 4-5 국제상표로 등록된 주식회사 호소오의 옥호를 넣은 노렌

니시진오리로 만든 쿠션 커버를 출품하여 영국 리버티 백화점과 홍콩 크로
프트 백화점에서 200~300만 엔어치의 주문을 받았다. 일본 색채가 강한
디자인으로 시장을 넓힐 수 없다고 판단한 마사오 씨는 서구문화에 적합한
디자인을 계속 개발해 나갔다. 그러나 쿠션 커버 품목의 경우 300만~400
만 엔어치의 주문을 받아도 해외에서 드는 경비를 제하면 오히려 적자가
나는 일이 많았다.

2009년 파리에서 일본정부 경제산업성이 지원하는 디자인 전람회가 개
최되었다. 호소오는 오비와 쿠션 커버 등을 출품하여 좋은 평을 받았으며,
2010년 뉴욕에서 열린 같은 전람회에도 출품하였다. 마사오 씨는 정부 지

원 전람회라 큰 기대를 하지 않고 출품하였다고 한다. 그런데 마침 근처에서 열린 국제가구박람회International Contemporary Furniture Fair; ICFF에 참가한 건축설계 사무소에서 호소오의 오비를 보고 거래를 원했다. 그곳은 피터 마리노 건축설계사무소Peter Marino Architect라는 세계적으로 유명한 곳이었다. 마사오 씨는 직물 샘플을 들고 뉴욕으로 날아갔고, 얼마 후 피터 마리노 측은 흑백사진 한 장을 팩스로 보내어 오비에서 보여준 기술로 사진과 같은 직물을 납품해 달라는 주문서를 넣었다. 1미터당 2만 엔, 총 200미터 분량이었다. 그것이 호소오의 본격적인 첫 해외 진출이었다. 다음 해에는 중국 상하이에 건설할 크리스찬 디오르 매장에 쓸 실내장식용 직물을 주문하였고, 그 후 명품 브랜드의 주문이 꾸준히 들어오게 되었다.

피터 마리노 측의 주문을 받으며 호소오에서 부닥친 가장 큰 난관은 기술 문제였다. 피터 마리노 측은 폭 70cm의 직물은 용도가 제한되므로 133cm로 늘려 달라고 요청하였다. 니시진에서 전통 와소직물용 직기의 폭은 거의 대부분 40cm이며 마루오비丸帶(두 겹으로 접어 만든 오비)에만 70cm 폭의 직기가 사용된다. 직물의 폭을 넓히는 것은 기술적으로 매우 어려운 일이었다. 직기를 전부 바꿔야 할 뿐만 아니라 금박, 은박, 칠박 등 여러 종류의 박사箔絲(금, 은, 칠 등을 화지에 얇게 펴 입힌 후 가늘게 잘라 만드는 실)의 길이를 130~150cm까지 늘리기가 쉽지 않았다. 호소오에서는 본사 기술자인 가나야金谷 씨(제5장의 직조공 사례연구 참조)를 비롯하여 여러 기술자들의 협조를 얻어 복잡한 문직물을 짤 수 있는 "세계 유일" 광폭 직기를 개발하는 데 성공하였다.

오늘날 중국을 비롯하여 세계 각지의 직물 생산지에서는 최대한 빠른 속도로 최대한 많은 직물을 짜기 위해 최첨단 기계와 기술을 투입하고 있다. 즉 균일한 대량생산을 통하여 생산가격을 낮추어 이윤을 올리기 위해 경쟁

그림 4-6 새로 개발한 광폭 직기로 직물을 제직하고 있는 호소오의 직공

하고 있다. 그러나 호소오에서 사용하는 여러 종류의 박사나 일반적인 연사보다 30배 이상 강하게 꼰 강연사 같은 특수한 소재로 짜는 직물은 일반 고속 직기로 생산할 수 없다. 호소오에서는 "어떻게 하면 18세기의 것처럼 공들여 훌륭한 직물을 짤 것인가"에 초점을 맞추어 기계를 설계하였으므로 다른 회사들에서는 결코 자사처럼 직물을 짤 수 없다고 말한다.

조사 당시인 2013년 5월에 호소오에서는 새로 개발한 광폭 직기 3대를 돌리고 있었으며, 계속 늘어나는 주문에 대응하기 위해 같은 해 4월에 네 번째 직기를 완성하여 생산 준비 중이었다(그림 4-6). 지금 같은 속도로 주문이 늘어나면 자체 생산능력으로는 제품을 공급할 수가 없어 니시진이나 단

그림 4-7 고가로 공급되는 호소오의 실내장식용 직물 견본

고에서 광폭 직기를 갖춘 제직업자에게 기술을 지도하는 방식으로 생산할 계획도 갖고 있지만 향후 주문량을 보아 가며 신중하게 결정하고자 한다.

마사오 씨는 호소오 직물의 유일무이함 때문에 보통 직물보다 엄청나게 비싼 가격으로 주문을 받을 수 있다고 생각한다(그림 4-7). 메종 오브제에 출품할 때만 해도 교토상공회의소를 비롯해 대부분의 사람들이 그 가격으로는 절대 직물을 팔 수 없다고 말했다. 호소오에서도 이 점을 깊게 고민하였으나 직물 특성상 가격을 낮추는 데 한계가 있고, 대신 가격이 비싸더라도 다른 어떤 곳에서도 짤 수 없는 최고급 직물을 주문자 소량생산 방식으로 만들기로 결심하였다. 그러한 전략이 맞아떨어져 현재 호소오는 크리스찬 디오르, 샤넬, 루이비통, 리츠칼튼 호텔, 포시즌 호텔, 디자이너 미하라 야스히로 등 최고급 업체들과 거래하고 있다.

마사오 씨는 틈새시장을 대상으로 삼은 전략이 성공하려면 세계 어느 곳에도 호소오처럼 직물을 짜는 곳이 존재하지 않는다는 사실이 가장 중요하다고 생각한다. 물론 니시진에는 그런 기술을 가진 사람들이 있지만 그들은 경쟁상대가 되지 못한다. 마사오 씨가 이토추에서 근무하던 시절에 쌓은 경험을 바탕으로 30여 년 이상 형성한 판매 루트를 절대 따라올 수 없기 때문이다. 실제로 호소오도 2006년 메종 오브제에 출품한 후 사업이 본격적인 궤도에 오르기까지 5년 넘게 걸렸다는 점은 전통공예 기술만으로 해외에 진출하기가 쉽지 않음을 보여 준다.

호소오의 해외 진출은 전통산업을 세계에 진출시키려는 일본 정부의 노력과 연계하여 진행되었다. 일본 정부에서는 전통공예를 활용하여 해외에 일본 문화를 알리는 산업을 정책적으로 지원하고자 '고온' 프로젝트[15]를 진행하였다. 이 프로젝트에 발맞춰 호소오를 비롯한 교토의 유서 있는 공예기업 여섯 곳이 모여 추진한 사업이 '재팬 핸드메이드Japan Handmade'이다. 이들은 전통공예를 이용하여 국제시장을 겨냥한 새로운 디자인을 창조하겠다는 모토 아래 덴마크의 디자인 스튜디오와 협업하고 있다. 예를 들어 차도가 널리 보급된 일본에서는 찻잎을 담는 용기가 고가품으로 판매되지만 서양에서는 비싼 차통을 사려는 사람이 없다. 따라서 일본 차통의 디자인을 응용하여 보석함을 만드는 것이 좋겠다고 '문맥을 번역'해 주는 것이 덴마크 디자인 스튜디오의 역할이다. 또는 문화적 의미가 담긴 복잡한 문양

---

15 'GO ON'과 은혜를 의미하는 '고온ご恩'이라는 두 가지 의미를 담은 슬로건이다. 선조가 물려준 기술, 전통, 문화 등의 은혜를 입어 '앞으로 나아간다'는 뜻을 담고 있다.

의 니시진오리는 일본의 전통미를 상징하지만 해외에서 그 의미가 받아들여지기 어려우므로 매우 일본적인 요소를 제거하되 니시진오리의 특성을 살리는 방향으로 제품을 개발해야 한다고 조언한다. 이러한 조언을 바탕으로 호소오는 현대적 감각과 니시진오리의 특성을 살린 천 벽지를 제작해 구찌나 샤넬 등에 판매하였다. 전통 목공예 업체인 나카가와모코게이中川木工芸는 플라스틱의 등장으로 시장에서 고전하다 재팬 핸드메이드에 참여한 후 프랑스의 유명 샴페인 제조업체들로부터 주문을 받게 되었다. 구리로 고급 수제 차통을 만들어 온 가이카도開化堂는 영국의 차 회사와 계약하여 판매망을 늘려 가고 있으며 자사 제품이 런던 빅토리아 앨버트 미술관에서 전시되고 있다. 이와 같이 일본 전통공예의 새로운 영역을 개척하고 있는 재팬 핸드메이드를 이끄는 이들은 모두 30대의 젊은 후계자들이다.

7. 재일동포 직물업자 Y씨의 사례[16]

재일동포 1세인 Y씨(1997년 조사 당시 85세)는 니시진 직물업에 관계한 재일 한국·조선인의 역사를 잘 보여 주는 사례이다. 그는 1946년에 설립된

---

16 7절과 8절에서 살펴볼 두 사례는 1997년 도시샤同志社 대학 문학부 사회학과 사회학 전공 학생들이 1997년도 사회조사 실습보고서로 제출한 『西陣着物産業と着物文化』(지도 담당 모리카와 마키오森川真規雄 교수) 중 제1반의 보고서 「西陣織物と在日韓国·朝鮮人」에서 발췌 정리한 것이다(藤本貴子 外 1998). 20여 년 전 자료이고 학생들의 보고서이기는 하나 니시진 직물업에서 재일 한국·조선인들이 가장 활발히 활동한 쇼와昭和(1926~1989) 초기부터 1960년대 초까지의 대략적인 상황을 보여 주기에 좋은 자료라 여겨져 이 책에서 소개한다. 두 사례의 배경을 이해하기 위하여 실습보고서 자료 이외에 미즈노 나오키(水野直樹 1998), 한재향(韓載香 2003, 2005, 2010), 히로키 다쿠(広木拓 2006), 다카노 아키오(高野昭雄 2008, 2009), 야스다 마사시(安田昌史 2010), 권숙인(2011) 등을 참조하였다.

조선인 니시진직물공업협동조합에서 오랫동안 이사장으로 일하였으며 조사 당시에는 고문 직책으로 물러나 있었다. 그는 1927년 경상북도에서 단신으로 도일한 후 연고를 따라 교토에 들어와 니시진의 연사 공장에서 일하였고 일본인 제직업자들에게 품삯을 받고 일하는 직조공을 거쳐 제2차 세계대전 이후 독립하였다.

Y씨의 본가는 경상북도 대구 근처에서 농사를 짓던 집안으로 일본 식민 지배하에서 높은 소작료와 이어진 흉작 때문에 생활이 크게 어려워졌다. 식민지 조선에서는 농업 이외에 다른 일자리를 구하기가 어려워 15세가 되던 1927년에 일자리를 찾아 일본에 오게 되었다. 입국 수속을 밟기 위해 부산에서 한 달간 머무를 때 먼저 일자리를 찾아 일본으로 건너간 동향인을 만나게 되어 그 연고로 교토에 오게 되었다. 교토에서 비로드 직공으로 일하던 조선 사람의 소개로 니시진의 연사 공장에 취직하여 숙식을 해결할 수 있었다. 연사공장에서 6년 정도 일한 후 가미교구의 가미초자마치^{上長者}^町에 있는 오리야로 옮겨 직조공 일을 시작하였다.

그 부근에서 많은 조선인 직조공들이 일하였는데, 차별이 심한 와중에도 니시진오리 업계가 비교적 문호를 개방했기 때문이다. 1920년대는 니시진 직물업계가 제1차 세계대전 이후 호황기를 맞아 노동력 수요가 상승하고 있었으므로 일본인보다 값싼 임금에 쉽사리 일을 시킬 수 있는 조선 출신 자들이 일을 구하기가 용이했을 것이다. Y씨에 따르면 "조선인들은 어쨌든 악착같이 일했으므로 어디서나 환영받았다"고 한다. 그러나 조선인에게는 영업허가를 내주지 않아 오리야를 운영할 수 없었으므로 일본인이 하는 오리야에 소속되어 공임을 받고 직물을 짜는 '진오리^{賃織り}'에 종사할 수밖에 없었다. 1938년 교토시 사회과에서 실시한 「니시진 직물업 조사^{西陣機}^{業に関する調査}」에 "직조공 중 반도 출신 동포 수가 내지인의 수를 능가하였으

므로 매우 주의해야 할 것이다"라는 경고 문구가 있어 당시 조선인 직조공 수가 계속 증가하고 있었음을 알 수 있다(河明生 1997:86).

전쟁이 계속되면서 많은 직물제조업자들이 폐업하였고 일부는 군수품 생산 등으로 겨우 살아남았다. 1945년 종전 후 물자부족과 인플레이션 등으로 물가통제령이 내려졌으며 누에고치, 생사, 견직물 등의 자유로운 생산 판매가 금지되었다. 그러나 패전 후 점령군 체제하에서 '해방 국민'이라는 특수한 위치의 재일조선인에게는 일본 법령이 엄밀하게 적용되지 않았다. 따라서 직조 기술을 익힌 조선인들이 자영 직물제조업자가 되어 비로드 생산을 재개하였다.[17] 많은 일본인들이 조선인 업자에게 천을 사러 왔으며, 물자가 부족한 상황이었던 만큼 비싸게 팔 수 있었다. 경찰에게 걸리면 처벌을 받는 행위였지만 물건을 사러 오는 일본인들 사이에서는 조선인들이 '입이 무거운口が堅い' 사람으로 신뢰받았다고 한다.

조선인 직물업자들은 생사 조달, 가공판매 및 금융 등의 면에서 서로 돕는 조직을 만들자는 의견을 모아 교토시에 여러 차례 청원을 넣었으나 인가를 받지 못하다가 1946년에야 조선인 니시진직물공업협동조합을 설립하였다. 설립 초에는 자영업자와 임직賃織 직공을 합하여 300명의 회원이 있었다고 한다. Y씨는 전후 약 10년간이 니시진의 조선인들이 돈을 가장 많이 번 시기였다고 말한다.

조합원 수가 계속 늘어나 590명에 달하자 조합을 분할하여 조선인 제2 니시진직물공업협동조합을 설립하였다. 또한 조합원들을 지원하기 위해 1950년 조선은행의 전신인 상공신용조합을 발족하고 1954년 조합 사무소

---

17 일본 신발인 게다下駄의 코끈인 '하나오鼻緒·花緒'에 많이 사용된 비로드 직물을 생산하는 데 부라쿠민部落民이나 조선인들이 많이 관계하였다(藤本貴子 外 1998:24).

의 방을 빌려 정식으 조선은행을 설립하였다. 그러나 한국전쟁 후 조국 분단은 재일조선인 사회에 혼란을 물러일으켰다. 니시진에서도 한국과 조선 중 어느 쪽 국적을 선택할 것인가라는 문제를 둘러싸고 격심한 대립이 일어났다. 한국 국적을 선택한 업자들은 조합에서 탈퇴해 새로이 자신들의 조합을 만들었다.[18]

일본 사회가 패전의 충격에서 벗어나고 서서히 안정되어 가자 떠오르는 태양처럼 성장하던 조선인 업자들은 더 이상 발전하기가 어렵게 되었다. 물자가 모자란 시절에는 물건을 만드는 족족 팔 수 있었으나 니시진의 유서 깊은 점포들이 차례차례 생산을 재개하자 조선인들이 만든 물건은 점차 외면받았다. 조선인은 일본인이 만든 물건을 취향과 질적인 면에서 모두 따라잡을 수가 없었다. 게다가 조선인들의 사업 확장을 좋지 않게 생각한 일부 일본인들이 "조센진의 상품은 조심하지 않으면 안 된다"라고 유언비어를 퍼뜨렸다. 그렇게 종전 후 10년이 지나자 니시진에서 조선인들의 사업은 크게 위축되었다. 많은 조선인들은 더 이상 가망이 없다고 보고 그동안 모은 자금을 밑천으로 하여 파친코 등으로 전업하였으며, 그중에는 성공한 사람들도 적지 않았다.

생활양식의 서구화로 기모노 수요가 급격히 줄어들자 조선인 업자는 더욱 급격히 감소하였다. 한때 590명에 달했던 조합 회원 수는 1990년대 말에 5~6명으로 줄어들고 말았다.

---

18 Y씨는 1997년까지 조선 국적을 가지고 있었다.

8. 재일동포 직물업자 O씨의 사례

니시진에서 직물제조업자로 활동한 재일한국인 O씨는 조사 당시인 1997년 78세로 오락산업 회사 '마루고'의 사장이다. O씨는 1919년 경상북도 한 농가의 장남으로 태어났으며, 고향에서 농림학교를 졸업하고 삼림조합에 취직하였으나 월급이 적고 시골구석에서는 결코 크게 될 수 없을 것 같아 고향을 떠나기로 마음먹었다. 상하이와 일본을 두고 고민하던 중 1937년 '지나사변'(중일전쟁)이 일어나자 안전을 생각해 일본을 택하였다. 일본에 대하여 반감이 있기는 하였으나 어쩔 수 없다고 생각했다고 한다. 반일 항쟁에 많은 민중이 참가하였으나 대부분 희생으로 끝나고 말았기 때문이다. 장남인 O씨에게 목숨을 잃는다는 것은 집안의 대가 끊긴다는 것을 의미하였으므로 경제적으로 성공하여 금의환향하는 것이 최고의 효도라고 생각하였다.

그는 1939년 19세 때 단신으로 일본에 건너왔다. 도쿄의 직업소개소에서 일주일 정도 일자리를 찾았으나 조건이 열악하여 포기하였다. 심한 외로움이 엄습해 오자 친척과 소학교 친구들이 사는 교토로 서둘러 오게 되었다. 교토의 중심지인 니시진에서 일자리를 찾았지만 "공원 구함. 단 반도인 거절"이라는 구인광고를 내는 오리야들이 많았다. 염색 일을 하는 세 살 아래의 친척에게 부탁해 메리야스 공장에 취업하였다. 그 후 일자리를 옮겨 가며 직조공으로 일하면서 야간학교에 다녔다.

전쟁이 점점 격심해지자 천황에 대한 내면적 충성심이 부족하다는 이유로 군대에 가지 않아도 되었던 조선인들도 징병 대상이 되었다. 1942년에 일자리를 소개해 주었던 친척이 징병되어 전사하자 자신도 그렇게 될 것 같다는 생각에 기술양성학교의 학생 모집 신문기사를 보고 바로 응시했다. 그곳에 입학하면 징용을 면할 수 있었기 때문에 시험장에는 2,000명가량의 사람들이 몰려들었다. 합격자 300명 중에 O씨를 포함하여 3명의 조선인이 있었다. 일손이 부족하였으므로 입학 차별은 없었던 듯하였다.

학교를 졸업한 후 전쟁이 끝날 때까지 교토정공주식회사京都精工株式會社라는 해군 공창工廠(육해군에 직접 소속되어 군수품을 제조하던 공장)에서 기술지도원으로 의무근무하였다. 그때 조선 이름은 좋지 않으니 일본 이름을 써 달라는 상사의 부탁을 받고 후지모토 히데오藤本秀夫라는 이름으로 바꾸었다. 전사한 친척도 후지모토라는 성을 썼는데, 고향 마을에 등나무(藤) 꽃이 많이 피어 그 인연으로 붙인 이름이다.

1940년 칠칠금령七·七禁令(사치품 금지령)이 공포되고 1944년 기업정비 등의 조처 속에서 니시진 직물업자들은 폐업으로 내몰리게 되었다. 당시 니시진에서 오리야를 경영하려면 직기 1대마다 경찰의 허가를 받아야 했으며 등록을 해야만 영업할 수 있었다. 조선인은 직조공 같은 노동자로 일할 때는 별문제가 없었으나 경영자가 되려면 차별을 겪어야 했다. 그러나 당시 많은 일본인들이 일을 놓고 있어서 그들에게 돈을 주고 등록번호를 살수 있었다. 니시진 직물 산업이 내리막길이어서 모두가 반대하였으나 O씨는 지금이 아니면 조선인들이 경영자가 될 수 없다고 생각하여 비싼 돈을 치르고 경영권을 손에 넣었다. 그는 공장의 반장 일을 하면서 직기를 구입하고 일본인 여성들을 고용하여 군사용 방한모포를 생산하였다. 그렇게 1943년 '후지모토 기업점藤本機業店'을 열었다. O씨가 사업을 시작하기 전에 조선인이 경영하는 업체가 세 곳 있었으나 그들이 어떻게 권리를 획득하였는지는 모른다.

조선인들은 전쟁 중에 직조공으로 계속 일했고 전후에 일시적으로 자유로운 경제활동을 할 수 있었기 때문에 비교적 어렵지 않게 경영자가 될 수 있었다. 그때는 징집되었다 돌아온 일본인들이 조선인들의 오리야에 일을 시켜 달라고 찾아왔고, O씨는 일본인들만 고용했다고 한다.

제2차 세계대전 이후 연합군 사령부GHQ에서 조국으로 돌아가고 싶은 사람들을 응모하였다. 영업설비를 가지고 돌아갈 수 있었으므로 많은 사람들이 귀국했으나 생활기반이 없어 고생하였다. 재일 한국·조선인 1세는 집을 떠나 일본까지 왔으니 반드시 성공하여 고향에 돌아가겠다는 마음을 가지고 있었다. O씨도 귀국하고 싶었으나 정세를 보아 가면서 천천히 돌아가겠다고 마음먹었다. 귀국이 지연된 것은 가져갈 수 있는 재산이 제한되었다는 이유도 있었으나 조국에 생활 기반이 없다는 것이 주된 이유였다고 한다.

조선인 경영자들이 많아지자 1946년 조선인 니시진직물공업협동조합을 설립하였다. 돗토리현 산속에서 석탄 캐던 사람, 홋카이도 탄광에서 일하던 사람 등 전국의 재일동포가 니시진에 가면 돈을 벌거나 일자리를 구할 수 있다는 소문을 듣고 몰려들어 조합원이 많아진 나머지 그다음 해에 제2조합이 생겨날 정도였다. 조선인들은 동향 출신자들끼리 또는 연고 있는 사람들끼리 서로 신용보증을 해주어 오리야를 만들었다. 니시진 직물업은 분업화되어 있었으므로 지식이 없어도 소자본으로 경영자가 될 수 있었다. 니시진에서 가장 중요한 것은 각 공정 간의 신뢰관계였다.

경영을 하려면 자금이 필요하나 거의 모든 은행이 조선인의 대출 신청을 받아 주지 않았다. 1953년 조합은 현재 조선은행의 전신인 상공신용조합을 설립하였다. 부청府廳에 신청하자 지역 은행들이 크게 반대하여 '일본인은 조합원이 될 수 없다'는 조건으로 설립을 허가받았다. 일본 전국에서 첫 조선계 금융기관이었다. 그러나 총회 때 소문을 들은 전국의 '공산주의자'(조총련계 재일조선인)들이 잔뜩 모여들어 결국 상공신용조합을 점령하고 말았다. 다음 해에 한국계 교토상업은행을 설립하였으나 이때도 공산주의자들의 훼방이 있었다. 조선인 니시진직물공업협동조합은 본국의 남북 대립이 심해짐에 따라 조합원 간의 사상 차이로 인해 사사건건 대립이 발생하였다. 마침내 조합에서 O씨를 포함하여 일부가 탈퇴하여 1955년 상호기모노직물조합相互着尺織物組合이라는 새로운 재일한국인 조합을 만들게 되었다.[19]

O씨는 1958년 도쿄 긴자의 마쓰자카야松坂屋 백화점에 출품한 기모노가 당선되어 황실 결혼식에 기모노 300벌을 납품하였다. 황후가 된 미치코美智子 상을 닮고 싶은 사람들에게 인기가 있어 한동안 기모노는 품절 상태였다. 이때 교토대학 교수가 연구를 위해 인터뷰하러 찾아오는 등 여러 '높은 사람들'과 교류할 수 있었다. 그들에게 "후지모토 군, 당신은 하지 않으리라 생각하지만 '천민의 업'(파친코 산업을 일컬음)만은 하지 말아 줘"라는 말을 몇 차례나 들었기 때문에 O씨는 그런 산업에 종사하지 않겠다는 자존심을 갖게 되었다고 한다.

O씨의 사업이 순항한 것은 베트남 전쟁 때까지였다. O씨는 니시진 직물업 쇠퇴의 원인이 타이즈 보급과 도에이레이온東洋レーヨン의 대량생산이라고 말한다. 전에는 방한용으로 기모노를 입었으나 타이즈가 보급되자 기모노를 입지 않아도 되었다.

경영자로서 많은 벽을 넘어 왔으나 기모노 수요가 줄어들고 같은 값이면 조선인보다 일본인의 물건을 사려는 소비 경향, 동업자들 간의 차별 등

---

19 조선인 니시진직물공업협동조합 및 후에 분리된 상호기모노직물조합은 1950년대 니시진의 조직 단일화 움직임에 협조하여 1958년 성립된 니시진직물공업조합에 흡수된 것으로 보인다. 새로이 결성된 조합은 재일조선인 업자들이 니시진의 조합 일원화에 공헌한 바를 평가하여 임원 두 자리를 배당해 주었다고 한다(藤本貴子 外 1998:30).

으로 인해 사업은 점점 내리막길을 걸었다. 1964년에 마루고직물정리공장으로 사명을 바꾸고 최후공정에 해당하는 마무리 가공업으로 전업하였다. 그즈음 O씨는 일선에서 거의 은퇴하여 아들에게 공장을 맡겼다.

약 20년간 공장을 경영하였으나 결국 여의치 않자 아들의 뜻에 따라 파친코 산업으로 전업하게 되었다. 니시진 직물업계에서 경영상 어려움을 겪은 많은 재일 한국·조선인들이 파친코점이나 불고기집으로 전업하였다. O씨는 전업에 반대했지만 아들은 주식회사 '마루고'라는 이름으로 파친코점을 개업했다. 그 후 아들 덕분에 편안하게 지낼 수 있었으며, 고향에 조상들을 모시는 사당도 지을 수 있었다. O씨의 오랜 소망인 '금의환향'이란 대업을 멋지게 달성한 것이다. 그러나 또다시 파란이 닥쳤다. 3년 전에 외아들을 잃고 주식회사 '마루고'의 사장으로 복귀하였기 때문이다.

지금은 니시진오리와 관계가 없지만 O씨는 "그때 (제2차 세계대전 이전) 그 장소(니시진)에 있었으므로" 니시진오리와 인연을 맺었고, 현재의 위치까지 오를 수 있었다. 지금도 니시진오리 산업에 관계하는 사람들 중 마루고나 후지모토 히데오란 이름을 모르는 사람은 거의 없다고 O씨는 주장한다.

9. 니시진 직물업자의 다양성

이 장에서 살펴본 6명의 일본인과 2명의 재일 한국·조선인 니시진 직물 제조업자들의 생애와 기업관, 기업 운영 방식 등은 각기 다른 니시진 직물 제조업의 유형을 보여 준다. 우선 생산 제품 면에서 전통적인 오비와 기모노 등 와소和裝 직물에 치중하는 기업과 긴란 등 가사 전문 기업, 인테리어 직물 전문 기업 등 다양하며, 기업의 운영방식도 우치바타內機 중심의 가내

공장을 운영하는 방식, 단고의 데바타出機 중심, 심지어 중국에 진출한 유형까지 다양하다. 이러한 차이들은 니시진의 장래를 예측하는 데 시사하는 바가 크다. 특히 기모노지와 오비지 등 전통직물 부문을 고수하며 일본 국내시장에서 승부하려는 오리히코나 야마시타 오리모노와 달리 니시진의 기술 자원을 이용하면서도 과감하게 해외에 진출하여 성공한 호소오는 사양길에 있는 니시진 직물산업의 돌파구를 보여 주는 좋은 사례이다. 이전에도 가와시마 오리모노같이 벽지, 커튼지, 시트 커버 등 전통 직물 이외 부문으로 진출한 사례들이 있었다. 가와시마 오리모노는 비전통 직물 부문에서 역직기를 도입해 대량생산체제에 돌입하였으나, 호소오는 수공예 직물의 특성을 살리면서 고가 공예품으로 틈새시장을 확대해 나가고 있다.

지금은 거의 사라진 재일 한국·조선인들의 경험도 주목할 만하다.[20] 니시진 직물 산업의 전반적인 사양화와 더불어 지금은 그 수가 격감했지만 일제강점기 이래 일본으로 건너온 많은 조선인들이 니시진의 직물업 및 유젠업에 종사하였다. 이들은 니시진 직물업 부문에서 대부분 직조공으로 종사하였으나 일부는 오리야로 성공하였으며, 제2차 세계대전 후 한반도 출신 제조업자들은 차별을 극복하기 위하여 그들만의 독립된 조합을 형성하였다. 앞에서 소개한 두 명의 구술은 실증적 자료들로써 사실관계를 좀 더 확인할 필요가 있겠으나, 1920년경부터 1960년대에 이르기까지 니시진 직물산업에 종사한 재일 한국·조선인들의 대체적인 사정과 그들 각자

---

20 니시진직물공업조합 회원 중에 재일한국·조선인 계통 업자들이 남아 있다고 하나 모두가 일본식 통명을 사용하고 있으며 민족 배경에 따라 구분하지 않는 까닭에 적어도 통계는 확인되지 않는다. 그중에 귀화자들도 상당수 포함되어 있을 것으로 짐작된다.

가 처한 상황에 대한 주관적 이해를 생생하게 보여 준다는 점에서 매우 소중한 자료라 생각된다. 어떤 학자는 조선인들이 "일본의 전통산업을 지탱해 왔다"고 주장한다(広木拓 2006; 권숙인 2011). 그러나 조선인들이 많이 종사한 유젠 작업의 경우 '찌기蒸レ'와 '빨기水洗' 같은 상대적으로 고도의 기술이 필요 없는 하층노동이었으며, 비록 그 수가 많이 감소하였으나 오늘날에도 유젠의 이 두 공정은 대부분 재일한국인 업자들이 하고 있다(安田昌史 2010).

종전 후 여러 가지 특수한 여건에서 제조업 경영으로 진입한 사람들 중에는 O씨처럼 기모노 부문으로 나아가 성공한 이들도 있었지만 대다수가 게다의 코끈으로 주로 사용된 비로드 제직업에 종사하였으며, 그나마 1960년대에 대부분 전업하였다. 노동자로 일한 경우에는 열악한 조건에서 저임금으로 연사(실꼬기)와 직조에 주로 종사하였다. 재일조선인 직조공들은 수직기보다 역직기로 직조하는 경우가 많았다. 수직에 종사하더라도 요구받은 대로 직물을 짜기만 하였으므로 창의적인 작업은 아니었다. 조사 중에 면담한 일본인 제직업자들에 의하면 이미 문양이나 배색 등이 다 결정된 단계에서 지시에 따라 직조만 하는 경우 어느 정도 수준만 되면 누구에게나 일감을 주었다고 한다. 그런 의미에서 조사 중에 만난 일본인 종사자들 중에는 유젠업이나 니시진오리의 공정에 재일조선인들이 많이 종사하였다고 해서 그들이 '일본의 전통산업을 지탱해 왔다'고 말하는 것은 지나치다는 입장을 표명하는 사람들도 있다.

제5장

직조공과 하청장인의 세계

제4장에서 살핀 직물제조업자(오리모토 또는 오리야)에 이어 이 장에서는 니시진 직물산업 생산·유통 과정의 두 번째 주역인 직조공 및 기타 하청장인들의 가내공업 세계와 삶의 모습, 기술훈련 과정, 그리고 그들의 정체성 및 현재에 처한 어려움에 관해 생애사적 사례연구를 통하여 구체적으로 고찰해 본다.

1. 직조공 사례연구

(1) 이와사키 리스케(남, 2006년 면담 당시 88세)

이와사키 리스케岩崎理助 씨는 제4장에서 오리모토의 사례로 살펴본 히구치 쓰네키 씨가 운영하는 주식회사 오리히코에서 쓰네키 씨의 아버지 대부터 일해 온 직조공으로, 고용계약을 맺은 정규 사원(우치바타)이었다. 그는

그림 5-1 오리히코에서 이와사키 씨가 누레누키 기술로 짠 여름용 오비   **그림 5-2** 이와사키 리스케 씨의 전통공예사 패

그림 5-3 이와사키 씨가 다카마쓰즈카 고분 벽화를 에바쿠 직조법으로 짠 직물

1990년대 중반까지 직물을 짜다가 가지고 있던 직기를 모두 처분하고 은 퇴하였다. 그의 전문영역은 '누레누키濡緯' 방식으로 짠 여름용 오비로서, 수직기로 실을 적셔 가며 짠다(그렇게 해야 직물을 짜는 동안 실의 습도를 유지할 수 있다고 한다)(그림 5-1). 이는 매우 고도의 기술이 필요한 일로서 니시진에서도 이 기술을 가진 오리테가 매우 드물다. 이와사키 씨는 누레누키 외에 긴바쿠金箔, 에바쿠絵箔 기술도 뛰어나서 경제산업성에서 인증하는 전통공예사 자격을 받았다(그림 5-2). 에바쿠란 그림을 그린 후 그것을 가늘게 잘라서 직조해 문양을 완성해 가는 제직법으로 그림을 그리는 기술뿐 아니라 그림에 맞추어 정교하게 제직해야 하므로 눈이 아주 좋아야 가능하다고 한다. 이와사키 씨가 1970년대에 발견된 다카마쓰즈카 고분 벽화의 사진을 기본 도안으로 하여 만든 에바쿠 오비는 공급이 어려울 정도로 주문이 많았다고 한다(그림 5-3).

이와사키 씨는 조상 대대로(14대째) 오리테를 해온 집안 출신으로 어려서부터 집에서 가족들이 직물을 짜는 모습을 보며 자랐고, 20세쯤부터 본격적으로 직물을 짰다. 이와사키 씨의 선조들이 운영한 가내공업 형태의 직물공장은 '지마에바타自前機'라고 하여 지금의 데바타出機처럼 도매상(돈야)이나 제조업자(오리야)에게 주문받은 직물만 짜는 것이 아니라 황궁 근처에 사는 귀족들에게 주문을 받거나 직접 도안·설계한 직물을 판매했다고 한다. 이와사키 씨는 제2차 세계대전 전에는 집에서 짠 직물을 아버지와 함께 자전거에 싣고 팔러 다녔으며, 일부는 도매상에 리어카로 물건을 싣고 가서 납품하였다고 한다.

이와사키 씨는 아버지와 나란히 앉아 광폭 오비의 한쪽은 아버지가, 나머지 한쪽은 자신이 짜 나가는 방식으로 작업하며 직조 기술을 배웠다. 마치 피아노 이중주처럼 서로 직조 속도를 맞추어야 했으므로 기술을 철저히 익힐 수 있었다. 전쟁이 끝난 후에는 데바타 형태로 여러 오리야의 주문을 소화하며 다양한 직조 기술을 배웠다. 데바타 쇼쿠닌은 직물을 짠 만큼 공임을 받으므로 오리야에 고용된 사원과 달리 경력이 쌓여도 급료가 단계적으로 올라가지는 않으며, 기술이 좋아지면 그것을 평가받아 공임이 올라간다. 1970년대에 노동성에서 직조공들의 복지 향상을 위해 데바타를 우치바타로 전환할 것을 권고하고 우치바타에게는 건강보험, 연금, 실업보험, 퇴직수당을 보장하는 법안을 공포하였다. 이와사키 씨는 그전인 쇼와 39(1964)년 3월에 오리히코의 정규사원이 되었다.

오늘날에는 역직기로 직조한 것도 니시진오리로 인정한다. 그러나 니시진오리같이 도안과 문양이 세밀하고 복잡한 직물은 역직기를 사용하더라도 고도의 기술이 필요하다. 페달이 올라가고 내려가는 부분만 전기 동력에 의존할 뿐 한 사람이 전적으로 직조의 진행을 관리한다. 기계직의 경우 낮은 등급의 기술로도 짤 수 있는 직물은 외부에서 쉽게 모방할 수 있으며, 최근에는 중국제 직물이 니시진의 출하량을 넘어선 실정이다.

이와사키 씨가 오리히코에 입사할 당시만 해도 주문이 많아 한 종류에 20~30개 이상씩 '대량생산'을 하였다. 1970년대 초, 1차 오일쇼크 이후 불황이 닥치자 오리히코는 회사 내의 공장을 축소하고 대부분의 생산을 단고 지역의 직조공들을 훈련하여 외주를 주는 형태로 바꾸었다. 그러나 회사에 고용된 직조공들 중 특별한 기술을 가진 몇몇과는 고용관계를 유지하였는데 이와사키 씨도 그중 한 사람이었다.

오리히코를 물려받은 히구치 쓰네키 씨는 수요를 예측하여 직물을 대량 생산한 후 판매하는 방식에서 주문 소량생산 방식으로 전환하였다. 이 같은 방식에 발맞추어 오리히코만의 제품으로 개발한 것이 누레누키 방식의 여름용 오비였다. 누레누키는 에도 시대의 기술로서 오리히코에서 히구치 쓰네키 씨의 아버지 대에 복원해 냈다고 한다. 또한 직물의 특성상 과거에는 추운 겨울에 짤 수 없었으나 기술을 향상하여 연중 직물을 짤 수 있게 되어 지금은 오리히코의 특산물로 잘 알려져 있다.

이와사키 리스케 씨는 이 기술로 교토부에서 우수기술자로 선정되어 표창을 받았으나 세 딸 중 기술을 전승하려는 사람이 아무도 없다. 이와사키 씨는 비록 자신의 기술이 훌륭하지만 생계를 보장하기 어려울 것이라 생각해 자녀들에게 이 일을 권하지 않았다. 그는 대규모 오리모토들이 중심이 되어 운영되는 니시진직물공업조합이 직물의 상업성에만 관심이 있고 기술 보존에는 큰 관심이 없다고 생각한다.

(2) 노자키 지에코(여, 45세)[1]

노자키 지에코野﨑知惠子 씨는 전통공예사 인증을 받은 오리테로 현재 남편이 운영하는 직조공장에서 일하고 있다(그림 5-4). 남편인 노자키 히로시野﨑敬史 씨는 직기 8대를 갖춘 조그마한 가내 직조공장을 운영하고 있다. 그의 아버지는 오리테로 일하다가 독립하여 자신의 공장을 차렸다. 공장을 차린 후에도 히로시 씨의 아버지는 직접 직물을 짰다. 직기 수가 지금보다 훨씬 많아서, 집에서 먹고 자며 일하는 직조공이 많을 때는 17명까지 있었다. 히로시 씨는 주문을 받고, 완성된 제품을 배달하는 일을 담당하고 있다. 어머니는 친정이 대대로 몬야紋屋였지만 결혼 후에 한 번도 제직에 참여한 적이 없다고 한다. 그러나 히로시 씨의 부인인 지에코 씨는 결혼 후 직조 기술을 배워 직접 생산에 참여하고 있다. 가족 구성원 중에 한 명이라도

---

1 2007년과 2013년 두 차례에 걸쳐 심층면담을 실시하였으며, 2007년 첫 면담 당시의 연령이 45세였다.

그림 5-4 가내 직공장에서 직조 중인 노자키 지에코 씨

천을 짜는 일을 알아야 직조공장을 운영해 나가기가 용이하다고 생각하였기 때문이다.

　고베 나가타구에서 출생한 지에코 씨는 결혼하면서 니시진으로 들어온 사람이다. 지에코 씨의 친정아버지는 나무로 가구 등을 만드는 소목장(사시모노시指物師)이었다. 어려서부터 친정아버지에게 장인의 세계에 대하여 여러 가지 이야기를 들으면서 자랐다. 어머니는 가정에서 일하는 쇼쿠닌은 가족 구성원들이 도와야 할 일이 많고, 일하는 시간이 정해져 있지 않아 힘들다며 지에코 씨에게 늘 월급쟁이에게 시집가 취미생활을 하면서 가정주부로 살라고 말하였다.

지에코 씨는 고베에서 고등학교를 졸업하고 교토 시내에 있는 대학으로 진학하여 하숙하였는데, 처음 교토에 왔을 때부터 고베와 다른 교토의 전통적인 분위기가 마음에 들었다. 고베에는 전통산업이나 전통공예라 할 만한 것이 없고, 니시진같이 오래된 생활방식과 전통이 남아 있지 않은 신흥도시였다. 대학을 졸업하고 다시 고베로 돌아가 다이마루大丸 백화점에서 3년간 사무직 일을 하였는데, 자신이 할 수 있는 일이 없고 전부 상사가 시키는 것만 해야 했으므로 큰 흥미를 느끼지 못하였다.

지금의 남편인 노자키 히로시 씨와는 중매결혼을 하였다. 일본에서는 결혼할 나이의 여자가 있는 가정에 기모노 파는 사람들이 찾아오는데, 지에코 씨의 경우에도 그렇게 찾아온 사람이 '노자키오리쇼野崎織匠' 주식회사의 사장인 현재 남편의 사진을 가져왔다. 지에코는 니시진오리를 짜는 노자키오리쇼가 어떤 곳인지 궁금하였으나 어머니는 니시진은 "힘든 곳"이니 그만두라고 말렸다. 전통문화나 전통산업에 흥미를 가지고 있던 지에코 씨는 어머니의 반대를 무릅쓰고 남편감을 만나러 갔으며 마침내 결혼하게 되었다.

니시진은 교토에서도 옛날 건물과 풍습이 남아 있는 곳이다. 고베는 전쟁 때 도시가 다 타버려 새로이 건설되었으므로 전통적인 것이 거의 남아 있지 않았다. 지에코 씨는 쇼쿠닌 집안 출신이고 메이지 시대(1868~1912)에 태어난 할머니와 함께 살아 구식인 편이었으나, 니시진의 삶은 거의 역사자료관에서 사는 것 같았다. 특히 노자키 씨 집안같이 가내공업으로 직물공장을 하는 경우에는 신혼부부라도 방이 따로 없었으며 집이 아무리 커도 개인의 사생활이란 생각할 수도 없었다. 지에코 씨의 경우 그런 힘든 상황을 잘 아는 시어머니가 결혼하자마자 집을 얻어 주어 처음부터 살림을 따로 살았지만 시어머니가 처음 시집 왔을 당시에는 대단했다고 한다. 집

안에서 먹고 자면서 일하는 사원이 늘 10명 이상 있었고 거기에 시부모와 가족까지 돌보아야 했기 때문이다. 니시진에서 며느리는 남편과 결혼하는 것이 아니라 문자 그대로 "집에 시집가는 것家へ嫁ぐ"이었으며, 후계자인 남편은 어려서부터 늘 '도련님'으로 떠받들어졌으나 며느리는 하녀와 마찬가지로 자기 방에 들어가지도 못하고 일만 해야 하는 삶이었다고 한다.

지에코 씨는 1990년에 시집 와서 주로 가내 공장에서 생산된 직물을 판매하는 일을 도왔다. 집안일이 끝나면 매일 가게에 나가 청소하고, 판매와 영업을 담당하는 지배인(반토)의 일을 도왔다. 그러나 직물이 생산되는 공장과 생산된 물품을 파는 점포는 전혀 다른 세계였다. 결혼한 지 5~6년 후 둘째 아이가 유치원에 들어갔을 즈음 제직 기술자 한 사람이 갑자기 부상을 입어 주문받은 직물을 짤 사람이 없었다. 그전부터 직물 짜는 일을 해 보고 싶어 한 지에코 씨는 나이 든 기술자의 지도를 받아 제직을 시도하였다. 노자키 지에코 씨에게 직조를 가르쳐 준 이는 시아버지에게 일을 배운 후 나가 다른 공장에서 일하다 65세 정년을 맞고 다시 노자키오리쇼로 돌아온 쇼쿠닌이었다. 맨 처음에는 조겐長絹을 짰는데 세 번 정도 실패한 후 성공하였다. 지금은 몬샤紋紗, 하쿠箔 모두 가능하며 2009년에 니시진오리 전통공예사 자격증을 받았다.

전통공예사란 일본의 경제산업대신이 뛰어난 전통공예품 생산기술자에게 발급하는 자격증으로, 그것을 받으려면 제직 기술 실기시험뿐만 아니라 니시진의 역사 등을 다룬 학과 시험에도 합격하여야 한다. 그러다 보니 직물을 짜는 일에 능숙해도 학과 시험을 잘 못 치기도 하고, 시험을 잘 쳐도 직조 기술이 부족한 경우에는 제자 등을 시켜 작품을 만들어 자신의 것으로 속이는 사람도 있다. 일단 전통공예사 자격증을 받으면 자신이 짠 직물에 '전통공예사 OOO'라고 자기 상표를 만들어 붙일 수 있으며 상표에 사진을 넣는 사람도 있다. 아예 대문에 '전통공예사'라는 문패를 내걸기도 한다.

10여 년 이상 오리테로 일하고 있는 지에코 씨는 더 이상 판매 일을 하지 않으며 주문 받는 일과 판매, 영업은 남편이 전담하고 있다. 며느리가 시아버지의 뒤를 이은 것이다. 처음에는 자녀들이 어려 집안일과 양육 및 제직을 병행하였으므로 하루에 평균 3~4시간가량 일하였다. 아이들이 성장하면서 조금씩 시간을 늘려 요즈음에는 하루 평균 5~6시간씩 제직하고 일이 밀리면 주말에도 공장에 나온다. 지에코 씨는 자신이 계속 제직을 할 수 있었던 것은 집안일과 병행할 수 있고, 자신의 능력과 속도에 맞추어 천천히 일할 수 있었기 때문이라고 생각한다. 지에코 씨는 결혼 초부터 시어머니의 배려로 따로 살림을 내어 사는 곳과 일터가 분리되어 있었다. 아침에 일어나 집안일을 대강 끝내고 아이들 도시락까지 다 싸놓은 다음 시어머니가 혼자 사는 공장으로 나온다. 아이들이 어릴 때는 아이들을 공장에 데려오면 자신이 천을 짜는 동안 시어머니가 아이들을 봐 주었다.

도안이 복잡하고 정교한 니시진오리 중에는 발로 페달을 밟아 날실을 올리고 내리면서 짜는 직물이 많은데 그것을 잘 조절하지 못하면 힘이 들어가 허리 병이 생기는 경우가 많았다고 한다. 1970년대 중반에 컴프레서가 도입되어 지금은 동력을 이용해 힘들지 않게 일할 수 있다.

지에코 씨는 니시진의 숙련된 직조공들이 고령화되는 상황에서 자신처럼 그 일의 성격을 아는 가족이 후계자가 되어 직조를 계속하는 것이 전통 유지에 매우 중요하다고 생각한다. 노자키오리쇼에서는 며느리인 지에코 씨뿐 아니라 출가한 남편의 누나도 직조에 참여하여 가업의 전통을 이어 가고 있다.

(3) 가나야 히로시(남, 2012년 면담 당시 60세)

가나야 히로시金井博 씨는 '주식회사 호소오細尾'의 직조 기술자이다. 가나야 씨는 교토 북부의 단고 지방에서 골동품상을 하던 집안의 장남(독자)으로 태어났다. 대학에서 철학을 전공하였으나 항상 남들이 하지 않는 일, 특히 전통공예의 쇼쿠닌이 되고 싶었다. 그래서 니시진의 유수 직물회사인 '나가시마 오리모노長島織物'에 들어갔다. 당시만 해도 쇼쿠닌들은 대부분 중졸이거나 고졸이어서 회사에서는 자신을 경계하였다고 한다.[2] 1970년대는 일본의 노동운동이 대단한 시절이었기 때문에 그런 쪽으로 의심했던 듯하다. 가나야 씨는 기술이 없고 대학을 나왔으므로 영업부서로 발령받았다. 1970년대 말~1980년대 초는 전통적인 몬가미紋紙가 플로피 디스크로 대체되던 시기였다. 당시 사장은 컴퓨터로 직물을 짠다는 발상을 싫어하고 이전의 방식을 고집하여 몬가미를 보관하는 건물을 별도로 사둘 정도였으나 가나야 씨는 새로운 기술을 받아들여야 한다고 생각해 사장을 설득하였다고 한다.

가나야 씨는 나가시마에서 18년 정도 일한 후 42세 때(1995년) 독립하여 직기 8대를 두고 자신의 오리야를 차렸다. 그러나 니시진이 사양길에 접어들던 때였으므로 자기자본 없이 대출금으로 시작한 회사를 지탱하지 못하고 빚만 지고 폐업하였다. 그 후유증으로 이혼까지 하게 되었으나 곧 호소오의 사장을 만나 이 회사로 오게 되었다. 호소오는 당시 중국에 공장을 세우고 해외 진출을 시도하고 있었으며 가나야 씨는 새로이 개발한 디자인을 디지털화하는 일을 하였다. 그 후 호소오 사장이 미국, 유럽 등에서 새로운 주

---

2 가나야 씨는 1970년대 중반에 대학을 졸업하고 니시진에 쇼쿠닌을 하고자 들어온 사람은 자신이 처음이었을 것이라고 말한다.

문을 받아 올 때마다 기술을 개발하고 직기를 개조하는 등 수요에 부응하는 데 핵심적 역할을 담당하고 있다. 니시진의 전통적인 직물은 오비든 긴란金襴이든 대개 본수本數(날실 수)가 정해져 있으며 기계의 폭도 그에 맞춰져 있다. 그러나 해외에서 주문이 들어오는 고급 커튼, 벽지, 쿠션, 패션양복지 등을 짜려면 직기의 폭이 150cm 이상 되어야 하고 실의 굵기도 다르며 9,000본에서 18,000본까지 다양한 수의 날실을 사용해야 한다. 원사 종류도 다양하다.

현재 호소오에서는 가나야 씨와 관련 장인들의 노력으로 새로이 개발한 광폭 직기 3대를 주말 내내 가동할 만큼 주문이 밀린 상황이다. 다른 니시진의 오리야들과 달리 호소오만큼은 거의 1970~1980년대 전성기로 돌아간 듯한 분위기이다. 그러나 처음 시작할 때는 기술적인 면에서 무척 힘들었다. 전통적인 니시진 직물인 오비나 긴란, 넥타이용 직물 등은 날실 수와 기계의 폭이 정해져 있어서 한정된 범위의 발상만으로 물건을 만들 수 있었다. 그러나 새로운 주문에 부응하여 납품하는 직물들은 지금까지 전혀 없던 것이므로 날실의 본수를 설정하는 문제부터 매우 어려운 과제였다. 무엇보다 니시진 오리야들의 자금이 윤택하지 않은 상황에서 완전히 새로운 종류의 직물을 생산하기 위해 직기부터 새로 만들어야 했으므로 경영자로서 결정을 내리기가 쉽지 않았다. 기술적 책임을 맡은 가나야 씨는 위험 부담과 비용을 줄이기 위해 벽지 천, 쿠션 커버, 커튼지, 블라인드용 직물, 심지어 패션용 직물까지 다 짤 수 있는 기계를 개발하느라 아주 힘들었다고 한다. 예를 들어 결이 거친 직물은 날실 본수가 230본 정도면 되지만 해외에 납품하는 직물의 경우 18,000본까지 필요하므로 이를 충족하는 새로운 직기를 만들어야 했다. 또한 날실을 끌어 올리고 내리는 부품인 종광 설계를 새롭게 해야 했으므로 종광사綜絖師가 직접 하나하나 작업해야 했다. 특히 패션용 생지 중 추동복의 경우 날실 9,000본 정도로도 양질의 천을 짤 수 있으나 춘하복의 경우에는 얇으면서도 양질의 천을 짜야 하므로 고도의 기술이 필요하였다.[3]

그러한 어려움 속에서도 가나야 씨는 호소오에서 지향하는 방향이 앞으로 니시진이 나아가야 할 길이라 생각한다. 오늘날에는 니시진 하면 기모노용 오비를 생각하지만, 역사적으로 니시진은 훨씬 더 다양한 직물을 짜던 곳이다. 불교 승려의 가사나 법복, 다양한 제례용 직물과 고급 다타미의 가장자리를 장식하는 천(다타미베리畳緣) 등을 직조하였으며, 지금은 거의 사라졌으나 기자쿠着尺라는 기모노용 직물도 많이 생산하였다. 그런 점에서 니시진은 정해진 종류의 물건만 짜는 다른 직물 생산지와는 차별화된 곳이었으며, 기본적으로 '주문생산order-made'에 익숙한 곳, 즉 직물이라면 무엇이든 생산할 수 있는 곳이었다. 가나야 씨는 새로운 종류의 직물을 요구한 피터 마리노 건축설계사무소의 주문에 바로 대응할 수 있었던 것도 그러한 전통이 있었기 때문이라고 생각한다.

현재 호소오에서 가나야 히로시 씨와 사장이 추진한 혁신은 매우 성공적이나 니시진의 다른 업체들의 반응은 다양하다. 오리야 단체인 니시진직물공업조합에서는 혁신에 관심이 없으며, 나가시마 오리모노 같은 전통적인 오비 중심의 오리야들도 이러한 혁신에 비판적이다. 반면 가나야 씨는 계속 신기술을 개발해 나가야 하며, 오비나 전통의상에 한정하지 않고 해외 주문에 맞추어 혁신을 시도하는 것이 니시진이 살 길이라고 생각한다. 현재 기술부장인 가나야 씨는 호소오의 직물 생산을 총괄할 뿐만 아니라 교토조형예술대학과 산학협동 프로젝트를 진행하여 학생들에게 정기적으

---

3 호소오에서 납품하는 패션용 생지는 전부 자카드 수직기로 직조하는 고급 양복지이다.

로 제직 기술을 지도하고 있다.

예술대학생들은 호소오의 시도에 큰 매력을 느끼는 듯하다. 쇼쿠닌들이 어두컴컴한 장소에서 혼자 직물을 짜는 전통적인 이미지를 깨고 창조적이며 미래 지향적이고 무엇보다 적극적으로 해외에 진출하는 모습이 젊은이들을 끌어들이고 있다. 호소오에 매력을 느낀 학생들은 이곳에서 일류 쇼쿠닌이 되기를 꿈꾸지만 쇼쿠닌으로서 제대로 자리를 잡으려면 최소 5년간은 고생해야 한다. 가나야 씨는 자신이 35년 동안 이 일을 하고 있지만 아직도 배우는 중이며, 쇼쿠닌에게 기술의 완성은 없다고 생각한다. 지시받은 대로 직물을 짜는 데에서 한 걸음 더 나아가 자기만의 감각으로 직물을 만들어 내는 수준에 이르려면 최소 10년 이상이 필요하다고 본다.

(4) 고타니 히로코 씨(여, 2013년 면담 당시 63세)[4]

고타니 히로코小谷廣子 씨는 재일한국인계로 니시진에서 직조공으로 20년 넘게 일하였으나 1980년대 말 직기에서 떨어지는 사고를 당한 후 일을 그만두었다. 아버지는 경북 상주 출신의 재일한국인이고,[5] 어머니는 오카야마 출신의 일본인이다. 어머니는 일본인과 결혼하여 아이 셋을 낳았으나 전쟁으로 남편과 사별한 후 아이들을 키우며 혼자 살다가 재일한국인인 아버지를 만나 고타니 씨의 언니(1948년생)와 고타니 씨(1951년생)를 낳았다. 그러나 어머니의 친가에서 반대하여 정식으로 결혼하지 못해 고타니 씨 자

---

4 일본인 면담 대상자의 경우 거의 대부분 실명을 사용하였으나 이 사례의 경우 재일한국인계인 점과 노사관계를 둘러싼 미묘한 문제들이 있어 면담에 응해준 당사자에게 누가 될 일이 발생할까 염려되어 가명을 사용하였다.
5 경북 상주는 본래 양잠 지역으로 식민지 시대에 상주에서 교토로 유입되어 섬유산업에 종사한 사람들이 많았다고 한다(板垣竜太 2008). 오늘날에도 교토에 상주 출신 동포들의 모임이 있다고 들었으나 대부분 나이가 많고 연락이 닿지 않아 직접 만나 보지는 못하였다.

매는 어머니의 사생아로 있다가 1960년대 귀국운동 때 북한에 가려고 아버지의 자식으로 등록하여 조선적을 취득했다고 한다. 고타니 씨가 한 살 되던 해에 어머니가 사망하여 아버지가 혼자서 네 살인 언니와 고타니 씨를 키웠는데 일본사회에서 차별받고 사는 것이 너무 힘들고 북한의 장밋빛 선전에 마음이 움직여 북한에 가기로 결심했던 듯하다. 그러나 아버지가 병이 들고 북송의 현실이 점차 알려져 결국 떠나지 않았다. 아버지는 고타니 씨가 16세 되던 해에 세상을 떠났다.

고타니 씨의 아버지는 어머니가 돌아가신 후 사정이 어려워 여러 가지 일을 했는데 본래 니시진에서 '비로드 일'을 하던 쇼쿠닌이었다.[6] 고타니 씨는 기억하지 못하나, 고타니 씨 언니에 따르면 아버지는 막걸리를 만들어 파는 밀주 장사를 하다 경찰에 잡혀간 적도 있다고 한다. 재일 한국·조선인들은 식민지 시기부터 1950년대까지 한때 니시진 전체 노동자의 "3분의 1 이상에서 거의 반을 차지할 정도"로 많았으며, 그런 점에서 고타니 씨는 "수백 년 전통의 니시진을 가장 밑바닥에서 지탱해 준 것은 재일在日이다"라고 주장한다. 그러나 불경기에 가장 먼저 니시진을 떠난 이들은 재일 한국·조선인이었다. 전쟁 중에 니시진 직물업이 유지되는 데 기여했지만 기본적으로 일본인보다 기술력과 정통성이 떨어졌고, 도안이나 직물 설계, 몬이쇼紋意匠 같은 핵심 부문이나 고직물 복원 등의 분야에 진출하지 못하고 영세 임기업자나 직조공에 그쳤기 때문이다. 그나마 남아 있던 이들도 나중에 부동산 임대업이나 사채업, 경비원, 파친코 경영 등으로 전업하였다.

---

6 게다 코끈에 쓰이는 비로드 천 제작에 재일 한국·조선인들이 많이 종사하였으며(제4장 7절 참조), 특히 마지막 공정인 '선 자르기'(비로드 천을 짠 후 표면을 잘라 비로드의 털이 서게 만드는 작업)는 위험한 일이어서 재일 한국·조선인 노동자들이 많이 투입되었다.

법적·사회적 차별로 인해 일본 기업에 취직하기 어려운 고타니 씨 같은 재일 한국·조선인 노동자들에게 직조는 그나마 차별이 덜한 일거리였다. 고타니 씨도 중학교를 졸업하고 15살경부터 재일 한국·조선인 계열의 임기업자 밑에서 역직기로 직물 짜는 일을 하였다. 20여 년 가까이 일하다 1980년대 말 직기에서 떨어져 큰 부상을 입게 되었다. 오랫동안 한 회사에서 일했지만 월급을 받는 직원이 아니라 짜는 양에 따라 공임을 받는 데키타카 노동자라며 회사에서는 산재보상의 책임이 없다고 주장했고, 결국 재판까지 하게 되었다. 우여곡절 끝에 고소를 취하하고 합의에 이르렀으나 그 과정에서 고타니 씨는 많은 고통을 당하였으며, 니시진 직공들의 처지, 그중에서도 재일한국·조선인 직공들이 처한 위치에 대하여 많은 것을 배웠다. 노동조합이 항상 직조공 편에서 권익을 보호해 주지 않는다는 사실을 알게 되었으며, 고타니 씨가 사고를 당한 회사가 재일 한국·조선인이 운영하는 회사였음에도 불구하고 모순이 많다는 사실을 뼈저리게 느끼게 되었다.

　보통 니시진의 오리야에는 직기를 관리하는 '기카이나오시機械直し'라는 직책의 남성 상사가 있는데 그와 성관계를 가지면 직물을 더 빠르고 많이 짤 수 있도록 기계를 정비해 주었다고 한다. 고타니 씨는 자신이 그런 데 전혀 관심이 없어서였는지 상사와 관계가 별로 좋지 않았다고 한다. 고타니 씨는 상사가 기계를 잘못 정비해 주어 사고가 발생했다고 생각했지만 그는 책임을 인정하지 않았으며, 길에서 만나도 모르는 척했다. 결국 변호사를 선임하여 회사 측과 협상한 결과 회사가 고타니 씨의 치료비를 물어 주고 약간의 화해금을 받는 것으로 사건이 마무리되었다. 나중에 변호사에게 전해 들은 바에 따르면 노동부 담당관이 사장을 불러 한 시간 반 동안 설득하였다고 한다.

그 사건 이후 고타니 씨는 당시 니시진직물공업노동조합 관계자들과 사이가 껄끄러워져 지금도 만남을 피하고 있었다. 회사 사람들도 오랜 시간이 지났음에도 여전히 고타니 씨를 만나면 모른 척하며, 심지어 얼마 전 고타니 씨와 일본인 남편 사이에 태어난 딸이 교토시 시의회 의원에 출마하였을 때도 나쁜 소문을 퍼뜨렸다고 한다. 고타니 씨는 니시진에서 이러한 관행을 타파하려는 노력 없이는 니시진이 현대사회에서 결코 발전할 수 없다고 생각한다.

그때 고타니 씨는 니시진에서 직조 노동자가 어떤 존재인지 알게 되었다고 한다. 그들은 "쓰다가 버리는使い捨て" 존재, 즉 "팽이처럼こまみたい" 주인이 시키는 대로 열심히 일하다가 어떤 이유로든 더 이상 움직이지 못하게 되면 가차 없이 버림받는 존재라는 것이다. 일본인 오리야든 재일 한국·조선인계 오리야든 직조 노동자는 아이가 열이 나고 아파도 쉴 수가 없었다. 게다가 재일 한국·조선인은 노동조합에 가입하지 못했으므로 처우가 더욱 열악하였다.

고타니 씨는 직조공으로 일하면서 여러 가지 아픔을 경험하였으나 쇼쿠닌으로서 자신의 일에 자부심을 갖고 있다. 자신이 짠 물건을 바로 알아볼 수 있고, 자신이 짠 것을 누군가가 입는다고 생각하면 자랑스러움을 느낀다고 말한다. 그런 마음이 있었기에 비록 역직기로 일했지만 물건 하나하나에 정성을 들였다고 한다.

2. 하청장인 사례 연구

니시진의 직물 생산은 제조업자인 오리야가 중심이 되어 원료 준비 공정, 기획 제문 공정, 직기 준비 공정, 제직 공정, 마무리 공정의 복잡한 단계를 거친다(제3장 참조). 각 공정은 개별적으로 혹은 몇 가지 공정을 합하여 하청장인(시타쇼쿠닌下職人)들에 의해 가내공업으로 수행된다. 오리야는 직물을 주문받으면 각 공정단계의 쇼쿠닌들을 수배하여 일을 맡기고, 각 단계의 일이 완성되면 다음 단계로 전달하여 최종적으로 작업이 마무리되면 주문자에게 납품한다. 즉 오리야와 쇼쿠닌의 관계는 일감을 공급하는 자와 받는 자이다. 쇼쿠닌은 자신이 한 일의 공임을 오리야에게 받으며, 이들의 관계는 신용과 의리에 기초하여 세대를 넘어 지속되는 것이 특징이다.

최근 니시진오리 수요가 감소함에 따라 일주일에 3일 이상 일하지 못하는 쇼쿠닌이 늘어나 경비원이나 택시 운전사 등으로 전업하는 사람들이 늘고 있다. 이러한 상황에서 '신용과 의리에 기초한 인간관계'가 결정적인 시험대에 오른다. 상황이 좋을 때는 관계가 유지되기 용이하나 지금 같은 불황기에는 결국 하청장인이 일차 희생자가 될 수밖에 없다. 쇼쿠닌의 입장에서 볼 때 "오리야나 돈야같이 부동산을 가진 사장님들이야 자기 땅에 건물을 지어 임대하거나 주차장으로 영업 전환을 하고 '히다리 우치와左団扇'[7] 할 수 있지만, 연금이나 다른 보장도 없이 일한 만큼 공임을 받아 생활해 온 쇼쿠닌은 일감이 없어지면 그만"이다. 이것은 니시진 직물업계의 특징이던 전통적인 의리와 신용관계가 약화되고 변질되었음을 보여 준다.

하청장인의 세계는 산업화된 영역의 일반 노동자와 달리 매우 독특한 양상을 보인다. 그들은 공임 액수와 상관 없이 장인으로서 자기 일에 자부심을 갖고 있으며, 결과물의 완성도를 이해받고 평가받기를 원한다. 그리고 그러한 기술을 가내에서 도제식 훈련 방식을 통해 계승해 왔다. 하지만 일

---

7 '누워서 왼손으로 부채질하다', 즉 놀면서도 어려움 없이 편하게 살 수 있다는 뜻이다.

감이 줄어드는 상황에서 오리야들은 당장 공임과 생산비용을 절감하고자 데바타出機나 진바타賃機 형태의 독립 직조공장에 외주를 주거나 은퇴한 고령의 기술자들에게 일감을 주는 등 나름대로 자구책을 모색하고 있다. 반면 고령화하고 있는 쇼쿠닌들은 대부분 가업 계승을 포기하고 자녀들에게 다른 일자리를 권하고 있다. 공예기술이 단절되고 사라져 버릴 가능성에 직면하여 교토부 등에서 추진 중인 기계화나 수직기 직조가 가능한 로봇 개발 노력 등은 니시진의 장인들에게 더욱 불리한 상황을 형성하고 있다. 필자가 2012년도에 조사한 다음 사례들을 통해 그러한 상황을 엿볼 수 있다.

(1) '나카무라 세케'의 사례

정경整経이란 하나의 직물에 필요한 날실 수를 세어 직물 폭에 맞게 나란히 배열하고 직물 조직에 맞게 그 길이를 잘라 직기에 설치할 수 있도록 정리해 주는 작업을 말한다. 직물의 복잡도에 따라 날실 수가 늘어나는데, 날실이 끊어지지 않고 표 나지 않게 잘 이어지고, 날실을 배열할 때 당김의 정도를 고르게 해 주어야 직물을 제대로 짤 수 있으므로 정경은 오랜 경험을 통한 숙련 과정이 필요한 작업이다(그림 5-5).[8]

교토 토박이인 나카무라 시게유키中村茂之(2012년 현재 56세) 씨는 '나카무라 세케中村整経'의 2대 경영자이다. 그의 아버지는 제2차 세계대전 전에 니시진의 한 오리야에 견습생(뎃치丁稚)으로 들어가 정경 일을 배웠다. 종전 후 니시진의 호황기를 거치며 분업 생산체계가 더욱 세분화했으나, 전전에는 오리야의 공장에서 이토쿠리糸繰り(실감기), 정경, 제직 등을 함께 한 곳이

---

[8] 니시진오리의 경우 기모노, 오비, 긴란 등 직물의 폭과 색도 등에 따라 다양하나 보통 한 직물에 날실 4,000~5,000본이 소요된다. 넥타이용 직물에는 15,000본까지도 쓰인다.

그림 5-5 집 안에 설치한 정경 기계로 작업 중인 나카무라 씨

많았기 때문에 오리야에서 정경을 배울 수 있었다. 제2차 세계대전 후 분업이 강화된 데에는 몇 가지 이유가 있는데, 먼저 쇼쿠닌의 입장에서 보면 일거리가 많아져 한 가지 공정만으로도 먹고 살기가 어렵지 않아 너도나도 독립할 수 있었다. 오리야의 입장에서 보면 쇼쿠닌들에게 외주를 주면 기본 유지비용과 인건비 등을 줄이고 수요 변동에 유연하게 대처할 수 있었다.

　오리야에서 정경 일을 익힌 나카무라 씨의 아버지는 전후에 독립하여 가내업으로 '나카무라 세케'를 시작하였다. 시게유키 씨는 학교를 졸업한 후 다른 일을 하다 23세 때부터 아버지의 일을 도와 지금은 가업을 계승하여 운영하고 있다. 나카무라 세케는 한때 니시진에서 첫 번째, 두 번째 갈 정도의 큰 세케야整經屋였다고 한다. 1980년대 말~1990년대 초 일본경제의 버블기까지만 해도 종업원 12명에 정경 기계를 5대나 돌렸으나 지금은 일감이 줄어 주로 혼자서 작업하고 일이 많을 때만 쇼쿠닌 한 명을 파트타임으로 고용한다.

　나카무라 세케에서도 정경하기 전 단계인 이토쿠리를 지금까지 두 집의 이토쿠리야糸繰屋에 전속으로 맡겨 왔다. 대개 직조 일 등을 하던 사람들이 나이가 들어 그만둔 후에 내직 수준의 낮은 공임을 받고 일하는데,[9] 나카무라 씨는 이들이 대부분 고령이고 공임이 너무 낮아 이 일이 사라질 것이라고 생각한다. 나카무라 세케도 그동안 일을 맡긴 두 집 중 한 집에서 일하던 70세가량의 여성이 갑자기 폐결핵으로 사망하여 아주 힘들었다 한다. 정월이 가까워 일감이 밀렸는데 갑자기 맡길 곳을 찾지 못하여 나카무라 씨가 아르바이트를 고용하여 일할 수밖에 없었다. 이토쿠리야가 사라질 것을 예상하여 얼마 전 '젠마이'라는 실 감는 기계를 마련해 두었기 때문에 가능한 일이었다(그림 5-6).

　정경 작업은 한 번에 10~12단까지 할 수 있으며, 나카무라 세케에서는 한 달에 140~150단 정도를 처리한다. 니시진뿐만 아니라 멀리 규슈 후쿠오카의 오비 산지인 하카다博多 같은 곳에서도 일감을 의뢰받고 있다. 하카다는 니시진에 비하여 산지 규모가 작고 쇼쿠닌들이 고령화하고 있어 이곳에까지 일을 맡기는 것이다. 그에 비하면 니시진은 비록 줄어들고 있지만 아직 일거리가 있는 편이다. 나카무라 씨는 작업을 보조해 주는 쇼쿠닌 한 명과 함께 하루에 7단 정도를 작업하며 한 달에 20일 정도 일한다. 나카무

---

9 시급이 800~850엔이며 실타래 1개를 감는 데 40엔 정도인 셈이라고 한다.

그림 5-6 젠마이를 이용한 이토쿠리를 보여 주고 있는 나카무라 씨

라 세케는 일감이 유지되는 편이지만 다른 곳들은 훨씬 사정이 어렵다. 니시진에 세케야가 제일 많을 때는 150호가량 있었으나 현재는 조합원이 20호, 비조합원까지 다 합쳐도 40호가 영업하고 있다. 조합원이 되면 공동으로 오리야들과 공임을 협상할 수 있지만 지금은 다른 분야와 마찬가지로 일거리가 감소해 조합원이 점점 줄어들고 있다. 공임 협상도 거의 무의미해져 2013년 5월 17년 만에 처음으로 협상하여 공임을 조금 올렸다고 한다. 현재 정경조합 회원 20여 명의 평균연령은 65~70세이며, 스무 집 중 후계자를 확보한 집은 세 집에 불과하다. 일을 그만둔 사람들은 부동산에서 세를 받아 생활을 이어가고 있다. 80세가 넘어서도 일하는 사람들이 있

지만 푼돈을 버는 정도일 뿐 정경업 전반에 큰 영향을 미치지는 않는다. 50대인 나카무라 씨는 조합원 중에서 가장 젊은 사람이며 조합의 리더 역할을 하고 있다. 딸 셋이 모두 결혼했는데, 지금 정도로만 일감이 들어온다면 혹시 손자들 중에서 가업을 이을 아이가 나오지 않을까 기대하고 있다.

(2) '데라카와 염색공장'의 사례

데라카와 가쓰히로寺川勝弘(2012년 조사 당시 70세) 씨는 '데라카와 염색공장'의 2대 사장이다. 데라카와 씨의 아버지는 교토 북부 효고현兵庫県 기노사키군城之崎郡 출신으로 13세 되던 해에 교토 니시진의 한 소메야染屋에 호코奉公로 들어가 염색 일을 배웠다. 10년 정도 일을 배운 후 1940년대 초인 22살 때 효고현 출신 여성을 소개받아 결혼하여 독립된 염색공장을 차렸다. 호리카와 이마데가와 부근의 집을 하나 빌려서 일을 시작했고, 일거리가 늘어난 1949(쇼와 24)년에 현재 장소에 땅을 사서 염색공장을 짓고 이전하였다. 데라카와 씨는 전문고등학교의 염색과를 졸업하자마자 아버지의 일을 도왔으므로 염색 일만 55년간 하고 있는 셈이다. 현재는 데라카와 씨의 아들이 가업을 이어받아 3대째가 되었다. 데라카와 씨의 아들도 고등학교를 졸업한 후 바로 염색 일을 시작하여 20여 년 이상 일을 배우고 있다.

20~25년 전까지만 해도 니시진에 200여 개의 염색공장이 있었으나 현재 염색조합원 수는 60호 정도, 약 3분의 1로 줄어들었다. 그중에서 가업을 이을 후계자가 있는 집, 즉 염색조합 청년회 회원이 있는 집은 12호뿐이다. 현재 일하고 있는 염색장인들은 대부분 후계자가 없으므로 그들이 일을 그만두면 가업이 단절될 것이다. 과거에는 대부분이 고등학교 졸업 후 집의 일을 하였는데, 남자들은 염색을 하고 여자들은 실을 건져 널어 말리는 일을 하였다. 대부분 손으로 염색하였으므로 대나무 막대기로 실을

반복하여 건져내고 담그면서 고르게 물들였다.

니시진에 기계 염색이 소개된 시기는 1950년경이나 데라카와 염색공장에서는 1965(쇼와 40)년에 기계를 도입하였다. 그즈음부터 일거리가 늘기 시작하여 일거리가 한창 많던 1970~1980년대에는 공장이 지금보다 훨씬 크고 인견사를 포함해 여러 종류의 실을 다루었다. 아버지, 데라카와 씨, 3년 전 사망한 남동생,[10] 외삼촌, 집에서 먹고 자던 남자 고용인 등을 합해 많을 때는 8명 정도의 성인 남성들이 염색을 했고 어머니와 누나, 여동생, 부인들까지 일을 도왔다. 실 양이 많아 말리는 일만 해도 대단한 작업이었다. 건조실은 공장 위층에 있었는데 보일러의 열기로 건조는 잘되었지만 여름에는 기온이 보통 섭씨 40도까지 올라가 일하기가 무척 힘들었다고 한다. 데라카와 씨 부부는 염색 일은 어머니(오카찬お母ちゃん), 할머니(오바찬お祖母ちゃん), 할아버지(오지찬お祖父ちゃん)들이 하는 '산찬三ちゃん 공업'이라고 말한다.[11] 즉 일이 어렵고 힘들어 젊은이들은 하려고 들지 않는다는 뜻이다.

현재 데라카와 염색공장에서는 데라카와 씨 부부와 아들이 일하고 있으며, 결혼하여 근처에 사는 여동생이 20여 년 전부터 시급을 받으며 오전에만 일을 돕고 있다. 그나마 일감이 계속 줄어들어 최근 20여 년간 공장을 계속 축소해 왔으며, 새로운 기계 설비를 들일 수 없어 자주 고장 나는 기계를 조심스럽게 고쳐 가며 쓰고 있다. 다행히 아들이 고등학교 졸업 후 20여 년 이상 일을 배워 나가고 있으므로 당장 가업이 단절되지는 않겠지만,

---

10 같이 일하던 남동생은 1986년 어머니가 돌아가신 후 독립하여 자신의 염색공장을 운영하였으나 몇 년 전 사망한 후 후계자가 없어 폐업하였다. 분가할 당시만 해도 일거리가 아주 많을 때였으므로 본가와 겹치지 않도록 단골 오리야 중심으로 영업하였다고 한다.
11 농촌에서 젊은 남성들이 떠나 농업이 여성화, 고령화되었다는 의미에서 흔히 '산찬三ちゃん' 농업이라고 부르는데 이에 빗댄 표현이다.

그림 5-7 데라카와 요시토 씨의 1급기능사 패

고도의 기술을 갖춘 장인임에도 불구하고 가내 염색공장 일이 3D 직종으로 여겨져 아들이 마흔이 넘어서도 배우자를 구하지 못한 것이 데라카와 씨의 걱정거리다.

데라카와 가쓰히로 씨의 아들인 데라카와 요시토寺川嘉人 씨는 1970년생으로 일반 고교를 졸업하고 교토시에서 운영하는 염색시험장에서 반년 정도 훈련한 후 바로 가업을 계승하였다. 그는 후생노동대신이 수여하는 1급기능사 자격을 땄다(그림 5-7)(아버지인 가쓰히로 씨는 2급기능사 자격만 땄다). 데라카와 요시토 씨가 주로 취급하는 견사는 브라질산이다. 최고급 견사는 군마현 것이지만 생산량이 적어 견사를 수입할 수밖에 없다고 한다. 전에는 한국산도 수입했으나 최근에는 거의 들어오지 않는다. 가끔 가격이 싼 중국산을 다루기도 한다. 니시진 염색공장의 기술 수준이 전국적으로 유명하여 니시진뿐만 아니라 규슈 등 전국 각지에서 주문이 들어온다고 한다.

(3) 나카무라 리에이(남, 2012년 조사 당시 77세) 씨의 사례
나카무라 리에이中村利榮 씨는 니시진의 주요 생산품이었던 가스리오리絣

그림 5-8 여러 가지 종류의 가스리오리

織의 제작 공정 중 가스리絣 일을 하는 하청장인이다. 가스리오리는 부분 부분 염색한 실로 문양을 만들어 내는 가스리 기법으로 짠 비단이다(그림 5-8). 나카무라 씨가 하는 가스리 일이란 가스리오리를 짤 수 있도록 미리 디자인된 문양에 맞추어 실을 염색하는 것이다. 그는 교토 북쪽 후쿠이현 福井県 다케오군武生郡의 한 농촌[12]에서 7남 7녀의 막내로 태어나 교토에 정착한 30세 연상의 큰누나에게 양자로 들어왔다.[13] 지금은 가까워졌지만, 나카

---

12 '미야메기무라'였다고 하나 한자를 확인할 수 없었다.
13 입양 시 소목서열昭穆序列, 즉 세대를 고려하지 않는 일본에서는 형제들 간에 연령차가 많고 자손이 없을 경우 친동생을 양자나 양녀로 들여 대를 잇게 하는 경우가 빈번하였다. 지역에

무라 씨가 교토에 처음 올 때만 해도 고향에서 교토까지 오는 데 하루 종일 걸렸다. 먼저 마을에서 다케오 역까지 몇 킬로미터를 걸어간 후 완행열차로 6~7시간 동안 기차를 타야 교토에 올 수 있었다.

나카무라 씨 집의 벽에 걸린 '부모님' 사진은 실은 큰누나와 큰매형의 사진이다. 친어머니는 13세에 데릴사위로 들어온 남편과 결혼하여 15세에 나카무라 씨의 양어머니가 된 큰누나를 낳은 후 쉬지 않고 아이를 낳아 모두 7남 7녀를 두었다. 7남 7녀 중 막내인 나카무라 씨는 어머니가 45세, 아버지가 60세 되던 해에 태어났다. 햐쿠쇼百姓(농민)의 경우 대를 잇는 장남 외에 나머지 자녀들은 모두 집을 떠나야 했다. 나카무라 씨도 자식이 없던 큰누나의 양자가 되어 전쟁 직후인 쇼와 24(1949)년 교토로 왔다. 고향에서 4년제 소학교를 마친 후 올라왔으므로 열두세 살경이었던 듯하다. 교토에서 야간 중학교를 다니며 큰매형인 양아버지가 하는 가스리오리 일을 도왔다. 양아버지는 나카무라 씨가 평생을 바친 가스리오리 기술을 가르쳐 준 스승이다.

나카무라 씨는 처음에 가스리오리 일을 별로 좋아하지 않았다고 한다. 당시는 모두가 샐러리맨을 동경하는 시대였기 때문에 나카무라 씨도 고등학교에 진학하여 직조가 아닌 다른 일을 하고 싶었다. 나카무라 씨는 비록 야간 고등학교였으나 학교 다니는 것을 좋아했고 공부도 제법 잘했다. 그는 다른 일을 하려면 대학까지 나와야 한다고 생각하여 교토 대학에 응시했으나 떨어졌다. 지금도 그렇지만 당시에도 교토 대학은 다른 사립대학과는 격이 달랐다. 나카무라 씨를 가업의 후계자로서 양자로 들인 양부모는 처음부터 대학 진학을 반대했기 때문에, 나카무라 씨는 교토 대학에 합

따라서는 그러한 형식의 입양을 준양자準養子라고도 한다(문옥표 1994).

격하면 어떻게든 양부모를 설득하려 했으나 입시에서 떨어지자 결국 대학 진학을 포기하였다. 하지만 어떻게든 샐러리맨이 되어 보려고 장부 정리와 세금 계산 등을 도와주는 일을 배우는 경리전문학교에 진학하였다. 19세(1955년)에 졸업하였으나 당시 전문학교를 나와 세리사稅理士로 받을 수 있는 월급은 8,500엔 정도였다. 반면 가스리오리 일을 하면 그 세 배 정도의 수입을 벌 수 있었다. 결국 나카무라 씨는 가업을 계승하게 되었다. 그 후 지금까지 이 일을 해 왔으며, 교토에 처음 와서 지낸 니시진 이마데가와도리 기타노텐만구北野天滿宮 부근의 집에 계속 살고 있다.

양부모와 나카무라 씨 세 명이 전업으로 일하다 나카무라 씨가 결혼한 후에는 부인도 함께 일했고, 일감이 많을 때는 직원 한 명을 더 두었다. 설계된 문양에 맞추어 부분 부분을 묶어 물이 들지 않게 처리한 실을 염색집에 맡겨 염색하고, 그 실을 찾아와 다시 다른 부분을 묶어 염색집에 넘기는 일을 반복해 전체 염색이 완성되면 가스리오리를 직조할 오리야에 실을 넘겨 준다.[14] 이것은 대단히 손이 많이 가는 일이어서 한꺼번에 대량으로 할 수 없었으며, 익숙해지려면 최소 3년간 훈련을 받아야 했다. 그만큼 힘들었지만 1970년대 초까지만 해도 성인 5명이 일할 만큼 일거리가 충분하고 수입이 좋았으므로 나카무라 씨는 비록 하고 싶은 일은 아니어도 가족을 건사하고 사는 데는 샐러리맨보다 나을 것 같아 가스리 일을 평생의 업으로 삼게 되었다.

그러나 지금은 가스리 일이 거의 사라졌다. 가스리오리는 일상용 기모노에 많이 쓰였는데, 사람들이 일상복으로 기모노를 입지 않기 때문이다. 나

---

14 그러한 작업 과정 때문에 가스리오리 쇼쿠닌들은 '잡아맨다'는 의미에서 구쿠리야括り屋 혹은 구쿠리쇼쿠닌括り職人이라고도 불린다.

카무라 씨의 아들이 가업을 배우겠다고 하였으나 전망이 보이지 않아 나카무라 씨가 거절하였다. 아들은 현재 샐러리맨인데, 앞으로도 가업을 이을 일은 없을 것이다. 영업이 중심인 오리야나 도매상과 달리 쇼쿠닌의 일은 기술을 갖추어야 하므로 오랜 훈련이 필요하기 때문이다. 이 일을 60년 넘게 한 나카무라 씨도 자신의 기술이 완벽하다고 생각지 않는다. 또한 니시진의 직물 관련 일은 기술뿐만 아니라 색감과 문양에 대한 감각이 있어야 하기 때문에 배우기가 쉽지 않다.

이러한 상황은 거의 모든 분야의 쇼쿠닌들이 처한 현실이다. 메이지 시기(1868~1912) 전에는 한 오리야에서 여러 공정을 처리하다가 메이지 시기 말~다이쇼(1912~1926) 초기에 각 공정의 쇼쿠닌들이 독립하여 일하는 분업 구조가 형성되었고, 종전 후 본격적으로 쇼쿠닌들이 독립하여 가내공장을 차리면서 분업체계가 확립되었다. 나카무라 씨에 따르면 수백 년의 역사를 가진 니시진 직물업계에서 각 공정을 담당한 쇼쿠닌들이 대부분 2, 3대밖에 되지 않은 것은 이 같은 분업생산 구조가 형성된 지 100년이 안 되었기 때문이라 한다. 니시진에서 규모 있는 오리야들에 비해 역사가 짧고 규모가 작은 만큼 폐업이나 전업이 더 빠를 수밖에 없다. 나카무라 씨는 이러한 속도로 쇼쿠닌이 줄어들면 니시진이 자랑하는 기술뿐만 아니라 니시진오리 자체가 사라질지도 모른다고 생각한다. 각 공정이 분리된 생산구조에서는 그중 한 공정이라도 없어지면 다음 단계로 넘어갈 수가 없기 때문이다. 따라서 오리야가 쇼쿠닌들을 종업원으로 고용하여 안정된 생계를 보장하면 기술도 이어지고 전통산업도 살릴 수 있을 것이라고 주장한다. 그러려면 큰 자본이 필요하지만 수요가 다시 살아날 전망이 없으므로 현실적으로 불가능한 일이다. 다른 대안은 교토시나 교토부에서 공적 자금을 대어 사업을 실시하는 것인데, 시나 부에서는 그렇게 할 계획이 없다고 한

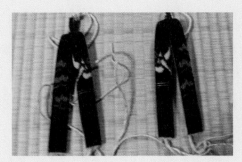

그림 5-9 비로드로 짠 게다 코끈

다. 나카무라 씨는 시나 부가 니시진을 살리고 기술을 이어 가겠다는 의지가 없다고 생각한다.

물론 황실의 공식 행사와 마쓰리, 결혼식, 장례식 등 각종 의례에 전통 직물이 쓰이므로 직물 생산 자체가 완전히 사라지지는 않겠지만 전통의상은 특별한 경우에만 입는 옷으로 남게 될 것이다. 그러다 보니 한편에서는 전통의상이 엄청나게 비싼 가격에 팔리는 현상도 나타난다. 예를 들어 전후부터 1960년대까지 게다나 조리에 다는 비로드 코끈(하나오鼻緒)(그림 5-9)이 크게 유행했는데 당시에는 코끈 하나에 몇백 엔 정도였다. 그러던 것이 지금은 니시진에서 가스리 문양을 넣은 비로드 게다 코끈을 주문 생산하는 데 10만 엔 정도 든다고 한다. 이제 코끈이 상품으로 거의 생산되지 않기 때문이다.

나카무라 씨가 보유한 가스리 기법은 '시보리가스리絞り絣',[15] '스리코미가스리摺込絣',[16] '이타지메가스리板締め絣'[17] 등 여러 가지가 있었으나 이제 업계에

---

15 홀치기 방법으로 실을 부분 부분 염색한 가스리.
16 정경한 실에 주걱 등으로 염료를 발라 물들인 가스리.
17 묶은 실을 좌우에서 판자로 끼워 방염防染하여 물들인 가스리.

서는 사라졌고, 미술대학 학생들이 취미로 배우러 왔을 때 기술을 조금씩 보여 주는 정도로만 명맥을 유지하고 있다. 나카무라 리에이 씨가 회장을 맡은 바 있는 가스리오리가공업조합이 1965년 발족할 때는 회원 수가 60호 정도였지만 지금은 10호가량만 남아 있다. 그중 후계자가 있는 집은 나카무라 씨가 알기에 단 한 집도 없다.

(4) '오자사 몬코쇼'의 사례

니시진의 분업구조에서 문업紋業이란 몬이쇼즈紋意匠図를 만드는 일이다. 직물 문양은 날실과 씨실을 조합하여 표현되는데, 하나하나의 색깔이 아주 작은 점으로 이루어진다. 몬이쇼즈 공정은 도안가가 그림으로 그린 직물 도안을 직물로 짤 수 있도록 모눈종이에 점으로 옮겨 표현하는 작업으로서 색사의 배치를 결정하는 공정이다(그림 5-10). 따라서 몬이쇼즈를 담당한 쇼쿠닌은 직물의 색감뿐 아니라 직물로 완성되었을 때의 질감과 시각적 느낌을 이해할 줄 아는 섬세한 감각이 필요하다. 또한 초기 설계 단계부터 고객의 제작 조건이나 제작 의도를 파악하고, 제직기의 특성을 잘 알아야 하며, 직물 디자인을 누설하면 안 되므로 오리야들과의 신뢰관계도 매우 중요하다고 한다.

직물의 표현을 좌우하는 것은 자카드 직기의 침수針數로서, 이는 정경할 때의 날실 수와 다르다. 예를 들어 정경 공정에서 날실 수가 2,400본이면 자카드 직기의 침수는 600개인 식이다. 한 침에 들어가는 날실이 많다고 해서 반드시 좋은 직물은 아니며 직물의 특성이나 실의 종류, 직기에 따라 설계가 달라진다. 예를 들어 '쇼하綃끈'를 짤 때는 매우 가는 실을 많이 박아 넣어야 하므로 직물의 조직을 보아 가며 침수를 결정한다. 니시진의 직물은 전통공예품이자 상품이므로 생산원가를 생각하지 않을 수 없다. 즉 사

그림 5-10 몬이쇼즈를 만들기 전에 직물 도안을 그리고 있는 스케쓰구 씨의 부친

용할 기계의 조건, 실의 가격, 도안이나 실 염색 등에 들어가는 비용 등을 고려하여 최선의 직물을 설계해야 한다.

오자사 몬코쇼^{小笹紋工所}는 80여 년 전에 창업하여 3대째 영업하고 있다. 오자사 스케쓰구^{小笹祐嗣} 씨의 할아버지가 다른 몬야^{紋屋}에 입주견습공(뎃치)으로 들어가 일을 배운 후 독립하였다. 처음에는 고쇼^{御所} 근처의 시모무라다이마루^{下村大丸}에 있다가 아버지 대에 현재의 오미야도리로 옮겨 왔다고 한다. 3대째인 스케쓰구 씨는 1962년생으로 대학을 졸업한 후 "세상을 보기 위해" 직물 관련 회사인 가와시마 오리모노 영업부에 들어가 6년간 일하다가 27세 되던 해인 1989년부터 아버지의 일을 도왔다. 그는 어려서부터 할아버지와 아버지가 집에서 일하시는 모습을 보고 자랐으며, 니시진의 경기가 한창 좋았던 할아버지 대에는 집에서 먹고 자며 일하는 입주 종업원이 20명 정도 있었다고 한다. 스케쓰구 씨가 가업을 이어받은 지금도 아버지는 현역으로 일하고 있다. 비록 수요가 감소하고 있으나 오자사 몬코쇼는 역사가 오래되고 신용이 있는 만큼 아직 일거리가 들어오는 편이다. 니시진의 직물업자들이 대개 같은 분야 사람들과 혼인하는 예가 많았듯이 스케쓰구 씨의 할머니는 교토 북부의 직물산지인 단고 출신이며, 어머니의 친정은 교토시 주쿄구에 있는 '시로키지야'白生地屋'(유젠 염색을 하기 전의 바탕천인 흰 비단을 다루는 집)였다.

현재 오자사 몬코쇼에는 7명의 쇼쿠닌이 있다. 대부분이 아버지 대에 입주견습생으로 들어와 지금까지 일한 사람들로 60대 이상이다. 50대인 스케쓰구 씨 부부와 70대가 넘은 부모님까지 합하여 10여 명 정도가 함께 일하고 있다. 직원 7명 중에는 데키타카 직원도 있고 월급제 직원도 있다. 니시진의 경기가 한창 좋았던 시절에는 일반 회사원이 월 20만 엔 정도를 받는 데 비해 쇼쿠닌은 월 50~60만 엔까지 벌었다. 하지만 스케쓰구 씨가 일을 시작한 1980년대 말, 1990년대부터는 계속 경기가 나빠지고 있다. 그는 현재 대학 3학년인 아들이 졸업 후 몇 년간 다른 데에서 경험을 쌓은 후 가업을 이어 주기를 희망한다. 그러려면 쇼쿠닌들을 잘 키워서 물려주어야 한다고 생각한다.

최근에는 직물 도안을 드럼 스캐너로 스캔하여 컴퓨터에서 처리한 후 플로피 디스크에 파일을 저장하여 오리야에 넘겨 주지만 과거에는 도안을 보아 가며 일일이 문지에 구멍을 뚫어서 작업하였다. 오늘날에도 수직기로 제직하는 사람들은 문지를 사용한다(그림 5-11). 현재 문지에 직접 구멍을 뚫는 '몬호리紋彫り' 작업이 가능한 사람은 니시진의장문지공업협동조합西陣意匠紋紙工業協同組合 회원 42명 가운데 1명이라고 한다. 80세가 다 된 그 여성

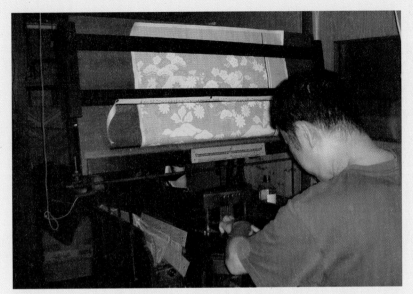

그림 5-11 몬이쇼즈에 따라 문지에 구멍을 뚫는 작업을 보여 주는 스케쓰구 씨

은 현역으로 일하지 않고 니시진오리 회관에서 관광객을 상대로 몬호리를 보여 주는 일만 한다. 전성기에는 등록 회원 수가 100명이 넘었고, 조합에 가입하지 않고 일하는 사람도 많았다. 지금은 40여 명 정도이며 대부분이 65세 이상이고 가장 젊은 사람이 40대이다. 오자사 몬코쇼는 최근에는 거의 니시진의 일만 하며 간간이 이마바리[18] 타월과 넥타이 등의 몬이쇼즈 작업을 하고 있다. 과거에는 규슈의 하카다博多, 나라의 고야산高野山 야마나시현의 후지요시다富士吉田에서도 일감이 많이 들어 왔다고 한다.

오자사 스케쓰구 씨는 니시진중앙소학교에서 부탁을 받아 정기적으로

---

18 일본 전체 타월 생산량의 60% 이상을 차지하는 타월 공장들이 모여 있는 일본 북동부의 도시.

매년 학생들에게 몬이쇼즈 공정을 설명해 주는 일을 하고 있으며 견학 오는 학생들에게 공장 내부를 보여 주기도 한다. 이것은 새로 부임한 교장이 학생들에게 자신이 살고 있는 지역의 좋은 점을 일깨워 주려는 목적으로 고안한 프로그램으로, 니시진의 오리야, 몬야, 소메야 등 다양한 일을 하는 주민 학부형들을 초청하여 진행한다.

3. 직조도구 및 부품의 지속성 문제

앞에서도 지적한 바와 같이 니시진의 미래는 제조업자인 오리야와 도매상인 돈야뿐만 아니라 니시진 제직산업을 지탱해 온 분업의 주역인 직조공과 하청장인이 어떻게 자신들의 고급 기술을 계승해 갈 것인가에 달려 있다. 니시진 직물의 고급성은 세밀한 분업구조 덕분에 한 가지 일에만 전념할 수 있었던 쇼쿠닌 한 사람 한 사람이 각자의 분야에서 최고의 기술을 연마하고 발전시킴으로써 달성될 수 있었기 때문이다. 이 같은 고급 장인의 인적 재생산 이외에 중요한 문제는 도구와 부품의 지속성 여부이다. 직기 부품의 생산자뿐만 아니라 도구 자체가 사라지고 있기 때문이다. 제직 관련 장인과 마찬가지로 직기와 관련 도구를 생산하는 장인들도 생계를 유지할 수 없어 폐업하는 경우가 늘고 있다. 메이지 시기에 서구의 철제 자카드 직기를 모방하여 만든 목제 자카드 직기는 이제 더 이상 만드는 사람이 없다고 한다. 그렇게 되면 지금까지 이어져 온 니시진오리의 전통적 생산방식을 더 이상 지속할 수 없다.

생산자 측에서는 더 이상 부품을 구할 수가 없으므로 전에 쓰던 기계에서 부품을 빼서 쓰거나 현재 기계에 문제가 생기지 않도록 주의하며 일하고 있다. 조합에서는 이러한 문제에 대응하고자 폐업하는 공장이나 회사에서 직기나 부품을 받아서 쇼쿠닌들에게 공급하는 방안을 모색하고 있다. 그러나 주식회사의 경우 폐업할 때 파산처리를 해야 하는데 일단 파산 신청을 하여 '간자이닌管財人'(파산한 사람의 재산을 관리하는 사람)이 들어와 처리하게 되면, 파산한 기업은 기계건 부품이건 간에 재산의 일부를 남에게 넘기거나 팔 수 없도록 규정되어 있다. 따라서 오래된 직물업자들이 가지고 있던 물건을 재활용할 길이 원천적으로 막혀 있다.

이러한 현실에서 니시진의 직물산업이 과연 어떤 형태로 지속될지를 예측하기는 쉽지 않다.

제6장

니시진 도매상의 역할과 권력

1. 매계상과 직물제조업자 및 도매상의 관계[1]

니시진의 직물제조업자들은 별다른 자금 없이도 직기 몇 대를 소유하고 특정 직물을 직조하는 기술만 있으면 비교적 손쉽게 오리야織屋가 될 수 있었다. 따라서 일정한 자금력을 가지고 다종다양한 오리야의 직물들을 한곳에 모아 집산지 도매상이나 지방도매상에게 판매 및 유통하는 기능을 담당하는 '산지도매상' 혹은 '가미나카가이上仲買'로 일컬어지는 니시진 특유의 매계상買繼商이 존재하게 되었다. 그런 의미에서 니시진의 매계상과 직물제조업자는 상호의존 관계라고 볼 수 있다. 그러나 실제 거래관계에서 둘의 관계는 위계적이었다. 직물제조업자는 대체로 규모가 영세하고 판매능력

---

1 이 장의 1절과 2절은 이즈시(出石 1962)의 연구를 기초로 하여 작성되었으며 그 이후의 변화를 보완하였다.

이 결여된 데다 매계상에게 자금을 지원받았기 때문에 매계상이 할인이나 어음거래 등을 요구했을 때 받아들일 수밖에 없는 처지였다. 어떤 매계상들은 다른 매계상과 거래를 시도하거나 직접 물건을 판매하려는 오리야의 제품을 받아 주지 않는 등 판매 경로를 독점하는 횡포도 서슴지 않았다. 전통적으로 영세 가내공업 형태를 유지해 온 니시진 직물업은 '어둡고 습하며 열악한' 일이라고 인식되어 제2차 세계대전 이후 고용 기회의 증대와 더불어 젊은이들의 기피 대상이 되었는데, 이러한 생산·유통 구조는 부정적인 이미지를 더욱 강화하였다.

이즈시 구니야스의 분석에 의하면 1960년대 니시진 매계상이 거래한 평균 기업가機業家 수는 기모노지의 경우 75개소, 오비지의 경우 97개소에 달해 상당히 많았다(出石邦保 1962:53). 이것은 니시진 기업가가 영세, 과다할 뿐만 아니라 매계상도 품종이나 판매지역에 따라 전문화한 경향과 연관이 있다.[2]

니시진 매계상과 직물제조업자의 거래 방식은 '가이토리買取り'(매절)가 원칙이었지만 1960년대부터 위탁판매 방식이 나타났다. 그러나 니시진의 경우 간토關東의 직물업 지역에서 행해지는 제도화된 위탁판매라기보다는 니시진의 전근대적 거래관계에 기초한 위탁판매였다. 즉 직물제조업자는 매계상에 물건을 맡기고 매계상은 그 물건을 받지만 정식으로 위탁판매 계약을 하지 않는 방식이었다. 그러다 보니 물건을 맡긴 직물제조업자는 일종의 매절이라고 생각하지만 매계상은 언제든 물건을 돌려줄 수 있다고 생각하여 서로 이해하는 바가 달랐다.

---

2 매계상의 전문화는 니시진 직물업의 축소와 함께 대부분 유명무실해진 것으로 보인다. 이 장 제2절 참조.

1960년대까지는 '후세바타伏機' 방식도 상당수 행해졌다. 후세바타란 매계상이 일정 기간 동안 특정 직물제조업자가 가동하는 직기로 생산한 제품을 독점 매입하는 형태를 말한다. 역직기로 제직하고 비교적 규모가 큰 기모노지 부문에서 주로 나타난 방식으로서, 특히 대중품 양산화와 관련하여 후세바타가 증가하는 경향을 보였다고 한다. 니시진 매계상이 직물제조업자를 지배하는 방식으로 '시이레바타仕入機'라는 형태도 있었다. 그것은 매계상이 직물제조업자에게 자신들이 지정하는 원사를 사도록 강요하고 그것으로 제품을 생산하게 하는 방식, 즉 일종의 '실 판매를 통한 제품 구입糸売りの製品買い'이다. 후세바타는 시이레바타처럼 매계상의 지배가 강력하지는 않지만 의장능력, 자금력, 판매능력 면에서 특정 매계상에게 의존할 수밖에 없었던 영세 직물제조업자들에게서 나타나는 지배 형태였다(出石邦保 1962:55). 오늘날 후세바타는 완전히 사라져 2012~2013년에 필자가 조사할 당시 니시진의 직물제조업자들 중 대부분이 그 의미를 모르며 그런 말을 들어보지도 못했다고 답하였다.

이 외에도 특정 직물제조업자에게 의장 및 기술 지도, 설비자금 원조, 생산비 대여 등을 하는 '마에카시前貸し', 제품 판매를 조건으로 원사 매입을 강요하는 '이토우리糸売り' 등이 있었다. 마에카시와 이토우리는 제2차 세계대전 전부터 니시진의 독특한 가격결정 방식인 '쓰케네' 제도附値制度[3]와 연결되어 직물제조업자를 쇼쿠닌에 머물게 하고 매계상이 직물제조업자를 수탈하는 원천으로서 주목되어 왔다. 이러한 관행들이 고착되면서 생겨난 것

---

3 매계상이 일단 물건을 가져온 후 나중에 결산할 때 가격을 결정하는 방식인 '네이리値入'제의 변형. '한키네이리半期値入'라고도 한다. 직물제조업자들에게 지불이 유예되는 기간을 반으로 줄인 쓰케네 제도는 네이리 제도보다 직물제조업자에게 좀 더 유리한 방식이었던 것으로 보인다.

이 시이레바타 제도이다(出石邦保 1962:55). 이즈시가 연구한 1960년대 초에 시이레바타는 거의 사라졌으나, 마에카시는 여전히 기모노지, 오비지 양 부문에서 의장, 기술 지도 등과 관련해 일반적으로 행해졌다.

직물제조업자에 대한 매계상의 의장 및 기술 지도는 오랫동안 광범위하게 행해졌다. 특히 기모노지의 경우 더욱 그러하였다. 기모노지 전문 직물제조업자들은 오비지 생산자들보다 상대적으로 규모가 크지만 기모노의 경우 유행 속도가 빠르고, 타 지역과 경합이 심하며, 제직 수량이 많았기 때문에 직물제조업자의 판매 능력이 생산 규모를 따라가지 못한 경우가 많았다. 또한 생산원가에서 생사의 비중이 높아 이익률이 낮고 생산단가가 올라가므로 유동자금 보유 면에서 오비지 생산자에 비해 기모노지 생산자의 경영이 더욱 어려웠다는 점도 이러한 현상의 배경이 되었다.

이즈시가 연구한 1950년대 말, 1960년대 초에 니시진의 한 매계상이 거래한 무로마치 도매상, 집산지 도매상(도쿄, 오사카, 나고야), 지방도매상의 수는 기모노지의 경우 평균 109개소, 오비지의 경우 평균 78개소로 상당히 많았다(出石邦保 1962:56). 규모가 영세하고 다양한 직물제조업자들이 난립한 상황에서 도매상들은 다종다양한 직물을 취급하려면 매계상을 통하는 쪽이 훨씬 수월했기 때문이다.

도매상은 매계상에 팔리지 않은 물건을 반품할 수 있었다. 이즈시가 분석한 1955년도 니시진 기업조사(機業調査) 자료에 의하면 기모노지의 24.3%, 오비지의 15.1%가 반품되었다(出石邦保 1962:57) 반품률은 취급품목, 거래처의 사정, 시장 상황 등에 따라 개별 도매상별로 혹은 같은 도매상이라도 시기별로 차이가 컸다. 그것을 감안하더라도 이 정도의 반품이 있었다는 사실은 반품의 부담을 생산자가 직접 지지 않고 매계상들이 일차적으로 졌다는 점에서 니시진 직물업 유통구조에서 매계상이 중요한 쿠션 역할을 했다는 사실을 보여 준다. 이 점은 유행 속도가 빠른 기모노지 부문에서 더욱 심하게 나타났다.

이처럼 니시진의 매계상은 직물제조업자에게 자본을 대거나 판매를 대행하고, 도매상에게 물건을 제공하는 역할을 함으로써 양측을 시장 변동의 파고로부터 일차적으로 보호하는 방파제 기능을 하였다. 반면 직물제조업자들은 시장 상황에 따라 생산량을 즉각적으로 조절하기가 어려웠으므로 생산과잉의 위기를 잠재적으로 내포하고 있었다. 이러한 경향은 기모노지 부문에서 더욱 뚜렷하였다. 현재는 전통의상업계 규모 자체가 크게 축소되었고 기모노지 전문, 오비지 전문과 같은 분화도 유명무실해져 이러한 구분은 별 의미가 없다.

2. 니시진 매계상의 역할 변화

니시진의 매계상(가미나카가이)은 직물업자의 제품을 집산지 도매상에 매각하거나 집산지 도매상, 소매상, 백화점 등에서 주문을 받아 제품을 대리매입(가이쓰케買付)하여 영세한 오리야들에게 유통 경로를 확보해 준다. 또한 직물제조업자에게 시절에 어울리는 색, 문양, 유행을 반영하여 생산하도록 조언한다. 직물제조업자와 도·소매상의 중간에서 직물제조업자의 대리기관 역할을 하는 것이다. 요즘은 거의 볼 수 없지만 과거에는 자금력이 부족한 오리야에게 돈을 대주고(대금을 미리 치른다는 뜻에서 그 돈을 '마에킨前金'이라 불렀다) 생산품을 제공받았다(당시에 가미나카가이는 물건을 '미리 사는' 상인이란 의미로 '마에우리쇼前売商'라고도 불리었다). 오늘날에는 이러한 관행들이 많이 사라져 대부분의 경우 오리야에게 물건을 '빌려서'(위탁받아) 판매를 대행하고 판매되지 않은 물건은 오리야에 돌려보내는 방식으로 거래하므로 가미나카가이와 직물제조업자 간의 관계가 크게 변화하였다.

그 이유 중 하나는 수요가 줄어서 전과 같이 물건을 많이 제조하지 않는다는 것이다. 독특하고 희소성 있는 제품을 찾는 경향에 따라 다품종 소량 생산 유형이 많아지고 있다. 예전에는 한 종류의 제품을 기획 설계할 때 최소 10개 단위로 생산하여 가미나카가이에 판매를 위탁하였는데, 요즘은 한 종당 1개만 생산하는 경우가 늘어나고 있다. 전체 및 종당 생산량이 줄어들자 직물제조업자 입장에서는 굳이 가미나카가이를 거치기보다 무로마치 도매상이나 소매상에 직접 물건을 직접 넘기거나 소비자에게 직접 판매하는 쪽이 더 유리해졌다. 유통이 간편하고 신속할 뿐만 아니라 중간마진을 조금이라도 줄일 수 있기 때문이다. 생산자금을 대주던 금융 기능도 금융기관 확대와 금융 제도화 등에 따라 유명무실해진 지 오래여서 오리야에 대한 가미나카가이의 지배력은 크게 약화되었다.

현재까지 존속한 가미나카가이들을 살펴보면 대부분 제2차 세계대전 이후에 세워졌다. 니시진의 매계상이 되려면 자본뿐만 아니라 기본적으로 직물에 대하여 폭넓고 전문적인 지식이 필요하며, 판매처인 무로마치 도매상들과 특수한 인맥을 맺어야 한다. 따라서 니시진과 무관한 사람들이 니시진의 매계상으로 진입하기가 쉽지 않다. 매계상의 자제라 하더라도 관련 지식이나 인적 네트워크 자본을 충분히 지니지 못하면 니시진의 매계상이 되기가 어렵다고 한다. 니시진의 매계상도 오리야나 쇼쿠닌, 무로마치 도매상처럼 가업 계승이 기본 원칙이지만, 다른 분야에 비해 그 비율이 낮은 편이다. 한 매계상이 도산하면 그곳에서 일하던 유력한 종업원이 자신이 구축해 온 직물제조업자 및 도매상과의 특수한 관계를 기초로 독립하여 새로운 매계상이 되는 경우가 많았기 때문이다(出石邦保 1962:58).

다시 말해 니시진의 매계상은 지식과 문화자본의 특수성, 전문성으로 인하여 진입 장벽이 높다는 면에서 폐쇄적이고 배타적이지만 내부적으로는 유동성이 상당한 집단이라 할 수 있다. 취급 제품의 전문화 수준이나 기업 규모에 따라 유동성 정도에 차이가 있었는데 첫째, 오비지 전문인가 아니면 기모노지 전문인가, 둘째, 정견물正絹物만 다루는가 아니면 교직물交織物이나 모직물 등도 취급하는가,[4] 셋째, 판매처가 무로마치 도매상(시모나카가이)에 집중되어 있는가 아니면 도쿄, 오사카, 나고야 등 다른 집산지 도매상 및 기타 지방도매상에까지 넓게 분산되어 있는가에 따라 달랐다(出石邦保 1962:60-63). 전체적으로 보아 규모가 작은 매계상일수록 정견물만 취급한 경우가 많으며, 판매처가 주로 무로마치 도매상에 집중되었다. 반면 규모가 큰 매계상은 제품, 섬유, 판매처 등 모든 면에서 다양화, 분산화, 종합화 경향을 보였다.

전문화된 소규모 직물제조업자들은 역시 전문화된 소규모 매계상들과 거래하는 비율이 높았다. 반면 양산화를 시도한 소위 '오바타大機'(수직기와 역직기를 포함하여 많은 수의 직기를 돌리는 규모가 큰 오리야)들은 교직물이나 모직물 등의 대중품을 제직하는 경우가 많기 때문에 그러한 제품들을 종합적으로 취급하는 대규모 매계상들과 거래하며 거래 비중도 상대적으로 높았다. 그러나 최근에는 매계상의 전문화가 무의미해졌으며, 대중품의 생산도 줄어들고 있어 이러한 성격 구분 자체가 애매해지고 있다.

1970년대 정도까지 보였던 이 같은 규모에 따른 계층화는 종전 후 역직

---

4 니시진의 고급 오비나 기모노는 정견正絹, 즉 100% 실크로 만들었으나 1960~1970년대에 대중화 및 양산화의 흐름에 따라 합성섬유와 실크를 혼방한 교직交織 대중품이 등장하였다. 그러나 산업이 사양길에 접어든 1990년대 이후에는 대중품 생산이 크게 줄어들었다.

기의 일반화와 니시진 직물의 대중화 및 양산화 등을 계기로 나타난 것으로 보인다. 한편에는 전통적인 생산방식에 기초한 다품종 소량생산에 대응하는 니시진 고유의 소규모 매계상이 존재하였고, 또 다른 한편에는 인조섬유 발명과 소비자 수요 변화 등 외생적 요인에 따라 발생한 대중화, 양산화에 대응하는 대규모 매계상이 존재하게 된 것이다. 니시진 직물업계의 전반적인 규모 확대로 직물제조업자(오리야)와 매계상(가미나카가이), 직물제조업자와 임기업자(진바타) 간의 관계가 확대 심화되어 특히 기모노지 부문에서 단고 지역을 시작으로 다른 지역에 제직을 맡기는 데바타出機가 증대하는 현상이 나타났다(出石邦保 1962:68)

대중화·양산화와 함께 일시적으로 나타났던 규모 확대 현상은 생산구조의 영세·과다성과 제품의 다종다양성을 기조로 하는 니시진 고유의 매계제도를 부정하는 측면을 지닌다. 그럼에도 불구하고 여전히 니시진 직물업의 특징은 전반적인 영세성과 과다성이며, 그러한 면에서 니시진에 고유한 매계제도의 존속 기반은 뿌리 깊게 남아 있다. 산업의 전반적 쇠퇴와 함께 직물제조업자뿐만 아니라 매계상도 그 수가 많이 줄어들고 규모도 축소되어 왔으나 필자가 조사한 2012~2013년에도 니시진의 직물업자들 대다수가 가미나카가이에게 물건을 납품하였다.

니시진의 매계상들은 종전 후 직물 관련 통제가 철폐되자 임의조합으로 니시진직물매계협동회를 결성하였다. 1961년 7월 현재 회원 수는 57호로 오비지 부와 기모노지 부로 나뉘었다. 조합에 속하지 않은 매계상은 30~40호 정도가 있었다. 비조합원 매계상들은 규모가 매우 영세하였고 그중에는 하타야機屋와 소매상이나 소비자를 연결해 주고 수수료를 받는 '하시리走り'도 있었다. 필자가 조사한 2012년에 매계상 조합원 수는 20여 호였으며 비조합원 매계상 수는 확인할 수 없었다. 최근 들어 니시진의 기모노

지 생산량이 크게 줄었으며, 금융 기능이나 방파제 기능을 거의 하지 않고 위탁판매 위주로 운영하는 매계상들이 많아져 과거와 같은 니시진 매계상의 역할은 크게 약화된 것으로 보인다.

3. '주식회사 하세가와'의 사례

'주식회사 하세가와'는 2012년 현재 사장인 하세가와 소이치長谷川創一 씨의 아버지가 1950년에 '하세가와쇼텐長谷川商店'이란 이름으로 창업한 니시진의 산지도매상이다. 니시진의 많은 직물제조업자, 매계상들이 주식회사 체제로 전환하던 1970년대에 '주식회사 하세가와'로 사명을 바꾸고 조직을 개편하였다. 하세가와 씨의 아버지는 교토 북부 후쿠이福井현 농촌 출신으로 1929(쇼와 4)년 니시진의 한 매계상에 뎃치보코丁稚奉公(입주 도제견습생)로 들어갔다. 그곳에서 10년가량 일을 배웠으나 1939년 제2차 세계대전이 발발한 후 니시진의 공장들이 대부분 문을 닫자 직공들도 뿔뿔이 흩어져 군에 징집되었다. 하세가와 씨의 아버지도 징집되어 군수품 공장에서 일하였다. 종전 후 니시진에 돌아와 일하던 매계상을 찾아갔으나 사장은 상점 문을 닫겠다고 하였고, 하세가와 씨의 아버지는 경험이 충분하지 않았지만 자의 반 타의 반으로 산지도매상을 창업하게 되었다.

종전 후에는 아직 사치품통제가 해제되지 않아 1954(쇼와 29)년까지 고급 견직물의 생산과 판매가 금지되었다. 그런 상황에서도 고급 견직물을 찾는 사람들과 생산하는 사람들이 존재하였다. 하세가와 씨의 부친도 소위 '어둠의 장사꾼'(야미쇼바이闇商売) 중 한 사람이었다. 직물업자, 중개상, 도매상, 생사상, 소비자 모두 불법으로 생산하여 팔고 사는 시절이었다. 그러다 보니 경찰에 체포되는 일이 매우 흔하였다고 한다. 하세가와 씨의 아버지도 직물제조업자들을 찾아가 현금을 주고 구입한 물건을 자전거에 싣고 무로마치 도매상들에 팔러 가는 길에 경찰에게 붙잡혀 유치장에 갇힌 적이 여러 번 있었다. 그렇게 경찰에게 심문당할 때에도 하세가와 씨의 아버지는 절대로 거래처를 말하지 않았다고 한다. 그러자 '하세가와 상은 입이 무겁다'고 소문이 나서 업계에서 신용을 얻어 니시진에서 자리를 잡을 수 있었다.

하세가와 씨는 다른 곳에서도 마찬가지이지만 특히 니시진의 상매에서는 사람들 간의 신용이 절대적이라고 말한다. 니시진 직물업은 '인맥산업'이라 할 만큼 사람들 간의 연계 확보가 장사를 가능하게 해주는 중요한 힘이다. 기모노업계는 다른 업종과 달리 오래된 상습관商習慣이 많이 남아 있기 때문에 더욱 그러하다고 한다. 예를 들어 계약 없이 상품을 위탁 판매하거나, 현금이 아닌 어음으로 지불하거나, 할인을 강요하는 등의 관행은 니시진의 좋지 않은 상습관으로서 개혁의 대상으로 많이 언급된다. 그러나 하세가와 씨의 견해에 따르면 그런 것들은 모두 신용을 바탕으로 이루어진다. 서면 계약을 하고 인장을 찍는 것이 옳은 방법일지도 모르지만 '저 사람이라면 틀림없다', '물건을 팔면 지불해 줄 것이다'라는 서로 간의 믿음이 있기에 이러한 관행이 지금까지 이어졌다고 본다.

니시진이 흔히 '니시진무라西陣村'라고 일컬어졌듯이 이곳 사람들은 일터와 집이 분리되지 않은 삶을 살았다. 오늘날에는 데바타로 하청을 주거나 빌딩을 지어 회사를 옮긴 곳이 많아졌지만 직주일체職住一體인 업체도 상당수 남아 있다. 하세가와 씨도 자신이 태어난 집에서 영업하고 있다.[5] 그러

---

5 주식회사 하세가와는 경기가 좋았을 때 빌딩을 지어 회사를 이전하였다가 3년 전에 빌딩을 정리하고 선친이 창업한 곳으로 회사를 옮겨 와 다시 직주일체로 돌아갔다.

다 보니 직물제조업자(오리야쇼織屋商), 생사상(이토야쇼糸屋商), 도매상(돈야쇼問屋商), 기계부품점(기카이야쇼機械屋商), 직기점(숏키야쇼織機屋商) 등 거래처 사람들 대부분이 소학교나 중학교, 고등학교 동기인 경우가 많다. 어릴 때부터 각기 가업을 보고 자라며 허물없이 지낸 친구들이 장성하여 가업을 이어받아 서로 '아무개 찬'이라고 이름을 부르며 "좀 깎아라"라고 허물없이 거래하는 관계가 되는 것이다. 최근 들어 사람들의 이동이 늘어나 이러한 관계가 옅어진 면이 있지만 50~60대의 니시진 직물업계 사람들은 대부분 이러한 관계를 유지하고 있다.

니시진의 이런 인간관계 유형은 매우 독특한 것으로 오늘날 다른 지역에서는 거의 찾아보기 어렵다. 이는 버블 경제가 붕괴하기 전인 1990년대 초까지만 해도 니시진의 경기가 좋았기 때문이다. 하세가와 씨의 말을 빌리면 "새가 날갯짓 하듯이 행세하였다羽振りよかった." 사람들은 해외여행을 다니고, 기생집에서 빈번하게 술자리가 열렸다. 하세가와 씨는 대학 졸업 후 아버지의 거래처인 도쿄의 직물 도매상에서 3년간 일을 배운 후 니시진에 왔는데, 니시진의 풍요로움에 반해 이 일을 하게 된 것 같다고 말하였다.

물론 호경기만 계속되지는 않았다. 첫 번째 오일쇼크가 닥친 1973년에는 생사 가격이 폭등하여 니시진 전체가 발칵 뒤집혔던 적도 있었다. 하지만 전반적으로 수월한 시절이었다. 하세가와에서는 하루에 50만 엔 정도의 거래가 이루어지기도 하였으며, 직물을 짜는 사람들 사이에서는 '갓차만'(직기가 한 번 움직일 때마다 만 엔을 번다는 의미)이라는 말이 돌았다. 사람들은 굳이 아침부터 밤늦게까지 고생하며 일하지 않았고 여름이면 캐치볼을 하면서 노는 시간이 많았다. 그러나 고도경제성장기를 지나자 서서히 사정이 나빠졌다.

하세가와 소이치 씨에 따르면 2012년 현재 조합에 가입한 가미나카가이는 20여 곳이지만 실제 영업 중인 곳은 그보다 훨씬 적으며,[6] 그중에서도 니시진 고유의 산지도매상 기능을 하는 곳은 거의 없다고 한다. 특히 2, 3인 정도로 운영되는 소규모 산지도매상들은 전통적인 니시진의 산지도매상으로서 일하기보다 오로지 판매에만 집중하고 있다.

주식회사 하세가와는 니시진에서 제일 큰 산지도매상의 하나로 한때 연 매출액이 200억 엔에 이르렀으며 도쿄에 지사를 두고 니시진에 큰 빌딩들을 지었다고 한다. 그러나 앞으로 전망이 좋지 않으리라고 본 하세가와 씨는 3~4년 전 부동산을 모두 처분하고 규모를 크게 축소하여 아버지가 살던 집인 현재 장소로 이전하였다. 규모가 크게 축소되었으나 지금도 하세가와에서 거래되는 오비 수는 연 10만여 점에 이르며(2012년 기준), 천황비나 황태자비가 착용할 오비를 제작한 바 있다(그림 6-1, 그림 6-2).

하세가와 씨는 다마多摩 미술대학 졸업 후 지방에서 미술교육에 종사하던 장남(하세가와 고이치長谷川浩一, 2012년 조사 당시 33세)을 설득하여 현재 회사에서 경영수업을 시키고 있다.[7] 하세가와 씨는 주요 거래처인 대규모 기모노점에 부탁해 2년 반 정도 아들이 일을 배우게 한 후 2007년에 데려왔다. 하세가와 고이치 씨는 회화에 재능이 있어 미술을 공부했으므로 자신이 가업을 잇게 될 것이라고는 생각하지 않았다고 한다.

---

6 1961년 7월 현재 조합원 수가 57호였으므로 3분의 1 정도로 감소한 숫자이다(出石邦保 1962: 51). 이는 조합에 가입하지 않은 30~40호의 소규모 가미나카가이를 제외한 것이므로 실제 감소폭은 더욱 크다.

7 흔히 '다마비多摩美'라 일컬어지는 다마 미술대학은 일본의 일류 미술대학이다. 하세가와 소이치 씨에게는 장남인 고이치 씨 밑으로 딸 둘과 아들 한 명이 더 있으나 막내아들은 현재 은행원이다. 과거에 하세가와 정도 규모의 가미나카가이라면 둘째 아들도 가업에 참여했겠지만 사업이 점점 힘들어지고 전망이 불투명해져 둘째 아들에게 가업 참여를 권하지 않았다고 한다. 하세가와 씨는 물론 앞으로 상황이 바뀔 수도 있다고 생각한다.

그림 6-1 하세가와 사옥에 진열된 오비

그림 6-2 하세가와가 일본 황실에 공급한 오비

기모노 관련 물품의 주요 소비자가 여성이기 때문에 하세가와에서 주로 다루는 기모노나 오비는 고이치 씨 같은 젊은 남성이 흥미를 느끼기 어려운 품목이다. 하지만 니시진에서 매계상으로서 성공하려면 기모노를 보는 안목이 있어야 하므로 하세가와 씨는 아들을 기모노점에 보내 관련 지식을 쌓게 하였다. 또한 장사 수완, 직물제조업자와 도매상 양쪽의 인맥을 관리하는 도량, 회사 경영 능력 등을 갖추어야 하므로 아들에게 많은 지식과 경험, 인내가 필요하다고 생각한다.

하세가와 고이치 씨는 이 일이 그동안 자신이 해오던 '모노즈쿠리ものづくり'(물건 만들기)의 연장이라고 생각한다. 아직 자신만의 기모노나 오비를 만들 단계는 아니지만 남과 다른 '창의적인creative' 일을 해보고 싶다. 물론 경영자로서 업체를 유지하고 상매商売를 해야 할 책임이 있지만 그것만으로는 자신이 이 일을 계속해 나가기 어렵다고 생각하므로 미술 전공자로서 장점을 살릴 수 있는 길을 찾고 있다고 한다. 그러나 니시진의 매계상은 손님에게 자신이 좋다고 생각하는 물건을 직접 소개하고 판매하는 것이 아니라 직물제조업자나 도매상을 상대로 유통하는 일을 하므로 자신의 예술적 감성을 발휘할 만한 기회가 드물다. 그는 그 지점에서 일종의 갭을 느낀다고 털어놓았다.

니시진에서 판매하는 물건의 절대다수가 여성용이지만 유통에 관계하는 사람들의 대부분은 남성이다. 제직 과정에서도 직기에 동력을 사용하게 된 메이지 시기 이후에는 일부 여성들이 직조를 할 수 있게 되었으나 도안이나 배색 등은 남성이 도맡았다. 이 같은 남성중심성은 '가업家業' 및 '가독家督'[8] 개념과 관련이 있다. 메이지 시대까지 이에家는 장남이 계승하며 딸은

---

8 가독家督이란 가부장제의 가장권을 의미한다. 가마쿠라 시대에는 가독의 적자嫡子 단독상속,

출가하는 존재라는 관념이 지배적이었으며, 아직도 니시진에는 남자가 가업을 계승해야 한다고 믿는 전통이 남아 있다. 그러나 하세가와 소이치 씨는 시대가 변한 오늘날에는 기모노업계에도 여성이 적극적으로 진출해야 한다고 생각한다.

제조업자가 전문 생산 품목으로 자기의 특성을 드러내듯이 니시진의 산지도매상은 여러 물건들 중 어떤 물건을 선택하느냐로 자신의 성격을 드러낸다. 기모노의 취향을 설명하는 표현으로 '히가시무키東向', '니시무키西向'라는 것이 있다. 기모노의 색이나 문양 등으로 구분되는 동일본의 취향과 서일본의 취향을 나타내는 말로, 무가武家사회였던 동일본에서는 자잘하고 튀지 않는 문양을 선호하는 반면, 궁정宮廷사회였던 서일본에서는 화려하고 요란한 문양을 좋아하는 경향이 있다. 하세가와 같은 큰 산지도매상은 홋카이도에서 규슈에 이르기까지 전국에 걸쳐 단골 거래처를 가지고 있으므로 각 지역의 취향을 맞추기 위해 다양한 종류의 물건을 취급하나 그중에서도 중점을 두는 문양이나 색조가 있다.

하세가와 같은 산지도매상에서는 정기적으로 전시회를 열거나 도매상들을 초청하여 여러 종류의 상품을 보여 주고 판매를 추진해 왔다. 이때 도매상뿐만 아니라 각각의 도매상과 거래하는 백화점 등 소매상들도 물건을 보러 왔다. 그러나 최근에는 산지도매상이 전국에 체인점을 가진 큰 소매상(백화점 등)들에 물건을 가지고 가서 보여 준다. 이는 기존 거래 방법을 많이

유산의 분할상속이 원칙이었다. 무로마치 시대에는 양자 모두 적자 상속을 원칙으로 하였으나 제도로 확립되지 않아 내분이 발생하였다 한다. 에도 시대에 들어와 막부의 절대 권력을 배경으로 가독의 적자 단독상속이 확립되었으며, 메이지 헌법에서도 이에家 제도의 일환으로 존속되었으나 제2차 세계대전 이후 일본국 헌법 시행 직후의 민법개정에 따라 가독제도가 폐지되었다(http://ja.wikipedia.org/wiki/家督)

벗어난 것이다. 최근에는 제조업자들이 소매상이나 소비자와 직접 거래하는 경우도 늘고 있다. 과거에 유통 체계가 엄격히 통제되던 시절에는 도매상들의 권력이 강하여 그러한 '변칙'이 허용되지 않았다.

주식회사 하세가와는 여러 가지 새로운 전략들을 적용하며 어려운 상황에서도 발 빠르게 적응해 가고 있는 편이나 전반적으로 기모노업계의 불황이 매우 심각하여 대부분의 업체가 도산했으며, 남아 있는 업체들도 거의가 과로사 상태에 있다고 한다. 따라서 새로운 물건을 생산해 사업을 유지하고 돌파구를 마련해야 하지만 리스크를 감당하기 어려워 새로운 시도를 하지 못해 정체하게 되어 더욱 어려워지는 악순환에 빠져 있다고 한다. 그러한 가운데서도 니시진의 직물제조업이나 산지도매업이 사라지지 않은 것은 아직 수요가 존재함을 의미하므로, 하세가와 씨는 그러한 가능성을 찾아내어 살려 가는 것이 중요하다고 생각한다.

제3부

니시진오리의
현황과 전망

제7장

통계로 본 니시진의 직물업

이 장에서는 1955년부터 니시진직물공업조합에서 매 3년마다 실시해 온 기업機業 조사 자료를 검토함으로써 니시진 직물업의 전반적인 변화 상황을 파악하고 그 배경을 이해해 보고자 한다. 특히 중심적으로 참조한 자료는 2014(헤이세이 26)년에 행해진 제21차 조사 자료이다(第21次 西陣機業調査委員會 2016).

1. 규모별 기업 수의 변화

니시진의 직물업은 기업企業 수, 직기 수, 종업원 수 등 모든 면에서 1975년까지 지속적으로 성장하였으나 그 후 꾸준히 감소하는 경향을 보이고 있다(〈표 7-1〉). 인플레이션 등의 효과로 총 출하금액은 1975년 이후에도 계속 증가하여 1990년에 정점에 달하였으나 그 후 감소하는 경향이 지속되고 있다. 조사보고서는 1955~1975년까지 20여 년간을 니시진 직물업의 '성장·발전기'로, 1978~2008년을 '정체·쇠퇴기'로 설정하였으며 이러한 경향은 제21차 조사가 행해진 2014년에도 변화가 없다.

〈표 7-1〉 기업 수, 직기 대수, 종업원 수의 추이[1]

연도	기업 수(社)	총 직기 수(台)	종업원 수(人)
1975(제8차)	1,129 (100.0%)	32,923 (100.0%)	22,722 (100.0%)
1978(제9차)	1,101 (97.5%)	32,965 (100.1%)	20,021 (88.1%)
1981(제10차)	1,034 (91.5%)	29,462 (89.5%)	17,818 (78.4%)
1984(제11차)	849 (75.2%)	25,282 (76.8%)	13,787 (60.7%)
1987(제12차)	891 (78.9%)	23,927 (72.7%)	13,359 (58.8%)
1990(제13차)	849 (75.2%)	23,595 (71.7%)	12,307 (54.2%)
1993(제14차)	767 (67.9%)	19,086 (58.0%)	9,859 (43.4%)
1996(제15차)	690 (61.1%)	15,351 (46.6%)	7,738 (34.1%)
1999(제16차)	609 (53.9%)	9,609 (29.2%)	5,764 (25.2%)
2002(제17차)	512 (45.3%)	7,676 (23.3%)	4,500 (19.8%)
2005(제18차)	479 (42.4%)	6,916 (21.0%)	4,402 (19.4%)
2008(제19차)	415 (36.8%)	5,473 (16.6%)	3,815 (16.8%)
2011(제20차)	369 (32.7%)	4,473 (13.6%)	3,126 (13.8%)
2014(제21차)	321 (28.4%)	3,809 (11.6%)	2,674 (11.8%)

〈표 7-1〉에서 드러난 바와 같이 2014년에는 니시진 직물업 생산의 최고점이던 1975년에 비해 전체 기업 수는 28.4% 수준까지, 직기 대수는 11.6%까지, 종업원 수는 11.8% 수준까지 감소하였다.[2] 1975년과 2014년

---

1 第21次 西陣機業調査委員会(2016:3)를 재구성하였다. 직기 대수는 회사에 고용된 우치바타 內機뿐만 아니라 독립된 가내공장으로 하청을 받아 일하는 데바타出機를 포함한 수치이다. 종업원 수에 교토 시내의 데바타는 포함되어 있으나 파트타이머는 제외되었다. ( ) 안의 숫자는 1975년을 기준으로 하여 산정한 지수이다.
2 여기에 표시된 기업 수는 조사표가 회수된 경우만을 나타내므로 실제 기업 수는 이보다 좀 더 많다. 예를 들어 2014년의 경우 총 385개사에 조사표가 배포되었으나 그중 휴업 중이거나(26

의 한 기업당 평균 직기 대수와 종업원 수를 비교해 보면 평균 직기 대수는 29.1대에서 12.1대로, 평균 종업원 수는 20.1인에서 8.5인으로 감소하여 니시진 직물제조업자의 영세화가 더욱 심화되고 있음을 알 수 있다.[3] 니시진 직물업의 전반적인 축소 현상은 지난 39년간(1975~2014) 계속되어 왔지만 그중에서도 직기 대수와 종업원 수가 기업 수에 비해 더욱 빠르게 감소하고 있기 때문이다.

예를 들어 1975년과 2011년 사이에 직기 대수 5대 이하 기업의 비율이 22.7%에서 46.4%로 증가하고 종업원 수 5인 이하의 소기업이 차지한 비율이 전체 기업 수의 47.4%에서 72.0%로 지속적으로 증가한 반면, 직기 51대 이상 혹은 종업원 51인 이상의 소위 '오바타大機'는 사라져 가고 있다. 대형 직물업체가 감소하고 소규모 업체의 비율이 증가하고 있다는 사실은 수요 감소에 직면하여 부가가치가 높은 니시진 고유의 직물 쪽으로 생산 부문이 옮겨 가고 있음을 시사한다. 이 점은 〈표 7-2〉에서도 확인된다.

〈표 7-2〉는 전체 기업 수 대비 부문별 기업 수를 연도별로 조사한 수치이다. 니시진 직물의 대표 품종인 오비지 생산 기업 수는 2014년 321개사 중 218개사로 전체의 67.9%를 차지하였다. 두 번째는 긴란으로 52개사 16.2%를, 세 번째는 기모노지로 23개사 7.2%를 차지하였다. 이들은 모두 니시진의 전통직물 부문에 속한 것으로서 세 품종을 합하면 전체의 91.3%를 차지한다. 신흥직물 부문에 해당하는 넥타이용 직물 생산 기업 수는 12개사 3.7%에 불과하다. 그 외에 숄, 광폭 복지, 실내장식 직물, 핸드백용·

개사), 도매업자로 전업한 곳(8개사), 중복된 곳(8개사) 등을 제외한 실제 조사대상 수는 334개사였으며 그중 321개사가 조사표를 제출하였다(회수율 96.1%).

3 극소수이기는 하나 50~100대 혹은 100대 이상 직기를 돌리고 종업원 수가 50인 이상인 기업들이 존재하므로 실제 중소기업의 경우만 본다면 평균 직기 수, 종업원 수는 이보다 훨씬 적어진다.

지갑용·미술용 직물 등을 생산하는 기업 수는 16개사 5.0%였다. 이러한 분포를 1975년과 비교해 보면 오비지, 기모노지, 긴란 등 일본 전통의상 관련 직물을 생산한 기업의 비율이 전체의 89.7%에서 2014년 91.3%로 상승한 반면, 신흥직물 부문 중심 기업의 비율은 10.3%에서 8.7%로 감소하였다. 세부적으로 보면 전통직물 부문에서 오비지와 긴란의 생산량이 증가하고 기모노지의 생산량이 뚜렷하게 줄어든 현상이 주목된다. 또한 니시진의 신흥직물로서 비교적 역사가 오래된 넥타이용 직물 생산 기업과 자동차 시트커버용 직물을 대량 생산하던 기업들의 감소가 두드러진다.

〈표 7-2〉 기업 총수와 업종별 기업 수의 추이[4]

연도	기업 총수	오비지	기모노지	긴란	넥타이용 직물	기타*
1975	1,129 (100.0%)	677 (60.0%)	205 (18.1%)	131 (11.6%)	78 (6.9%)	38 (3.4%)
1978	1,106	695	162	133	68	43
1981	1,034	672	131	129	61	41
1984	849	525	107	106	62	49
1987	891	575	90	114	64	48
1990	849	556	73	112	58	50
1993	767	509	63	93	52	50
1996	690	456	54	86	47	47
1999	609	401	46	71	43	48
2002	512	349	40	69	32	22
2005	479	313	40	71	29	26
2008	415	273	38	64	15	25
2011	369	255	29	58	11	16
2014	321 (100.0%)	218 (67.9%)	23 (7.2%)	52 (16.2%)	12 (16.2%)	16 (5.0%)

*기타는 숄, 광폭 천, 광폭 복지, 실내장식 직물 등.

---

4 第21次 西陣機業調査委員会(2016:33)를 재구성하였다.

니시진에서 '기자쿠着尺'로 통칭되던 기모노용 천의 급속한 감소는 생활양식의 서구화와 다른 직물 산지들과의 경쟁 등과 관련되어 나타났다. 니시진에서는 평상복(후단기普段着)으로 입는 직조한 기모노 천을 많이 생산하였는데, 생활양식의 변화로 전통의상의 성격이 일상복에서 의례복으로 바뀜에 따라 그 수요가 빠르게 감소하였다. 예를 들어 차도茶道 등의 의례에서는 니시진오리 같은 직조 기모노가 아니라 유젠友禅 같은 염물 기모노를 입었다. 이는 제2차 세계대전 후 백화점 등 기모노 소매점(고후쿠야吳服屋)을 중심으로 한 약식예복(호몬기訪問着)의 경우에도 마찬가지였다. 니시진오리는 여성용보다 남성용 기모노에 더 많이 쓰였는데, 생활양식의 서양화로 기모노를 입지 않게 된 현상을 일컫는 '기모노바나레着物離れ'가 여성보다 남성의 세계에서 훨씬 더 빨리 진행되었다. 제2차 세계대전 후 기자쿠 부문은 오비지나 긴란에 비해 다른 직물 산지들과의 경쟁이 더 심해서 역직기화 및 대중품 생산이 더 빨리 진행되었으나, 시간이 갈수록 니시진 고유의 특징을 드러내기가 어려워지자 생산규모가 크게 축소된 것이다.

2. 분업 생산양식의 변화

기업 규모의 변화와 관련해 주목할 만한 점은 니시진 직물업계의 전통으로 자리 잡은 분업 생산방식의 변화이다. 니시진오리 생산의 주요 공정인 제직을 하기 전에 수많은 관련 공정을 거쳐야 한다(제3장 참조). 그 공정을 모두 거쳐서 최종적으로 제직을 하여야 비로소 니시진의 선염문직물先染紋織物(브로케이드)이 완성된다.

니시진 직물은 제직을 데바타 형태로 외부에 위탁할 뿐 아니라 그 외의 관련 공정도 대부분 독립 자영업자인 전문기술자(쇼쿠닌職人)들에게 위탁하는 분업에 의존하는 것이 특징이다. 그러나 모든 공정이 동일하게 외부에 위탁되지는 않으며, 직접 자영 공장에서 직기를 돌리는 우치바타에 의해 자사에서 제직하는 경우처럼 일부 관련 공정을 자사에서 직접 하기도 한다.

〈표 7-3〉 관련 공정의 자사 가공 기업 비율(자사 가공 기업 수)[5]

공정	2011	2014
도안	39.3% (145개사)	39.9% (128개사)
몬이쇼紋意匠	19.8% (73개사)	20.9% (67개사)
문지처리(몬호리)	18.2% (67개사)	19.6% (63개사)
플로피디스크 작업	27.4% (101개사)	29.9% (96개사)
실꼬기(연사)	2.2% (8개사)	2.2% (7개사)
실염색(사염)	3.5% (13개사)	4.0% (13개사)
가스리絣·날염 가공	2.2% (8개사)	1.9% (6개사)
얼레감기(이토쿠리)	31.7% (117개사)	36.1% (116개사)
정경整經	5.4% (20개사)	7.5% (24개사)
날실잇기(経つぎ)	20.6% (76개사)	24.3% (78개사)
종광綜絖	2.2% (8개사)	2.5% (8개사)

〈표 7-3〉은 2011년과 2014년 조사에서 니시진 직물제조업자들이 각 공정을 자사에서 직접 행한 기업의 비율이다. 2014년 조사에서 응답한 321개 기업 중 10% 이상이 자사 가공을 하고 있는 관련 공정은 도안, 몬이쇼, 문(지)처리(몬호리, 몬아미), 플로피디스크 작업, 얼레감기, 날실잇기 공정이다. 이 공정들은 제직과 함께 중요한 기획·제문 공정과 실 준비 중 비교적 가벼운 공정에 해당한다. 이 중 30%가 넘는 기업이 자사 가공을 하는 공정은 도안과 얼레감기뿐이지만 자사 가공 비율이 가장 높은 도안도 40% 정도

---

5 第21次 西陣機業調査委員会(2016:8)를 재구성하였다.

이다. 실꼬기, 실염색, 가스리 가공 등 실 준비 공정과 종광 등 직기 준비 공정같이 매우 중요한 공정들의 자사 가공 비율이 5% 미만이라는 사실은 니시진 직물이 여전히 전통적인 사회적 분업체계에서 생산되고 있음을 의미한다. 특히 이들 핵심 공정의 자사 가공 비율이 계속 줄어들고 있다는 점이 주목된다. 이는 앞에서 언급한 제조업자의 영세화 경향과 더불어 분업 생산체계가 오히려 강화되는 측면이 있음을 시사한다. 이는 수요가 감소하고 기업 경영이 악화되는 상황에서 직물제조업자들이 관련 공정의 외부 위탁을 늘림으로써 부담을 줄이고자 하기 때문으로 보인다. 다만 도안은 매상을 크게 좌우하는 제품 기획의 기본 단계이자 기업의 특징을 보여 주어 경쟁력을 높이는 데 절대적인 역할을 하므로 자사 가공의 비율이 그나마 높게 나타나는 것이다.

직물업의 전반적인 사양화 및 제조업의 영세화 경향과 더불어 나타나는 또 한 가지 주목해야 할 현상은 제직을 외부에 위탁하는 소위 '데바타出機'의 증가이다. 자영 제조업자들의 핵심 생산 공정인 제직은 우치바타內機, 시이레바타仕入機, 데바타出機의 세 형태로 분류된다(第21次 西陣機業調査委員会 2016:42). 우치바타란 직물제조업자가 스스로 기획한 제품을 자신의 공장에서 자신의 직기로 직접 혹은 고용한 종업원이 제직하는 형태를 말한다.

시이레바타란 중개상이 제품을 기획하여 직물제조업자에게 제직을 위탁하고, 제품을 받을 때 원재료비를 포함하여 대가를 지불하는 형태를 말한다. 즉 제직을 수탁한 업자가 원재료를 스스로 수배하여 제직한 후 그 재료비를 포함한 금액을 위탁한 기업으로부터 받는다. '원재료를 스스로 수배한다'는 것은 재료를 실제 필요한 양보다 과잉으로 주문하거나 혹은 적합하지 않은 재료를 구입하거나 하는 등 재료 수배 과정에 따르는 위험 부담을 직물제조업자가 짊어진다는 것, 즉 책임 및 위험을 일부 나누어 갖는다는 것을 의미한다.

데바타란 중개상이나 직물제조업자가 기획한 제품의 원재료 및 문양정보를 입력한 플로피디스크(문지紋紙)를 독립 쇼쿠닌(직조공)에게 넘겨 직물을 짜도록 하고, 완성품을 받을 때 가공임加工賃을 지불하는 형태를 말한다. 데바타는 시이레바타와 달리 제직을 위탁한 측이 생산과정에 수반되는 책임이나 위험을 모두 짊어진다.

〈표 7-4〉 생산형태의 추이[6]

연도	우치바타	우치바타+데바타	데바타	시이레바타	기타*
1975	21.7%	44.5%	22.1%	0.5%	11.1%
1990	18.3%	27.3%	37.2%	3.1%	14.1%
1999	19.8%	22.8%	43.7%	1.6%	12.1%
2005	17.7%	25.5%	46.5%	3.4%	6.9%
2011	20.3%	22.8%	49.1%	1.9%	6.0%
2014	21.5%	20.9%	48.3%	1.9%	7.4%

* 기타는 우치바타+데바타+시이레바타, 우치바타+시이레바타, 데바타+시이레바타 등이다.

〈표 7-4〉를 보면 2014년 현재 니시진에서 가장 많은 생산형태는 데바타로 155개사 48.3%를 차지한다. 두 번째는 우치바타로 69개사 21.5%이며, 세 번째가 우치바타+데바타로 67개사 20.9%이다. 나머지는 시이레바타, 우치바타+데바타+시이레바타, 우치바타+시이레바타, 데바타+시이레바타 형태로 모두 10개사 이내, 각각 3% 미만을 차지한다. 데바타만 하는 경우는 지속적으로 증가하고 있는데, 이는 니시진 이외 지역의 업체를 활용하게 된 결과라고 할 수 있다. 니시진 직물제조업자들은 외부 위탁에서

---

6 第21次 西陣機業調査委員会(2016:42)에서 재구성.

시이레바타가 줄고 데바타가 증가하고 있다는 사실은 생산 과정에서 창의성이 발휘될 여지가 그만큼 줄어들고 있다는 의미라고 말한다. 경영이 점점 어려워지는 상황에서는 기업들이 위험부담을 줄이기 위해 위탁받은 대로 제품을 생산하여 넘기는 형태를 선호하기 때문이다.

〈표 7-5〉를 보면 전반적으로 우치바타가 감소하고 데바타가 증가하는 경향을 보이며, 데바타 중에서도 특히 교토 북부 단고 지역의 데바타가 니시진 전체 직기 대수의 반 이상을 차지하고 있음이 주목된다. 이는 고도 경제성장기 이후 교토 시내에서 데바타를 확보하기가 점점 어려워지는 반면, 단고 지역의 생산품은 니시진오리 인증을 받을 수 있어 이곳에 데바타가 집중되고 있기 때문이다.

〈표 7-6〉에서 데바타의 지역별 구성비를 보면 2014년 현재 데바타 2,654대 중 교토 시내의 데바타는 555대 20.9%에 불과한 데 비해 시외(다른 부현府縣 포함)의 데바타는 2,099대로 전체 데바타의 79.1%를 차지하였다. 시외의 데바타 중에서도 단고의 데바타는 1,932대로 전체 데바타의 72.8%로 나타난다.

〈표 7-5〉 형태별, 지역별 직기 대수 구성의 추이[7]

연도	시내 우치바타	시외 우치바타	시내 데바타	단고 데바타	기타 지역 데바타
1975	27.1%	7.9%	25.0%	30.0%	10.0%
1993	16.8%	7.8%	16.9%	54.6%	3.9%
2002	22.4%	4.4%	18.8%	50.7%	3.7%
2011	22.4%	5.5%	15.4%	52.2%	4.4%
2014	24.8%	5.5%	14.6%	50.7%	4.4%

---

7 第21次 西陣機業調査委員会(2016:76-77)에서 재구성.

<표 7-6> 2014년 데바타 직기 대수의 지역별 분포[8]

부내 2,543대	시내	555대	20.9%	95.8%
	단고	1,932대	72.8%	
	부내	56대	2.1%	
타 부현 111대	시가	31대	1.2%	4.2%
	효고	63대	2.4%	
	그 외	17대	0.6%	
계		2,654대	100.0%	100.0%

<표 7-7> 생산수량 및 출하금액 면에서 단고 지역이 차지하는 비율(2014)[9]

생산부문	생산수량	출하금액
오비지	79.4%	48.9%
기모노지	82.8%	77.3%
긴란	59.2%	41.6%
넥타이용 직물	64.0%	59.5%
실내장식 직물	14.1%	0.6%
니시진 전체 생산품목	–	31.8%

단고 지구의 데바타 이용은 1955년 기모노지 부문에서 시작한 후 오비지 부문까지 확대되었으며, 시간이 갈수록 그 의존도가 높아져 왔다. <표 7-7>의 2014년 조사 자료를 보면 니시진 전체 직물 생산량 중 오비지 79.4%, 기모노지 82.8%, 긴란 59.2%, 넥타이용 직물 64.0%, 실내장식 직물 14.1%를 단고 지역 데바타가 생산하고 있다. 단고 지역에 대한 의존도가 심화되는 이유는 첫째, 단고 지역이 니시진 직물업에서 주요 제직 지역으로 자리 잡았다는 사실, 둘째, 니시진 직물 생산형태에서 데바타가 더욱 중요해지는 상황에서 단고 지역이 니시진 직물 생산의 변동 과정에서 완충

---

8 第21次 西陣機業調査委員会(2016:76)에서 재구성.
9 第21次 西陣機業調査委員会(2016:50)에서 재구성.

역할을 담당하고 있다는 것이다(第21次 西陣機業調査委員会 2016:49-50). 단고 외에 시가현滋賀県, 효고현兵庫県 등에도 데바타가 있으나 전반적으로 감소하는 추세이며, 타 현에서 감소한 만큼의 데바타 수가 단고 지역으로 옮겨 가는 현상도 보인다.

이처럼 교토 시내의 데바타 대수가 계속 감소하고 단고 등 다른 지역의 데바타가 증가하는 이유로는 첫째, 니시진 지역 등 교토 시내에서 데바타 업자가 고령화하고 있지만 다른 직종의 취업 기회가 비교적 많아 젊은 층을 확보하기가 어려운 데 비해 단고 등지의 교토부 내에서는 젊은 인력을 구하기가 상대적으로 용이하다는 사실, 둘째, 단고 등 원격지 데바타에 일감을 대신 전해 주는 중개인(도리쓰기텐取次店)을 개입시켜 기술지도나 품질관리에 들어가는 수고를 줄일 수 있다는 점, 셋째, 중개인에게 지불하는 비용이 있음에도 불구하고 원격지 데바타의 인건비가 상대적으로 싸기 때문에 우치바타나 교토 시내 데바타를 이용하는 것보다 제직비용이 비싸지 않다는 점 등이 지적된다(第20次 西陣機業調査委員会 2013:70-71).

그 외에도 중개인을 통해 시외 지역의 데바타를 이용하면 오랫동안 직접 만나가며 형성하는 의리신용관계에 대한 부담감을 줄일 수 있다는 측면이 있다. 일본의 상거래 관계에서 면대면의 의리신용관계는 경제적 관계에 인간성을 부여하고 고용의 안정성을 확보하는 기능적 장점이 있다. 그러나 경기가 안 좋아 거래를 중단하거나 거래처를 바꾸어야 할 경우에는 입장이 난감해진다. 단고에서 제직한 직물에 니시진직물공업조합에서 발행하는 니시진오리 증지를 붙일 수 있다는 점도 데바타가 단고로 집중되는 주요 이유 중 하나이다. 그러한 영향 등으로 인하여 니시진의 전체 직기 대수 중에서 단고 데바타 대수가 차지하는 비율은 지속적으로 증가하여 1975년에 전체의 30% 정도이던 것이 1993년에는 50%를 넘겼으며, 이후 이러한 상황이 큰 변동 없이 지속되고 있다.

3. 유통 및 판매 구조의 변화

니시진 직물 유통과정의 전통적인 상업 관행은 산업 전체가 사양화되는 동안 제대로 개선되지 못하여 제조업자와 관련 기술자들이 피해를 보는 경우가 있었다. 특히 다른 직물 산지보다 역사가 오래되고 산업 규모가 컸던 니시진에 존재한 특수한 형태의 중개상(가미나카가이)으로 인해 폐해가 더욱 두드러졌다. 이를 개선하기 위해 전통의상 거래개혁운동이 교토시를 비롯하여 전국적으로 추진되어 왔다. 이 절에서는 니시진을 중심으로 거래개혁운동의 효과와 영향에 대해 살펴본다.

전통의상업계의 불합리하고 불투명한 거래관행을 개혁하여 정상적인 거래질서를 확립하는 것은 유통비용을 줄여 소비자들에게 질 좋은 제품을 합리적인 가격대로 제공하려는 '소비자 지향 모노즈쿠리消費者指向のモノづくり' 정신을 관철하는 것과도 연결된다. 교토전통의상산업진흥재단京都和裝産業振興財団은 2000(헤이세이 12)년 소비자의 희망에 정확히 대응하여 신뢰를 회복한다는 목적하에 "21세기를 향한 근대적 상업거래 확립 및 경영기반 안정 등을 통해 일본 전통의상의 진흥을 도모하고 생산, 가공 및 도소매업에 관계하는 모든 사람이 총력을 결집하여 사회경제환경의 변화에 유연하게 대응할 수 있는 상업거래의 개혁과 그 실행을 추구"하는 상업거래 개혁선언을 공표하였다(第20次 西陣機業調査委員会 2013:19). 그러나 어음 지불기간 단축이나 현금 지불 증가와 같이 지불 상황이 약간 개선되었을 뿐, 불합리한 할인 강요나 관행에 따라 계약서 없이 진행하는 거래 등 불투명하고 애매한

거래양식에는 큰 변화가 없었다고 한다.

거래개혁선언에서는 ① 상업거래의 우월적 행위 등의 배제 및 소비자 지향의 배려, ② 상업거래의 명확화, 문서화(계약서, 주문서 등), ③ 지불기간의 단축 및 전액 지불, ④ 가공대금의 현금 지불, ⑤ 지불어음 결제기한 단축, ⑥ 할인 철폐 등 6개 항목을 시정과제로 제시하였다. 그러나 이러한 조항들의 실제 개선 정도를 물은 조사에서 대부분의 니시진 직물업자들은 개혁이 거의 이루어지지 않았다고 답하였다. 예를 들어 거래 계약 상황에 대한 응답 결과 중 할인강요의 관행에 대해서는 2011년도 조사에서와 마찬가지로 2014년도 조사에서도 응답 기업의 90% 이상이 변화가 없다고 답변하였다(第21次 西陣機業調査委員会 2016:23).

(1) 니시진 직물 판매처의 변화

〈표 7-8〉을 보면 2014년 오비지 판매처에서 니시진 산지도매상(가미나카가이)이 차지한 비율은 2011년에 비해 조금 감소하였으나 36.0%로 여전히 최다 판매처이다. 그 뒤로 무로마치 도매상(시모나카가이)이 15.4%를 점하였다. 그 외 지구의 도매상 및 소매상의 비율은 각각 15.1%와 28.2%이다. 오비지의 경우 니시진 산지도매상이 1위인 데는 변함이 없으나 2008년까지만 해도 2위 판매처이던 무로마치 도매상이 3위로 떨어졌다는 점이 주목된다(2011년도에는 4위). 기모노지의 경우 니시진 산지도매상 및 무로마치 도매상의 비율이 조금씩 감소하여 2014년에 23.2%와 32.9%가 되었으며, 기타 지구의 도매상과 소매상의 비율은 각각 29.5%와 10.2%까지 상승하였다. 오비지와 달리 기모노지의 판매처 순위는 1위 무로마치 도매상, 2위 그 외 지구의 도매상이며, 2011년도까지 2위였던 니시진의 산지도매상은 3위로 떨어졌다.

전체적인 판매처의 변화 흐름을 보면 오비지의 경우 이전에는 니시진 산지도매상에서 전체의 60% 이상이 판매되었으나 1999년 이후 감소하기 시작하여 2002년도에 50% 이하로 떨어졌다. 2014년 조사에서는 수치가 더 떨어져 산지도매상 판매 비율이 이전 수준으로 증가하는 일은 없을 것으로 전망된다(第21次 西陣機業調査委員会 2016:57).

〈표 7-8〉 오비지 및 기모노지의 판매처별 금액 비율[10]

[오비지]

연도	니시진 산지도매상 (가미나카가이)	무로마치 도매상 (시모나카가이)	그 외 지구의 도매상	소매상(백화점, 고후쿠야 등)	기타*
2005	44.7%	17.4%	7.4%	16.1%	14.4%
2008	49.6%	17.1%	8.0%	13.2%	12.1%
2011	41.8%	16.2%	16.8%	20.3%	4.9%
2014	36.0%	15.4%	15.1%	28.2%	5.3%

[기모노지]

연도	니시진 산지도매상 (가미나카가이)	무로마치 도매상 (시모나카가이)	그 외 지구의 도매상	소매상(백화점, 고후쿠야 등)	기타*
2005	36.7%	40.0%	13.4%	3.5%	6.4%
2008	30.6%	39.0%	14.7%	4.5%	11.2%
2011	29.3%	37.0%	17.7%	12.8%	3.2%
2014	23.2%	32.9%	29.5%	10.2%	4.2%

* 기타는 교토 지구 내의 기타 도매상 및 인터넷 판매량, 기타 직판 판매량의 합계임.

기모노 판매처 순위는 2002년에 니시진 산지도매상과 무로마치 도매상의 순서가 역전된 이래 무로마치 도매상이 제일 큰 판매처로 남았다. 따라서 오비지와 기모노지 모두 주된 판매처가 니시진 고유의 '매계상'임에는 변화가 없으나 장기적으로 보면 판매처가 다양화되고 있는 것으로 나타난

10 第20次 西陣機業調査委員会(2013:52) 및 第21次 西陣機業調査委員会(2016:57)에서 재구성.

다. 니시진 산지도매상 및 무로마치 도매상의 판매 비중은 오비지의 경우 1996년까지, 기모노지의 경우 1999년까지 모두 80%를 넘었다. 그 후 판매처가 다양화되어 니시진 산지도매상 및 무로마치 도매상에 판매하는 비율이 점차 줄어들고(2014년에 두 곳을 합하여 오비지는 51.4%, 기모노지는 56.1%로 줄어듦) 그 외의 경로인 기타 지구의 도매상이나 백화점 같은 소매상으로 판매되는 비율이 조금씩 증가하고 있다.

(2) 판매방법 및 거래조건의 변화

니시진 직물의 판매 방법에는 매절과 위탁의 두 종류가 있다. 니시진 산지도매상이나 무로마치 도매상과 직물제조업자(오리야織屋) 간의 전통적인 거래 방법은 팔리지 않더라도 반품하지 않는 것을 전제로 하는 '매절'이 원칙이었다. 매절하면 만일 제품이 팔리지 않아 재고로 남더라도 그에 대한 책임을 중개상이 진다. 반면 위탁판매를 하면 중개상이 판매되지 않은 제품을 생산자에게 반품하므로 직물제조업자가 재고를 부담하게 된다. 2014년 조사에서 니시진의 직물제조업자들이 제품의 판매형태 및 조건 면에서 개선 과제로 가장 많이 지적한 것이 '위탁거래 철폐'였다. 이들의 요망에도 불구하고 실제 거래에서는 매절이 줄어들고 위탁이 늘어나 2014년 조사에서는 오비지의 경우 45.9%, 기모노지의 경우 69.9%에 이르렀다(〈표 7-9〉 참조).

<표 7-9> 판매금액 중 매절과 위탁판매의 비율[11]

[오비지]

연도	매절	위탁	기타
2005	58.6%	40.7%	0.7%
2008	54.9%	43.9%	1.2%
2011	54.6%	44.6%	0.8%
2014	52.5%	45.9%	1.6%

[기모노지]

연도	매절	위탁	기타
2005	52.3%	47.7%	0.0%
2008	45.5%	54.3%	0.2%
2011	39.8%	60.1%	0.1%
2014	30.1%	69.9%	0.0%

이와 같은 현상은 니시진 고유의 산지도매상(매계상)의 기능이 약화되고 있음을 의미한다. 영세 규모의 직물제조업자들이 제품을 스스로 판매하기가 어려워 매계상에 판매를 의존하였고, 이러한 관계를 이용하여 매계상은 직물제조업자에 대해 우월한 입장에 서서 어음거래나 어음할인, 가격할인 등을 강요하고 어음기한을 마음대로 정하거나 지불기한을 연장하는 등의 '횡포'를 자행해 온 면이 있었다.

그러나 이 관계에 항상 부정적 측면만 있었던 것은 아니다. 제6장에서 살핀 산지도매상인 하세가와 씨의 진술처럼 그 관계는 "서류나 계약이 필요 없는 신용관계"로 서로 믿을 수 있는 사이에서만 가능하였으며, 매계상이 매절이라는 원칙하에 영세 직물업자들에게 자금을 대주고 나아가 재고부담을 짊어짐으로써 그들을 지탱해 온 면이 있기 때문이다. 니시진에 영세 직물업자들이 다수 존재할 수 있었던 데에는 니시진 고유의 산지도매상

---

11 第20次 西陣機業調查委員會(2013:54) 및 第21次 西陣機業調查委員會(2016:59)에서 재구성.

의 역할이 매우 중요하였다. 이들 덕분에 영세한 니시진의 직물제조업자들이 창의적인 제품을 계속 만들어 내고 니시진 제품의 생명인 다양성, 독창성이 유지될 수 있었다고 볼 만한 측면이 있다.

그러나 니시진 직물업의 전반적인 사양화 경향과 함께 니시진 산지도매상 고유의 기능도 약화되고 있다. 매절 원칙이 무시되는 경우가 많아 이름은 매절이지만 실제로는 위탁 거래에 가까운 경우가 늘고 있기 때문이다. 이런 상황에서 직물제조업자들이 매계상에게 가지는 믿음은 약화되는 반면 계약서 없는 거래나 할인 강요 등의 관행은 그대로여서 간극이 생겨나고 있다. 예를 들어 직물제조업자가 매계상에 제품을 넘길 때 가격을 결정하는 방식에서 직물제조업자들의 의견이 반영되거나 쌍방 의견 교환을 통하여 대등하게 결정하는 등 상황이 약간 개선되고 있으나 여전히 직물제조업자들이 제품의 소매가격을 정해서 거래하는 경우는 전체의 4분의 1에 미치지 못하며, 직물제조업자들이 자신이 생산한 제품의 최종가를 아는 경우가 전체의 50%에 미치지 못한다(第21次 西陣機業調査委員会 2016:60).

이와 같은 상황은 니시진 직물의 유통과정에 중개상이 개입할 여지가 매우 많으며, 그 혜택이 생산자에게 돌아가지 않고 소비자는 피해를 보게 됨을 의미한다. 현재 니시진 직물업에 종사하는 많은 사람들이 니시진 직물업계뿐만 아니라 전통의상 산업 전반에 걸쳐 가장 큰 문제로 부당한 고가 판매 행위를 지적하며, 개혁운동의 주요 과제 중 하나는 소비자의 가격 불신을 불식하는 것이다. 다시 말해 유통과정에서 생성된 가격의 불합리성과 생산자—소비자 간의 괴리가 주요 문제로 인식되고 있다. 직물제조업자들은 과거에 니시진의 매계상들이 제대로 기능할 때는 제품의 가치를 제대로 알고, 좋은 물건에 합당한 가격을 산정하며, 좋은 제품을 소비자들에게 전달했다고 말한다. 그러나 오늘날에는 유통 마진만 중시할 뿐, 과거와 같은 전문성이나 도덕성을 찾아보기 어려워 그저 '장사꾼'일 뿐이라고 느끼고 있다. 니시진의 직물제조업자들이 직접 판매를 시도하거나 유통과정의 불합리성을 개선하려는 움직임은 그러한 인식을 반영하고 있다(제9장 참조).

(3) 니시진 직물의 생산품종 및 출하금액의 변화

니시진의 주요 생산품은 견사가 기본 재료인 선염문직물先染紋織物이다. 주된 품종은 메이지기 이전부터 제직해 온 오비지, 기모노지, 긴란 등의 선발 전통직물 부문과 메이지기부터 제직한 넥타이용 직물, 견 숄, 광폭천, 광폭 복지, 실내장식 직물 등의 후발 신흥직물 부문으로 분류된다.

〈표 7-10〉 2014년 생산·매입량 및 출하금액[12]

품종	생산·매입량 실수(2011년 대비 %)	출하금액 실수(천 엔)(2011년 대비 %)	구성비 (%)
오비지	577,085개 (87.2)	15,979,350 (107.9)	47.9
기모노지	37,255단 (79.8)	1,340,880 (83.0)	4.0
긴란	325,898m² (64.9)	3,197,939 (88.5)	9.6
넥타이용 직물	327,758개 (70.6)	349,136 (77.1)	1.0
견 숄	4,060매 (26.5)	13,000 (41.3)	0.04
광폭 천	- (-)	- (-)	-
광폭 복지	14,400m² (125.0)	36,000 (120.0)	0.1
실내장식 직물	19,305,715m² (77.4)	11,640,443 (80.3)	34.9
기타	148,825점 (72.2)	815,945 (191.3)	2.4
합계		33,372,693 (94.1)	100.0

12 第21次 西陣機業調査委員会(2016:45). '매입'은 생산제조업자가 다른 제조업체에서 사들여 납품한 것을 의미한다.

〈표 7-10〉을 보면 선발 전통직물 부문의 2014년도 생산·매입량이 2011년보다 전체적으로 감소하였다. 오비지는 13% 감소하여 57만 7,000여 개, 기모노지 역시 20% 감소하여 3만 7,000여 단으로 떨어졌다. 2005년도 이후 비교적 안정적이던 긴란도 2011~2014년에 35%가 감소하여 약 32만 6,000m²이 되었다.

후발 신흥직물 부문에서도 1999년 이래 계속 증가해 온 실내장식 직물은 2011년 대비 23% 감소하여 1,930만여 m²가 되었으며, 넥타이용 직물도 30% 감소하여 32만 7,800개로 줄어들었다. 견 숄도 4,060매로 2011년의 거의 4분의 1 수준으로 감소하였으며, 기타는 28% 정도 감소하여 14만 8,825점이다. 유일하게 광폭 복지만 25% 증가하여 1만 4,400m²가 생산되었다.

즉 광폭 복지 이외에 모든 품종의 생산·매입량 및 출하금액이 감소하고 있으며 그중에서도 견 숄, 넥타이용 직물, 실내장식 직물의 낙폭이 크다. 넥타이용 직물의 감소에 대하여 조사보고서에서는 "저탄소 사회 실현을 지향한 여름철의 '쿨 비즈cool business' 운동이 동일본 대지진 이후의 절전 행동의 영향으로 더욱 확산되었기 때문이라 말할 수 있다"라고 해석하였다(第20次 西陣機業調査委員会 2013:41). 지난 수차례의 조사에서 비교적 안정적인 추이를 보였던 실내장식 직물이 2011년에 이어 2014년 조사에서도 감소한 현상에 대해서는 "실내장식 직물의 중심 품목이던 차량용 직물 생산이 자동차 해외생산의 진전 및 국내 생산의 부진으로 인해 감소했기 때문이다"라고 분석하였다(第21次 西陣機業調査委員会 2016:46).

〈표 7-10〉의 자료를 니시진 직물 생산량이 최고 수준에 달한 1975년도(39년 전) 자료와 비교해 보면 오비지 약 7.9%, 기모노지 1.5%, 긴란 18%, 넥타이용 직물 2.4%, 견 숄 1.4%, 실내장식 직물 64% 수준이다. 즉 실내장식 직물을 제외한 모든 품종이 큰 폭으로 감소하였다. 특히 선발 전통직

물 부문에서 지금까지 니시진 직물업의 주력이었던 오비지가 10% 이하로까지 감소하였다는 점이 주목된다. 이처럼 장기적으로 전통직물 부문의 주력 품종이 모두 크게 감소한 현상의 배경으로 조사보고서는 "첫째, 장기적으로 보아 우리나라의 인구·세대수 감소 및 생활양식의 양풍화洋風化가 더욱 진전되어 전통의상 수요의 감소를 멈출 수 없다는 점, 둘째, 전통의상 시장에서 소비자와 직접 만나는 소매업계가 점포 수의 격감 및 후계자 난 등으로 인해 그 기능을 상실해 가고 있다는 점, 셋째, 오비·기모노의 리사이클 붐이 등장한 점" 등을 들었다(第21次 西陣機業調查委員会 2016:46).

후발 신흥직물 부문에서 넥타이용 직물의 생산량 및 판매량이 격감한 배경으로 조사보고서는 '쿨 비즈' 운동과 동일본 대지진 이후 절전 행동의 확산, 값싼 해외제품 수입 등으로 국내 넥타이 소비량이 줄었을 것이라고 해석하였다. 또한 니시진의 직물은 해외 브랜드의 원재료로도 공급되고 있으므로 해외에서 단가가 높은 니시진의 직물이 기피되고 있는 것도 주요 원인으로 추측된다. 광폭 복지의 생산량은 증가하고 있지만 전체에서 차지하는 비율이 0.1%에 불과하여 전체 생산량에 영향을 미치기는 어려워 보인다.

실내장식 직물의 경우 생산량이 감소하고 있으나 전반적으로 꾸준히 생산되어 1975년도 대비 64% 수준을 유지하고 있다. 주요 품목은 차량용 직물(자동차 시트커버 등)로서, 최근 들어 부진하지만 장기적으로 일본의 자동차 산업이 호조를 유지해 왔기 때문에 니시진의 차량용 직물 생산량도 유지될 수 있었다. 넥타이를 비롯하여 광폭 복지나 차량용 직물은 대부분 대기업에서 역직기로 대량생산하는 품목이다. 제4장에서 살펴본 가와시마오리모노川島織物나 니시진에서 비교적 역사가 오래된 오리야인 다쓰무라오리모노龍村織物13 등이 이 부문의 대표적인 직물제조업자들이다. 그렇지만 신흥 직물 부문은 니시진의 고유성을 드러낼 수 있는 품종이 아니다.

전통직물 부문에서는 오비지, 특히 역직기로 양산하는 대중품 생산량이 감소하고 있다. 반면 수직기로 직조하여 부가가치가 높은 고급품은 소규모 제조업자들에 의해 꾸준히 생산되고 있는 것으로 보인다. 이러한 현상은 악화되는 산업 환경에서 경쟁력을 유지하기 위해 채택한 전략의 결과라고 볼 수 있다.

---

13 메이지기 이래 고대 직물 복원으로 널리 알려진 다쓰무라 헤이조龍村平藏가 시작한 오리모토織元로서 후계자 분쟁으로 수년 전 미술공예직물부는 분리되어 별도로 운영되고 있다(Moon 2013).

제 8 장

니시진 지역사회의 변용

오랫동안 니시진을 연구한 미국의 사회사가 고故 타마라 헤이러번은 '니시진'이라는 말의 의미를 다음과 같이 정리하였다(Hareven 2002:25-26, 진한 글씨는 필자 강조).

니시진은 3개의 서로 관련된 실체를 일컫는다. 즉 500년 넘게 비단을 짜온 교토의 황궁 서쪽 **지역**, 일본에서 가장 복잡하고 섬세한 직조 기술을 요하는 **생산과정**, 그리고 마지막으로 결혼식이나 차도茶道 의식, 노能 연극, 전통적 마쓰리祭 등과 같은 최상급 의례에 입는 오비나 종교인의 예복으로 쓰이는 비단인 **고유의 생산품**을 의미한다. 니시진오리는 일본에서 일종의 문화재로 여겨진다. 그곳에 사는 직조공, 장인, 제조업자, 상인 들에게 니시진이 '마을'로 일컬어지는 데서 알 수 있듯이 니시진은 지역 공동체에 수세기 동안 뿌리내려 온 가내공업 기술과 산업의 전통을 의미하는 삶의 양식이기도 하다. 수세대에 걸쳐 니시진의 제조업자, 쇼쿠닌職人, 상인 들은 '니시진 사람'으로서 강력한 정체성을 발전시켜 왔다.

즉 '니시진'이란 단순히 니시진에서 생산된 견직물이나 그것을 생산하는 기술을 의미하는 것이 아니라 그것을 생산하는 사람들이 수백 년간 한 지역에 모여 살면서 만들어 온 삶의 양식이자 지역의 전통이라는 것이다. 그렇다면 그 같은 니시진 고유의 삶의 양식과 지역의 전통은 오늘날 어떤 모습으로 남아 있는가? 이 책의 여러 곳에서 니시진 지역의 독특한 문화가 산업의 쇠퇴 속에서 변질되거나 사라져 가고 있음을 엿보았는데, 이 장에서는 그 변화의 내용과 의미를 보다 구체적으로 살펴보고자 한다. 우선 지리적 공간으로서 니시진의 특징을 개괄하고, 직주일체의 가내공업적 생활양식의 성격을 쇼쿠닌의 정신과 연결하여 살펴본다. 마지막으로 니시진의 사회적 성격을 묘사할 때 흔히 사용되어 온 '니시진 마을'의 의미를 니시진의 인간관계의 특징과 함께 살펴본다.

1. '지역'으로서의 니시진

'니시진'이라고 일컬어진 지역은 시간이 흐르면서 상당한 변화를 겪었던 것으로 보인다. 18세기 중반에 써진 『야마시로메세키준코지山城名跡巡行志』에서는 니시진이 "호리카와堀川의 서쪽, 이치조一条의 북쪽, 스자쿠朱雀(지금의 센본도리千本通)의 동쪽"이라 하였다. 지금은 그 지역이 훨씬 넓어져 북쪽으로 기타오지도리北大路通, 남쪽으로 마루타마치도리丸太町通, 서쪽으로 니시오지도리西大路通, 동쪽으로 가라스마도리烏丸通에 둘러싸인 지역으로 확장되었다(深見きみ 1988:7). 그러나 그 중심은 예나 지금이나 남북을 가로지르는 오미야도리大宮通와 동서로 이어지는 이마데가와도리今出川通가 만나는 십자로이다(그림 8-1). 이 십자로의 이름인 '센료가쓰지千両ヶ辻'는 하루 천 냥의

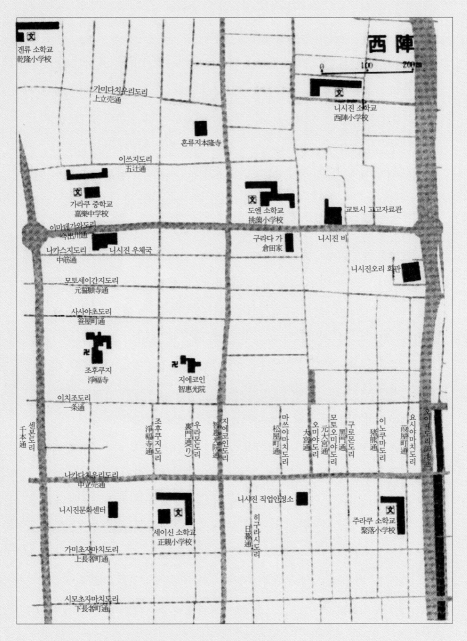

그림 8-1 20세기 초의 니시진 지역 (深見きみ 1988:9에서 인용).1

하물이 오고가는 중요한 상매商賣의 거리라는 데에서 유래한 이름으로, 여기서 하물이란 견직물의 원료인 생사를 말한다.

센료가쓰지 교차로를 남북으로 가로지르는 오미야도리는 오늘날의 기준으로 보면 초라할 정도로 좁은 길에 불과하나, 헤이안 시대에는 오미야오지大宮大路라 불리었다. 궁정에서 쓰는 '오미야키누大宮絹'를 생산하였다던 오리베초織部町나 오미야토네리초大宮舎人町 등의 지명에는 초町(자치행정단위)라는 이름이 남아 있다. 지금도 북쪽의 고쓰지도리五辻通에서 남쪽의 모토세이간지도리元誓願寺通까지의 길을 '이토야마치糸屋町'라 부르는데, 이곳은 에도 시대에 수십 개의 생사 도매상들이 늘어선 거리였으며, 1980년대 말 1990년대 초까지 교토원사상협동조합京都原絲商協同組合 회원의 40~50%가 이토야마치의 생사 도매상 및 중개상이었다고 한다. 이들을 통칭해 이토야라고 불렀으며, 그중에는 직물제조업자에게 자금을 대줄 만큼 규모가 큰 곳도 있었다.

생사 도매상, 중개상들이 밀집했던 이토야마치에서 조금 더 남쪽으로 내려가 동서로 연결되는 사사야초도리笹屋町通는 하타야織屋들의 거리로 대부분의 주민들이 직물을 짜는 사람들이었다. 1990년대까지만 해도 이곳을 지날 때면 찰카닥 찰카닥 직기 돌아가는 소리가 들렸다고 한다. 특히 오메시お召し라는 기모노 천을 생산하는 직물 공장들이 모여 있었는데, 보통 한 집에 50~100대의 역직기가 돌아갔으며 니시진 오메시 총 생산량의 30%

---

1 이 지도에서 가장 오른편에 남북으로 이어지는 대로는 호리카와도리堀川通이나 여기서는 무슨 이유에서인지 오이케도리御池通로 잘못 표시되어 있다(오이케도리는 이 지도를 벗어나 훨씬 남쪽에 있는 동서로 가로지르는 대로이다). 하지만 전체적으로 니시진의 핵심지역을 잘 보여 주는 지도이다. 니시진 소학교, 도엔 소학교, 주라쿠 소학교 등은 나중에 니시진 중앙소학교(지도상의 도엔 소학교 자리)로 합병되었다.

이상이 이 지역에서 만들어졌다고 한다.

1900년대 초까지만 해도 니시진 핵심 지역(그림 8-1)에 밀집한 직물 관련 업소의 규모는 직물공장 약 300여 개소, 직물제조업자(오리모토織元) 약 300호, 관련 가내공업 2,000여 호, 임기업자(진바타賃機) 7,000여 호였으며, 니시진에서 생산된 직물의 양은 전국 총 직물 생산량의 10%에 달했다고 한다(深見きみ 1988 : 12).

견직물의 원료인 생사가 생산지에서 교토의 니시진에 이르는 경로는 다음과 같다. 먼저 간토 지방의 군마현 등 유명 양잠 지역에서 고치를 제사 공장 지역으로 보낸다. 만들어진 생사는 요코하마橫浜의 시장으로 유입되고, 각지에서 온 생사 도매상들의 입찰을 거쳐 니시진 같은 직물 생산지로 들어간다.

일본의 '실크로드'라고도 일컬어지던 이 같은 경로를 거쳐 니시진에 생사가 들어오면 도매상은 생사를 창고에 보관하였다가 중개상에게 넘기고, 중개상은 다시 직물제조업자에게 생사를 넘긴다. 에도 시대 말기인 19세기 중엽 이후 그 수가 크게 늘어난 중개상들은 신용과 상재를 증명하지 않으면 좋은 생사를 많이 확보한 유수의 도매상들과 거래를 트기가 매우 어려웠다. 농촌 출신인 신참 중개상들은 대부분 생사 도매상에 머슴 같은 호코奉公로 들어와 제일 하급 점원인 뎃치丁稚를 거쳐 점장 격인 반토番頭의 지위에까지 오른 다음 겨우 벳케別家 자격을 얻어 노렌와케暖簾分け 한 이들로, 매일 아침 이토야마치를 돌며 도매상들 집의 나무창틀 사이를 기웃거리며 안에서 들어오라고 말할 때까지 거리를 배회하는 풍경이 매우 흔했다고 한다.

중개상은 생사를 사는 입장이었음에도 불구하고 자금력을 가지고 생사를 확보한 도매상에게 생사를 구하지 못하면 영업이 불가능했으므로 공급자인 도매상이 중개상보다 권력이 강했다. 일단 도매상의 상점으로 들어가 견본 생사를 면밀히 살펴본 후 다른 중개상들을 견제하며 적절한 가격을 불러야 생사를 확보할 수 있었으므로 비밀스럽게 거래하는 것이 관례였다. 거래가 성사된 후 도매상의 점원이 창고에 가서 생사를 내어 주면 중개상은 그것을 받아 '뎃치쿠루마丁稚車'라 부르는 수레에 싣고 이마데가와오미야 교차로에서 조금 북쪽으로 들어간 곳에 있는 검정소檢定所에 가지고 가서 실의 수분 함유량 등 품질 증명을 받은 후 자신의 가게로 실을 운반한다. 생사는 살아 있는 생물과 같아서 습기가 차면 무게가 늘고, 건조하면 무게가 크게 줄어드는 까닭에 상매가 이루어진 후 중량이 달라지는 경우가 흔하여 쟁의가 잦았다. 따라서 정부에서는 검정소를 설치하여 잠사동업조합蠶絲同業組合의 직원이 일단 거래가 이루어진 생사를 검사하여 증명서를 발급해 줌으로써 분쟁을 줄이도록 하였다.

전통 와소和裝 산업의 경우 요코하마에서 견사를 입찰할 때부터 거의 현금이 오고가지 않았다. 비록 구두로 하였다 해도 일단 상매가 이루어진 후에는 절대 물릴 수 없으므로 구입한 후 생사 가격이 오르거나 떨어져 도매상과 중개상 간에 희비가 엇갈리는 경우가 흔하였다. 중개상은 도매상에게서 생사를 확보한 후 자신이 '거느린' 직물제조업자들에게 각각 전문적으로 취급하는 직물 종류에 따라 알맞은 실의 종류를 배분한다. 겉보기에는 직물제조업자가 실을 구입하는 형태이나 실제로는 직물의 핵심 원료인 생사를 확보해야 하므로 이들은 생사 도매상이나 중개상에게 예속된 위치에 있었다. 또한 현금으로 거래하지 않았던 까닭에 직물제조업자가 중개상에게 실을 빌려 직물을 짜는 격이었으므로 그 의존도가 더욱 심하였다.

중개상이 직물제조업자에게 직조할 직물의 디자인을 비롯하여 전체적인 설계를 지정해 주고 작업한 직물 양만큼 공임을 지불하거나, 생사 중개상이 실만 공급하고 직물의 설계, 디자인 등을 모두 직물제조업자가 하는 등 거래 유형이 다양하였다. 그러나 모두 현금 거래가 아니었던 만큼, 영세한 직물제조업자가 직물을 판매하지 못하여 도산할 경우 그 부담을 모두 중개상이 졌다.[2] 반면에 적당한 시기에 적당한 가격으로 생사를 확보하여 직물을 생산해 얻는 이익의 대부분을 중개상이 가져갔다. 다시 말해 어느 정도 자금력이 있는 중개상은 위험부담을 떠안는 대신 그만큼 이익률이 높은 일종의 투자가 같은 지위를 점하였던 듯하다. "생사상 3년에 망하지 않으면 큰 부자가 된다"라는 말은 그 같은 니시진의 생사 도매상 및 중개상의 위치를 잘 표현해 준다.

2. '생활양식'으로서의 니시진

일반적으로 도시사회는 사회이동이 빈번하여 근린관계가 희박해진다고 알려져 있다. 그러나 인구 150만 명인 교토는 규모상 대도시임에도 불구하고 경제구조 주체가 중소기업인 까닭에 전근대 도시적 측면을 상당 부분 유지하고 있어서 지연地緣관계가 비교적 강한 편이다(近江哲夫 1984:113). 교토시에서도 이동성이 상대적으로 낮고 자영업자의 비율이 높은 역사 깊은 전통산업 지역인 니시진은 교토의 이러한 특징을 더욱 두드러지게 드러낸다. 물론 지장산업地場産業으로서 전통직물업이 지녀온 위상은 1990년대 이

---

2 영세 소규모 직물제조업자(하타야 혹은 오리모토)들 중에는 중개상에게 실을 받아 직물을 짰으나 잘 팔리지 않아 실값을 지불할 길이 없어 직기와 집을 다 버리고 야반도주하는 경우가 많았다. 그럴 경우 중개상은 생사 대금을 그대로 떼였다.

후 쇠퇴 일로를 겪고 있으며, 결과적으로 니시진의 지역생활이 많이 변화된 것은 사실이다. 하지만 그 역사가 오래되고 동일 업종 사람들이 밀집해 살아온 지역인 만큼 타 지역에 비해 여전히 곳곳에서 전통적 특징이 발견된다.

1990년대 초에 니시진에 관한 종합적인 사회학적 조사를 주도한 다니구치 히로시 교수는 "생산양식으로서의 니시진과 생활양식으로서의 니시진"으로 구분하여 지역 특성을 이해할 필요가 있다고 주장한다(谷口浩司 1993:6-8). 그동안 니시진 직물업이 현재 처한 위기는 제2차 세계대전 이후 일본의 자본주의 발전 과정에서 축적되어 온 모순의 발현으로서, '독점 자본주의에 의한 지장산업의 해체, 재편성 및 포섭'에서 나타나는 현상으로 해석되어 왔다. 경제학적 해석에 따르면, 자본주의 발전 과정에서 '상대적인 자본축적 부족과 상대적 과잉인구'라는 2대 조건으로 인해 한편에서는 자본이 집중되어 대기업이 출현하고, 다른 한편에서는 상대적 과잉인구와 저임금 노동력이 존재함으로써 노동집약적 산업이 존속하고 그 대부분이 중소기업 형태를 띤 이중구조가 나타난다. 이러한 시각에 따르면 그동안 니시진의 직물업은 풍부한 노동력과 매계상의 존재, 다품종 소량생산이라는 조건에서 발달해 왔으나, 중소기업이 ① 대기업에 의한 계열화, ② 노동력 부족에 따른 임금 상승과 노동조건 향상에 따른 노동력 보충난을 겪듯이 니시진의 직물업도 비슷한 어려움을 겪게 되었다는 것이다. 화학섬유공업 부문에서는 최첨단 기술을 투입하여 자본설비를 갖춘 거대기업을 형성할 수 있었으나 그 외의 부문은 대부분 가내공업 생산체계에 의존해 왔으며, 고도성장기 이후 두 차례의 석유위기와 개발도상국들의 추적에 대응해야 하였다. 이러한 흐름 속에서 니시진의 직물업은 고급화를 통해 생산 종목의 질적 구성을 높이는 한편 단고 등 니시진 외부로 하청 지역을 넓혀 왔다는 것이다. '생산양식으로서의 니시진'이란 이 같은 자

본의 논리에 따른 수동적 경제 합리화 과정에서 나타난 니시진의 경제적 현실을 의미한다. 그러나 다니구치 교수는 직주職住 일체가 일반적이었던 니시진에서는 경제 논리 이외에 일터와 가족생활의 장을 중심으로 한 생활 전반의 사회적 재생산을 꿰뚫는 생활의 논리를 고려해야 한다고 주장한다. 인간이란 물살의 방향대로 흘러가는 나뭇잎 같은 존재가 아니기 때문에 일과 삶을 끌어안은 능동적 생활자들이 사는 동네로서의 니시진을 함께 살펴야 한다는 것이다. 토지와 노동력으로 집약된 '자본의 논리'만으로는 가족이나 지역에서 형성되어 온 인간관계 및 생활방식을 살필 수 없기 때문이다. 즉 기모노같이 수공예적 전통에 기반을 둔 솜씨가 없으면 안 되는 '모노즈쿠리物づくり'에 있어서는 가족이나 지역의 생활 양상, 요컨대 '토지=장소', '노동력=사람의 질'로 여겨지는 것들이 생산에 깊숙이 연결되어 있다는 것이다(谷口浩司 1993:7).

일본의 대표적 지장산업인 니시진 직물업의 변화 과정, 특히 불리한 여건에서도 끈질기게 유지되어 온 이 산업의 생명력을 이해하려면 자본의 논리와 다른 '문화적' 배경을 이해해야 한다. 그것은 첫째, 전통공예산업 노동자들의 쇼쿠닌職人으로서의 정체성과 관련된다. 오리테織手 혹은 넓은 범주의 쇼쿠닌으로 지칭되는 니시진의 직조공과 다양한 관련 공정의 장인들은 데키타카 임금제도에 따라 일한 만큼 공임을 받는다는 점에서 임금 노동자임에는 틀림없다. 하지만 이들은 자신들이 기계화된 생산과정을 보조하는 단순한 노동력이 아니라 자신의 솜씨를 표현하는 창조적인 장인이라는 자부심을 갖고 일한다. 이러한 자부심은 기술을 인정받고 명성을 얻는 사회경제적 배경하에서 더욱 강화되어 왔다.

또한 수많은 영세 가내공업들의 분업체계로 유지되어 온 니시진 특유의 생산방식하에서는 큰 자본이 없어도 일정 수준 이상의 기술과 경력을 가지면 독립 자영업자가 될 수 있었다. 특히 제2차 세계대전 이후 직물 수요의 급증에 따라 하청을 받아 직조하는 진바타實機 업자 수가 크게 늘어나면서 니시진 직물 지역이 북쪽 및 서쪽으로 더욱 확산되었다. 그와 더불어 하청 장인들이 운영하는 가내 공장들도 늘어 갔다. 직물제조업자(오리야)와 하청 장인들은 비록 직기가 5대 미만이고 가족 노동력 이외에 고용자가 두세 명에 불과한 영세 소규모일지라도 각자가 사장님이며 일정 정도의 자율성과 독립성을 가질 수 있었다.

같은 업종의 사람들이 직주일체로 영세 소규모 업장을 운영하며 오랫동안 가업을 계승해 온 니시진에서는 독특한 인간관계가 형성되었다. 메이지 2(1869)년 개교했다가 헤이세이 7(1995)년 폐교한 니시진 소학교를 통해 동일 업종 공동체라는 니시진의 특성을 살펴보자.

니시진 소학교는 교토에서 가장 먼저 개교한 공립교육기관으로서 학생 수가 지속적으로 감소하여 니시진중앙소학교로 통합되었다가 1995년 도엔桃薗 소학교에 합병되었다. 교사는 2013년 4월 가미교구上京區 구청 임시 청사로 쓰기 위해 개축 중이었다(그림 8-2). 니시진 직물 산지의 중심부에 위치했으며 126년의 역사를 지닌 니시진 소학교는 니시진의 성쇠를 상징하는 것이었다 할 수 있다. 니시진 지역사회의 특징은 이 학교의 교가 가사에 그대로 드러난다.

천 짜는 사람들의 오랜 연고에	はとりべの 古ふるきゆかりに
지금도 피어나는 예술의 꽃술	いまも咲さく 芸術たくみの華はなの
능금 비단의 자랑거리 드높은	あやにしき 誉ほまれは高たかし
당신의 그 이름 니시진	あな貴とうと その名な 西陣にしじん
동쪽을 바라보면 히에이산의 봉우리	東ひんがしに望のぞむ 比叡ひえいの嶺ね

그림 8-2 1995년 폐교된 후 가미교구 구청 임시 청사로 쓰기 위해 개축 중인 니시진 소학교

서쪽에 보이는 아타고산의 모습	西にしに見みる 愛宕あたごの姿すがた
그 산들의 높고도 웅장함에	それのごと 高たかく雄々おおしく
우리들도 날마다 힘써 배우네	我等われらまた 日々ひびに勉つとめん
쉼 없는 바디의 움직임은	絶間たえまなき 筬おさのひびきは
줄기차게 힘쓰라 가르치네	撓たわみなく 励はげめと教おしう
우리들 또한 배우는 일에	我等われらまた 学まなびの業わざに
짜여 나오는 자랑스런 비단	織おり出いでん 誉ほまれの錦にしき

니시진 소학교는 니시진 직물업에 종사한 제조업자(오리모토), 직조공(오리테), 기타 다양한 관련 공정의 장인(쇼쿠닌)뿐 아니라 산지도매상, 생사상

에 이르기까지 모든 종류의 직물업 관계자들의 자녀들이 다닌 학교였다. 교가의 가사는 바로 그러한 직물업과 지역생활의 밀접한 관련성을 그대로 드러내 준다. 특히 일터와 가정이 공존한 가내공업의 세계는 직물업과 함께 태어나 성장하고 늙어 가는 삶의 전반에 걸친 관계성을 구성하는 핵심 요소였다. 제6장에서 소개한 산지도매상 하세가와 씨의 진술처럼 어릴 적 친구들이 함께 자라서 동종 업계의 거래처로, 사장으로, 종업원으로, 하청업자로 관계를 지속할 뿐 아니라 가업을 계승하므로 대를 이어 관계가 지속되어 온 까닭에 전통산업 지역 특유의 생활양식, 행동양식, 정체성이 깊이 뿌리 내릴 수 있었다.

물론 사회적 분업의 계층화에 따라 인간관계에도 엄격한 위계가 존재하였다. 최근 100세로 작고하기까지 니시진 직물업계에서 유수한 제조업자이자 직조공으로 이름을 날린 야마구치 이타로 씨는 니시진 인간관계의 위계적 성격에 대해 다음과 같이 말한다(山口伊太郎·山口安次郎 2003:92-93).

니시진은 재미있는 곳입니다. 직물제조업자들의 모임이 있다 합시다. 그러면 누가 말하지 않아도 각자 알아서 자신의 자리에 앉습니다. "자리에 이름이 써 있지도 않은데 어떻게 모두들 자기 자리를 압니까?"라고 도쿄에서 전근 온 큰 은행의 지점장이 놀라워 했지요. 근래 들어 얼마간 돈을 벌었다 해서 상석에 앉으려 하면 당장 소동이 일어납니다.

기부금을 모을 때도 장부를 돌리는 순서가 틀리면 결코 돈이 모이지 않아요. 먼저 혼케本家[3]들 중심으로 여쭈어 본 연후가 아니면 …… 회합과 마찬가지로 요즘 돈 잘 버는 제조업자부터 돌리면 절대 안 됩니다.

예를 들어 100만 엔을 낼 수 있더라도 혼케가 20만 엔을 내면 그 이상은 안 냅니

---

3 (상점의) 본점. 니시진에서는 노렌와케 해준 집을 말함.

다. "혼케는 얼마 냈어요?"라고 반드시 물어볼 겁니다. 혼케보다 더 내면 '혼케의 얼굴에 똥칠했다' 해서 동료들에게 욕을 먹고 따돌림을 당하게 됩니다.

　이러한 인간관계 예절은 오늘날 많이 변하고 있다. 한 지역에 살더라도 이전처럼 가업을 이어받는 경우가 점점 줄어들고 주민 구성이 많이 다양해졌기 때문이다. 따라서 위계적 인간관계도 예전 같지 않다. 필자가 니시진에서 조사하던 기간 중에 쇼쿠닌과 '오야카타親方'인 예전의 큰 오리모토의 사장이 술집에서 자리를 놓고 시비가 붙었다 하여 큰 화제가 된 일이 있었다. 과거에 오리모토와 쇼쿠닌은 각기 다른 술집을 가거나 한 술집 내에서도 자리가 구분되어 있었다고 한다. 많은 사람들은 예전의 니시진이었다면 상상도 할 수 없는 일이라고 입을 모았다.

3. '니시진 마을'의 이미지

　전통산업 지역인 교토의 니시진이 '니시진무라西陣村', 즉 농촌처럼 '마을'이라고 불리어 왔다는 사실은 여러 가지 복합적인 의미를 갖는다. 우선 도쿄, 오사카, 나고야 등 다른 대도시 지역에 비해 교토, 그중에서도 니시진 지역에 인구이동이 상대적으로 적고 대를 이어 거주하는 주민이 많았다는 것을 의미한다. 마쓰모토 미치하루 교수는 「니시진 기업자의 지역생활西陣機業者の地域生活」에서 니시진의 이러한 특징을 "토착성土着性 및 정체적停滯的 요인"으로 규정하면서 '니시진 마을'이라는 별명에 대한 주민들의 이미지를 다음의 다섯 가지 내용으로 정리하였다(松本通晴 1968:29).

첫째, 직물업자들의 일상용어이지만 대단한 의미는 없는 것으로 보는 입장.

둘째, 직물업자들, 즉 영세한 직물업자들의 가내공업이 집중된 곳이라는 의미.

셋째, 경멸 혹은 열등감의 표현으로 보는 입장. 구체적으로 식생활의 열악함, 나쁜 노동조건, 어떻게든 먹고 살 수는 있는 곳, 항상 일만 하는 곳, 세련되지 못함, 무엇이든 뒤떨어져 있음, 낡고 봉건적인 유물, 섬나라의 인습, 계획성이 없는 하루살이 삶, 교양이 없음, 시야가 좁음, 세상과 그다지 교류가 없음, 배타성 등.

넷째, 생활의 특수성을 나타낸다고 보는 입장. 즉 구체적으로 무엇을 하건 생활은 가능함, 언제나 일만 함, 직물업자들이 마음 편히 서로 만나 이야기할 수 있음, 소규모 직물업자들이 집중되어 있음, 열악한 노동조건, 열악한 식생활, 낡은 관행, 니시진만의 전통과 생활태도가 있음, 계획성 없는 하루살이 삶(돈 씀씀이가 헤픔, 생활 패턴이 불규칙함, 사치스런 생활방식), 배타적, 경쟁적, 시샘과 질투, 옛날부터 독자적 지역에 살아 외고집이며 자부심이 강하고 폐쇄적인 기풍이 있음, 작은 일도 속속들이 알려짐, 여러 가지 일로 무엇인가와 부닥침 등등.

다섯째, (교토 주변의) 농촌 지역에서 올라온 사람들이 니시진을 부르는 말.

이는 니시진에 대한 외부인의 이미지뿐 아니라 니시진 직물업 종사자들의 자기인식을 비교적 생생히 드러내 준다. 잘 알지 못하는 전통의 세계를 미화하고 신비화하려는 현대의 분위기에서 니시진을 포함한 교토의 전통 산업 세계는 소중하고 신성하며 보존해야 할 무엇으로 여겨지고 언설화되는 경향이 있지만, 실제 관련 업종 종사자나 그 주변에서는 전통공예 산업의 긍정적인 이미지나 측면만 강조되지는 않는다.

마쓰모토 교수는 니시진 지역의 특수성 중 많은 부분을 전통 직물업의 구조상 특질과 앞서 지적한 지역의 정체성 및 토착성과 연결해 설명할 수 있다고 본다. 즉 니시진은 전통 직물업의 구조상 영세한 가내공업 직물업자들이 집중된 지역으로서, 작업장이 어두컴컴하고 습기 차 노동조건이 매우 나쁠 뿐 아니라 수입을 올리기 위해 쉬는 시간도 없이 일만 하는 곳이다. 또한 다양한 관련 업종 종사자들이 집중된 까닭에 일이 많아 무엇을 하든 먹고 살 수 있는 곳으로 인식된다. 그러나 다른 한편 주민의 이동이 적고 역사가 오래된 지역인 만큼 배타적이고 폐쇄적이며, 외부는 물론 니시진 내에서도 개개인들 간의 깊은 인간관계가 맺어지기 어렵다. 또한 외고집, 자부심 등이 두드러지며 경쟁과 시샘, 질투심 등이 니시진 사람들의 인성personality으로 지적된다. 그러나 다른 한편으로 오랜 전통산업 지역의 특성상 사회관계가 서로 교착되어 있고 정보망이 널리 퍼져 있는 까닭에 일상생활의 아주 상세한 내용까지 사람들에게 알려질 수밖에 없는 풍토가 있다. 또한 전통이나 인습 등이 뿌리 깊게 남아 있어 외부인들에게는 뒤떨어져 있다거나 시야가 좁다는 인상을 준다(松本通晴 1968:30).

반면 이 같은 이미지와 달리 계층적으로 상당한 유동성을 보이기도 한다. 제4~6장에서 소개한 사례 연구들에서 많은 직물 관련 업자들이 당대 혹은 선대부터 현재의 일을 시작했음을 살펴보았다. 니시진에 널리 퍼진 "오리야는 3대를 계속하는 집이 적다", "부스럼과 오리야는 커지면 터진다", "어디 두고 보자, 곧 망하지!" 같은 말들은 모두 계층적 유동성을 시사한다고 볼 수 있다. 그러나 한편으로 "당대에 커지는 일은 없다", "임기賃機(진바타)업자로 독립자영(지마에自前)업자가 되는 길은 매우 어렵다"고 하듯이 계층이동이 항상 쉽지만은 않았음도 짐작할 수 있다. 따라서 오리모토(오리야)와 진바타 사이의 계층 차가 현저하여 오리모토는 진바타에게 일방적으로 명령하는 관계였으며, 진바타는 매년 정월과 8월에 오리모토에게 선물을 보내는 일을 빠트리면 안 되었다고 한다.[4]

---

4 이를 '쇼카쓰의 예正月の礼', '핫사쿠의 예八朔の礼'라 하였다. 핫사쿠八朔란 '8월 삭일朔日'의 약자로 음력 8월 1일을 말한다. 이 시기는 올벼의 이삭이 여무는 시기로 농민들 사이에서 첫 이삭을

이와 같은 위계적인 인간관계는 비단 오리모토와 진바타 사이뿐만 아니라 니시진의 도매상인(돈야), 제조업자(오리모토, 오리야), 직공(오리테), 기타 장인(쇼쿠닌) 등 직물관련업자들 사이 전반에 지배적인 유형이었다. 제조업자는 직공이나 하청장인에게, 도매상인은 제조업자에게 일거리를 주어 생업을 보장해 주는 위치에 있었기 때문이다. 기술을 가진 장인은 독립적으로 일을 선택할 수 있을 것 같지만 실제로는 한두 명의 제조업자들에게 거의 전속되다시피 하는 독점적인 관계를 맺어 왔다. 장기적으로 독점적 관계를 유지함으로써 일감을 주는 측이나 받는 측이나 안정적으로 일할 수 있었기 때문이다. 또한 비록 예술가는 아니더라도 고도의 기술로 소량의 공예품을 만들어내는 생산자로서 공장에서 일하는 노동자와 구별되는 자부심을 지닌 장인으로서 자기 기술의 가치를 인정하고 그에 합당하게 대우하고 보장해 주는 믿을 만한 오야카타^{親方}를 가지려는 측면이 있었다.

도매상인과 제조업자나 제조업자와 장인 사이뿐만 아니라 각 기술을 지닌 장인들의 집에 교토 내에서 혹은 외곽에서 기술이나 상업을 배우러 들어오는 뎃치와 주인의 관계 또한 철저하게 위계적이었다. 필자가 니시진에서 만난 염색업자와 정경업자, 관련 장인들은 대부분 뎃치로 시작하여 7~10년간 도제식 훈련 과정을 거쳐 일을 익힌 후 독립하였다. 니시진에는 제2차 세계대전 이전부터 주변 농촌 지역에서 일자리를 구하려고 니시진에 와 기존의 상점(도매상, 중개상)이나 가내 공장을 운영하는 다양한 장인들의 집에 머물며 고용살이(호코^{奉公})를 시작하는 것이 정형화된 패턴이었다.

은인 등에게 선물로 보내던 오랜 풍습에서 유래하여 후에 무가武家나 구게公家 사이에서도 신세 진 사람들에게 그 은혜에 감사하는 의미로 선물을 보내게 되었다고 한다(http://ja.wikipedia. org/wiki/ 八朔 참조). '핫사쿠八朔'는 에도 시대에 도쿠가와 이에야스가 에도에 입성한 날인 8월 1일을 쇼가쓰新正와 같은 축일로 정하고 축하한 행사를 일컫기도 한다.

남자는 '뎃치', 여자는 '조추女中'라 불리던 말단 하급 직원들은 일을 배우는 동안에는 급료를 받지 않았으며, 훈련이 끝난 후에도 '오레이호코御礼奉公'라 하여 주인집에서 일정 기간 봉사하였다.[5]

교토 주변 농촌의 가난한 집안의 아이로 태어나 '구치베라시口減らし'(식구 줄이기)를 위해 전통산업 세계에 보내지는 뎃치와 조추의 고달프고 서러운 삶의 이야기는 많은 작품의 소재가 되었으며, 메이지, 다이쇼 시대에는 항상 놀림받고 구박받던 뎃치의 모습을 형상화한 '뎃치닌교丁稚人形'가 아이들 놀이의 소재가 되기도 하였다. 그러나 한편에서는 대를 이를 아들을 다른 집에 뎃치로 보내어 혹독한 훈련을 거쳐 제 몫을 할 인물로 키워 내는 것이 관행이었다. 대부분 유사한 업종에 종사하는 친척이나 부모 지인의 집으로 보내진 아들은 다른 종업원들보다 빠른 속도로 승진하여 독립하거나 본가로 돌아갔는데, 다른 뎃치들보다도 더욱 엄격하고 혹독하게 훈련을 받았다.

교토에서는 큰 상가의 안주인이 될 재목으로 키우기 위해 딸을 다른 집에 조추로 보내는 경우가 많았다. 니시진 상가의 안주인은 주부라기보다 주인의 비서 역할을 하는 사람으로서 주된 업무는 장부 관리였다. 하지만 남의 집에서 장부 관리를 배우기는 어려우므로 대부분 큰 상가나 좋은 집안으로 가 생활하면서 훗날 큰 상가의 안주인으로 가사 전반을 운영하는 데 필요한 지식과 예의범절을 배웠다. 식사 준비나 대규모의 손님을 접대

---

5 제2차 세계대전 이후 GHQ의 지령에 따라 노동법규가 정비되고 의무교육이 9년으로 연장되면서 '장기간 입주하며 의식주 제공 외에 무급에 가까운 노동'인 뎃치호코를 유지하기가 어려워졌다. 뎃치를 채용한 기업들은 뎃치를 근대적 계약관계를 맺은 종업원으로 대체하도록 요구받았으며, 이로써 에도 시대 이래 200년 이상 이어져 온 뎃치 제도는 소멸하였다. 이는 가족경영 상점들에서 가족과 경영이 분리되어 이들이 근대적 기업으로 바뀌어 가는 과정과 궤를 같이하였다(http://ja.wikipedia.org/丁稚 참조).

하는 법뿐만 아니라 바깥 선생에게 다도나 꽃꽂이 등도 배웠다. 큰 상가에
는 시부모나 시형제 자매 등 가족 외에도 입주 점원들이 많아 항상 대가족
의 식사를 준비하고, 상점에 수시로 드나드는 도매상인이나 중개상인들을
접대하며, 1년에 몇 차례씩 치러지는 전시회 등을 준비해야 하였다. 전시
회 등이 열릴 때면 안주인뿐 아니라 딸과 며느리까지 모두 기모노를 입고
손님을 접대하거나 행사장의 꽃꽂이 장식 등을 하였다.

4. 니시진 지역생활의 변화

1970년대 이후 니시진 직물업의 생산기반이 외부로 확대되면서 나타난
지역 '공동화空洞化' 현상과 더불어 뚜렷한 변화가 관찰되었다(谷口浩司 1993).
니시진에서는 경기가 한창 좋았던 시절부터 니시진 지역 산업 종사 인구
수가 감소하였는데, 1970년대 이후 노동법 정비로 임금이 상승하고 니시
진에서 값싼 노동력을 확보하기가 어려워지자 많은 영세 제조업자들이 교
토 북부의 단고 등지로 하청 지역을 확대해 나갔기 때문이다. 제7장에서
우리는 1975년도에 교토 외부에서 운용된 직기 수가 전체 직기 수의 40%
가 넘었음을 살펴보았다(〈표 7-5〉 참조). 그러나 현재 공식적으로 니시진오
리로 인정되는 것은 니시진 지역과 단고에서 직조된 것에 한정되기 때문에
〈표 7-5〉의 통계는 해외에서 직조된 직물량을 정확히 포착하지 못한 수치
이므로 실제로는 더 많은 니시진 직물이 교토와 단고 이외 지역에서 직조
되고 있다고 하겠다.
1980년대에는 국내뿐만 아니라 한국, 동남아, 중국 등지까지 생산지가
확대되었다. 이에 따르는 폐해를 막고 니시진의 직물산업을 보호하고자 니

시진직물공업조합이 니시진과 단고에서 생산된 직물에만 '니시진오리' 인
증지를 부착하여 판매하도록 하였다. 그러나 제조업자들에게 인증지를 판
매하는 형식이었으므로 제조업자가 인증지를 사서 교토와 단고 이외 지역
에서 직조한 직물에 인증지를 부착해도 그 사실을 알 수가 없다. 일부 제조
업자들에 따르면 니시진오리 인증지를 붙여 유통되는 많은 상품이 실제로
는 중국 등지에서 직조된 제품이지만 조합에서는 인증지 판매가 중요한 수
입원이므로 엄격하게 검사하지 않는다고 한다. 이와 같은 데바타의 확대는
니시진 산업 종사 인구의 공동화를 초래하였다. 즉 외부의 싼 임금과의 경
쟁은 지역 내 종사 인구를 더욱 압박하고 산업 이탈을 촉진하였다.

2013년 2월 초의 어느 날, 도시샤 대학 연구실에서 기타노텐만구 근처에
있는 숙소로 가려고 니시진 한복판을 동서로 가로지르는 이마데가와도리
를 걸어가던 필자는 우연히 길가에서 '니시진 아침시장西陣朝市'[6] 광고를 보
았다. 니시진 지역을 활성화하고자 과거 니시진 소학교 부근 공원에서 토
요일 아침에 야채와 일용품을 팔고 '떡치기' 등을 하는 시장을 연다는 광고
였다. 이 행사를 주관한 사람은 나전을 이용한 오비를 생산하는 오리야였
던 후지바야시 히로시藤林宏 씨였다. 그는 부친이 니시진에서 오리야를 시작
한 집안 출신으로, 조개껍질을 얇게 떼어내어 질긴 종이에 붙인 후 가늘게
잘라 이어서 실로 만들어 광택이 나는 문양을 짜내는 '라텐오비螺鈿帯'를 개발
하였다고 한다.

조사 당시인 2013년 2월 60대 초반이던 그는 1970년대부터 나전을 구하
려고 한국을 드나들었는데, 서울 왕십리에 나전 전문 가게가 100여 개 이

---

6 '니시진 아침시장西陣朝市'은 프랑스어의 '시장marché'이라는 이름을 따서 '니시진 마르쉐'라고도
불린다. 활성화 운동을 하는 사람들 사이에서는 후자의 명칭으로 더 많이 알려져 있다.

상 줄지어 선 시장이 있었다고 한다. 그러다 1988년에 우연히 일본 사람들이 선호하는 아오카이靑貝를 더 좋은 물건으로 일본에서도 구할 수 있다는 사실을 알게 되어 그 후부터는 한국에 가지 않았다고 한다. 그가 개발한 라텐오비는 도쿄를 비롯한 여러 지역에서 주목받았으나 전통의상 산업이 쇠퇴하며 사업이 점점 어려워져 현재는 직물 생산 일을 접고 지역사회 복지 사업에 전념하고 있었다.

'니시진 아침시장' 행사는 후지바야시 씨가 니시진 주민복지협의회 회장으로 추진하고 있는 '니시진 지역돕기お助け西陣' 사업의 일환이다. 주된 내용은 니시진 학구를 중심으로 교토 지역에서 생산되는 제철 채소 판매를 비롯하여 고령자 및 어린 자녀를 키우는 주부 등 도움이 필요한 지역의 주민들을 찾아내어 그들을 방문하고, 국가 복지체계에서 지원하지 않는 쇼핑 원조나 전구 갈기, 도시락 배달, 애완견 산보, 집안 청소 등 일상적 도움이 필요한 모든 영역의 서비스를 제공하는 활동이다. 그중 일부 사업은 시의 보조를 받고 있으며, 경우에 따라 신청자를 중심으로 회원제로 운영하여 약간의 사례금을 받는 소위 '유료 볼런티어' 사업을 실시하고 있다. 후지바야시 씨는 2년 전에 협의회 회장을 맡게 되었는데, 지역 일을 맡으면 어렵게나마 유지해 온 가업인 직물제조업을 거의 할 수 없는 형편이라 많이 고민했다고 한다. 그러나 지금은 자신이 해오던 일보다 지역사회 복지사업이 더욱 의미 있고 장래성 있는 일이라 생각하며, 아들에게도 자신이 하고 있는 지역복지 쪽 일을 계속해 달라고 권하고 있다.

중견 직물제조업자에서 지역주민의 복지에 주력하는 활동가, 운동가로 변신한 후지바야시 씨의 사례는 니시진의 변화를 보여 주는 중요한 지표라고 할 수 있다. 20~30년 전까지만 해도 활기 넘치는 전통직물업의 거리였던 니시진이 오늘날에는 돌봄이 필요한 고령자들로 채워지고 학령기 아동의 수가 계속 줄어들고 있다. 니시진과 역사를 함께 해온 니시진 소학교의 폐교와 통합도 그러한 변화를 보여 준다. 니시진 아침시장에서 얼마 떨어지지 않은 곳에 위치한 니시진 소학교 교사는 2013년 조사 당시 가미교구 구청 임시 청사로 사용하기 위해 개축 중이었다. 박물관으로 보존된 1개 건물에는 학교의 역사를 보여 주는 깃발, 사진첩, 상패 등과 함께 한쪽 편에 니시진 소학교를 다닌 학생들의 학부모들이 기증한 것으로 보이는 니시진 직물업 관련 물건들이 진열되어 있었다. 다양한 니시진 직물의 견본들이 액자에 넣어져 한쪽 벽에 걸려 있고, 메이지 시대 이전에 사용된 다카바타高機나 문지紋紙 모형, 북 등 직조 관련 기구와 부품들이 전시되어 있었다. 그리고 그 방안에서 물건들을 한쪽으로 몰아 놓고 탁자를 이어 붙여 지역 사회복지 협의회에서 주관하는 지역 노인들을 위한 배식 서비스가 행해지고 있었다. 이제 니시진 소학교 교가에 나오는 동일 업종 생활공동체로서의 니시진은 찾아보기가 어렵다.

지역생활의 변화는 지조본地藏盆 같은 종교의례에서도 관찰된다. 지조본이란 아이들을 지켜 주고 지역의 안전과 번영을 살펴 준다고 믿어지는 지장보살地藏菩薩의 엔니치緣日에 해당하는 8월 23일과 24일에 올리는 제사로서 주로 간사이 지방에서 널리 행해져 왔다고 한다. 일반적으로 지조본카이地藏盆会 혹은 지조마쓰리地藏祭라 일컬어지나 교토에서는 8월 14~16일에 행하는 오본御盆 때 교토 주변의 5개 큰 산에 횃불로 글자 모양을 만드는 고잔노오쿠리비五山送り火 등의 매우 큰 행사가 열려 점차 지조마쓰리도 오본 행사에 합쳐져 지조본이라고 불리게 되었다.

지조본은 다른 지역에서 많이 사라진 후에도 교토에서는 비교적 오랫동안 유지되어 왔다. 보통 30~40호 정도 되는 지역 단위인 조나이町內를 중심으로 동네 어귀마다 있는 지장보살상을 깨끗이 닦아 주고 턱받이같이 생

그림 8-3 오미야초의 주즈마와시

긴 천을 빨거나 새로이 마련하여 다시 걸어 주고 꽃 등으로 장식한다. 지조본의 날이 되면 조나이에 거주하는 3, 4~12, 13세의 아이들이 부모와 함께 행사장에 와 과자 등을 나누어 받는다. 인근 절의 스님이 지장보살님께 독경한 후에 아이들과 함께 둥글게 둘러앉아 3~4미터 길이의 굵은 나무 염주를 아이들과 함께 돌린다. 이것을 '주즈마와시数珠回し'라 한다. 스님의 독경에 맞추어 염주를 돌리다 상주불上佳佛(주즈 중 제일 큰 구슬)이 자신에게 돌아오면 아이는 일어나 '나무아미타불'이라 외치고 머리 숙여 절한 후 계속하여 염주를 돌린다(그림 8-3).

스님의 독경과 주즈마와시가 끝나면 제비를 뽑아 당첨된 아이들에게 상을 나누어 주는 '후쿠비키福引'나 '가미시바이紙芝居'(그림연극놀이) 등 여러 가지

게임을 한다. 지역에 따라서는 '후고오로시拂おろし'라 하여 여러 가지 경품을 넣은 대나무 바구니를 동네의 한 집(보통은 주민자치조직인 조나이카이町內会 임원의 집)의 이층에서 내려 보내어 아래에서 기다리는 아이들에게 경품을 나누어 주었다는데, 최근에는 이 행사를 거의 볼 수 없다. 동네에 따라 다르지만 저녁 때 넓은 야외에서 '야구라櫓'라는 나무로 높게 만든 대를 세우고 본오도리盆踊り를 열거나 영화를 상영하는 등 주민과 아이들이 함께 즐기는 행사를 연다.

최근에는 부모들의 직장 문제로 8월 23~24일을 전후하여 주말에 하거나 아예 여름방학 때 하기도 한다. 또는 주민들은 참가하지 않고 아이들만 모여 노는 행사로 대체되기도 한다. 과거에는 마을 주민들이 동네 어귀의 지장보살상을 찾아가 참배하며 아이들의 건강과 지역의 안녕을 기원하고, 조나이마다 30~40명 이상의 아이들과 부모들이 행사에 참여하였다. 아이들이 있는 집은 집 앞에 등을 걸어 놓았는데, 그 등은 아이가 태어날 때 공양한 것으로 잘 거두어 두었다가 매년 지조본의 날에 문 밖에 내걸어 아이가 있는 집임을 알렸다. 그러나 젊은 층이 줄어듦에 따라 어린이들의 축제인 지조본도 많이 축소되고 있다. 니시진에서는 한동안 지조본 행사 자체가 중지된 적도 있었다고 한다.

2014년 8월에 참관한 니시진 오미야초大宮町의 지조본 행사에는 소학교 연령의 아이들 12~13명과 부모들이 모였다. 주즈마와시를 한 후 아이들에게 점심을 먹이고 오후에는 경품대회, 놀이, 아이스크림 먹기 대회 등을 열었다. 지조본을 맞아 장식한 지장보살에는 마을 노인들이 찾아와 기원을 드렸으나 그 외에 다른 주민들은 별로 보이지 않는 조촐한 행사로 끝났다. 오미야초에서도 한동안 아이들 수가 너무 적어 지조본 행사가 거의 중단될 뻔하였으나 최근에 인구 수가 어느 정도 안정되어 10여 명 이상은 모인다고 한다. 그러나 교토 시내의 다른 조나이들에서는 아이들을 데리고 수영장에 놀러 가거나 호텔에 가서 특별식을 먹이고 경품을 나누어 주는 행사로 대체하는 경우도 있어 과거처럼 지역생활과의 밀접성이나 불교신앙과 관련된 측면은 많이 쇠퇴한 것으로 보인다. 이러한 측면은 비단 지조본뿐만 아니라 지역생활과 밀접히 연결된 다른 신앙생활 면에서도 뚜렷이 나타난다. 니시진 지역 곳곳에는 직물업과 관련된 신이나 부처 등을 모시는 절과 신사 등이 있으며 그곳들을 중심으로 매년 행사가 열렸으나 관련 인구의 감소 및 고령화와 함께 그러한 행사들도 거의 사라져 가고 있다.

종교생활뿐만 아니라 니시진의 지역적 특성을 보여 주던 생활 모습도 요즘은 거의 찾아볼 수 없다. 예를 들어 니시진에서는 가족 구성원 모두가 일해야 했으므로 주부들이 식사를 준비하기가 어려워 반찬 가게나 배달 전문 식당이 성업하였다고 한다. 오미야초의 가이세키 전문점인 '만시게萬重'는 1930년대에 배달 전문 식당이었다. 당시에는 오미야초 근처에만도 배달 전문 식당이 다섯 곳 이상 있었다고 한다. 그러나 지금은 다 문을 닫고 만시게만이 품목을 바꾸어 영업하고 있다.

아버지의 뒤를 이어 만시게를 경영하고 있는 다무라 구니카쓰田村国勝 씨는 니시진의 많은 변화들이 핵가족화와 밀접하게 관련되어 있다고 주장한다. 니시진의 전통산업은 3대가 함께 거주하며 동일한 업종에 종사해 온 가내공업, 가족기업이 중심이었으며, 어린이와 젊은이는 생활 속에서 조부모, 부모에게 일을 배우고 전통을 몸에 익힐 수 있었다. 일터와 가정이 함께 있으므로 아이들은 어려서부터 늘 부모나 조부모가 하는 일을 곁에서 보며 자랐고, 입주 종업원들과 함께 생활하는 법을 배웠다. 직조공들은 대부분 그렇게 아버지에게서 직접 직조 기술을 배웠고, 이는 염색공이나 다른 부문의 장인들도 마찬가지였다. 그렇게 자라난 아이들은 가업 계승을 당연하게 여겼으며 그러한 방식으로 니시진의 전통 직물업이 유지될 수 있었다는 것이다.

그러나 제2차 세계대전 이후 핵가족화가 진전되면서 같은 일에 종사하더라도 한 집에서 동거하지 않고 분가하는 사례가 늘어났다. 직주일체가 사라지고, 부모가 일하는 모습을 보면서 아이가 자라는 기회도 사라졌다. 사회 전반의 핵가족화는 젊은이들이 '가족'에 큰 가치를 두지 않고 개인화하여 아이도 낳지 않는 소위 '소자화少子化' 현상을 불러일으켰다. 니시진도 예외가 아니어서 세이케成逸, 주라쿠聚楽, 니시진西陣, 도엔桃園 4개의 소학교가 학생 수 부족으로 니시진중앙소학교로 합병된 일은 그러한 변화를 단적으로 보여 준다. 아이들 수가 줄면서 지조본 같은 행사도 쇠퇴하고 있으며, 직물업 종사자들의 자녀들도 외부로 나가 다른 직종에 종사하는 경우가 늘고 있다. 과거에는 아들이 아버지의 뒤를 이어 가업을 계승하는 것을 당연히 여겼으나 지금은 그렇게 생각하는 젊은이들이 줄어들고 있다. 대가족이고 직주일체인 직물업 관련 집안에 시집오려는 여성들도 없다. 다무라 씨가 사는 조나이에서도 직물업에 종사하는 집이 40호 정도이지만 지금은 그중 반 이상에서 자녀들이 니시진을 떠나 살고 있으며 앞으로 가업이 계승될 전망은 없다고 한다.

제 9 장

전통산업의 활성화, 지역의 활성화

일본이 자랑하는 전통공예 직물인 니시진오리西陣織는 수백 년의 역사를 통하여 발전시켜 온 최고급 직조기술로 짠 정교한 공예 견직물이다. 특히 오비가 유명하여 일본인이 소비하는 기모노용 오비의 70% 이상을 공급해 온 막강한 시장 독점적 지위에도 불구하고,[1] 니시진의 직물산업은 1990년대를 정점으로 지난 20~30여 년간 지속적으로 침체되고 있다. 이는 일차적으로는 1990년대 초 거품경제 붕괴 이후 일본 경제 전체가 겪고 있는 경기침체와 맞물려 있다. 그러나 다른 한편으로 오늘날의 어려움은 니시진오리가 제2차 세계대전 후 지속된 수요 상승에 기대어 그 명성만큼이나 가격이 비싼 고급품을 지향한 생산 확대를 시장 전략으로 채택해 왔다는 사실과 관련된다. 제대로 된 견직물로 만든 유젠조메友禅染め 기모노와 그에 어

---

1 니시진오비西陣帯 외에 규슈 후쿠오카 특산물인 하카다오비博多帯, 군마현 기류산의 기류오비桐生帯, 보다 간편하게 착용할 수 있게 만든 나고야오비名古屋帯 등이 유명하다. 그중에서도 니시진오비가 가장 고급품으로 알려져 있다.

울리는 니시진오리 오비, 그리고 속옷, 신발, 가방 등 일습을 구입하려면 100만 엔이 훌쩍 넘는 가격대를 생각해 보면 경기 침체가 지속되는 가운데 기모노 시장이 불황을 겪는 것은 당연하다. 사람들이 소비를 줄여야 하는 상황에 처했을 때 가장 먼저 그 대상이 되는 것은 사치품이기 때문이다. 이 장에서는 지속적인 경기침체 상황에서 니시진의 직물산업 활성화와 관련하여 어떤 움직임이 전개되고 있는지 살펴보고, 그 움직임들의 의미를 분석해 본다.

수백 년의 역사에서 유례없는 위기에 직면한 것으로 보이는 니시진의 전통공예직물 산업을 되살려 보려는 노력은 크게 세 가지 차원에서 진행되고 있다. 첫째, 국가 및 지방정부 차원의 노력, 둘째, 시민단체와 민간단체들을 중심으로 한 소위 '문화운동가'들의 활동, 셋째, 제조업자와 장인들 스스로의 시도가 그것이다. 개인 업자들이 국가나 지방정부의 지원을 받거나, 니시진 직물산업에 종사하던 사람들이 문화운동가로 변신하여 지역활성화 운동에 뛰어드는 경우도 있으므로 세 범주가 상호 배타적이지는 않다. 그러나 이 세 주체는 니시진오리라는 전통공예산업을 활성화하고자 하는 궁극적 목적은 공유할지 모르나 현실에서 추구하는 이념이나 목적, 상황 인식, 해결 방안 등의 면에서 일정한 차이를 드러내고 있다.

1. 정부 및 지방자치단체의 지원

1973년에 제정된 「전통적 공예품 산업의 진흥에 관한 법률傳統的工芸品産業の振興に関する法律」[2]에 따라 일본 전국에서 보호대상으로 지정된 215개(2013년 현재) 품목의 '전통적 공예품' 중 17개 품목이 교토부에서 생산되고 있다. 교토부에서 독자적으로 '교토생산지정공예품京物指定工藝品'으로 지정한 전통적 공예품 16종을 더하면 모두 33가지 전통적 공예품이 교토부에 속해 있다. 동일한 법률에 의거하여 경제산업성에서는 각 공예품과 관련된 기술을 보유한 사람들을 '전통공예사傳統工藝士'로 지정하여 지원하고 있으며 2005년 현재 전국에 4,400인의 전통공예사가 있다.[3]

2008년 일본의 경제산업성 제조산업국 전통적 공예품 산업실에서는 「공예품 산업을 둘러싼 현상과 금후의 진행시책에 대하여」라는 보고서에서 전통적 공예품 산업이 공통적으로 당면한 문제를 5가지로 정리하였다(経済産業省製造産業局 伝統的工芸品産業室 2008). 첫째, 생활양식의 변화와 값싼 수입품 증가에 따른 수요 침체, 둘째, 손작업 기술 기법을 고집하는 데 따른 양산화量産化의 어려움, 셋째, 종업자의 감소 및 고령화와 취로就勞 의식 변화에 따른 인재 및 후계자의 부족, 넷째, 원재료 고갈과 기계부품 등 용구

---

2 1974년(쇼와 49년 5월 25일 법률제57호)에 제정된 법률로 흔히 '전산법傳産法'이라고 불린다. 그 목적은 "일정한 지역을 중심으로 전통적인 기술이나 기법 등을 사용하여 제조되는 '전통적 공예품'은 민중의 생활에서 자라나 지속되어 온 것으로 앞으로도 계속될 기반이 있다는 점을 감안하여 그와 같은 전통적 공예품 산업을 진흥하여 국민생활을 보다 윤택하게 하고 지역경제의 발전에 기여"하는 것이라 한다(http://ja.wikipedia.org/wiki/伝統的工芸品産業の振興に関する法律).

3 제도가 시작된 1974년에는 통상산업대신 인정 자격이었으나 그 후 경제산업대신 인정 자격을 거쳐 지금은 재단법인 전통적공예품산업진흥협회傳統的工藝品産業振興協會가 인정사업을 진행하고 있으며 전산법 제24조 8호에 기초한 국가자격이다.

부족에 따른 생산기반의 쇠퇴, 다섯째, 산지 지명도의 부족, 전통적 공예품의 우수함에 대한 인식 부족, 젊은이들의 문화 및 전통지식의 저하, 해외 지명도 부족 등에 따른 판매로의 한계 등이다. 이러한 각각의 문제들에 대한 대응책의 기본 골격으로 ① 신상품 개발 및 판로 개척, ② 인재 및 후계자 확보와 육성, ③ 생산기반 확립, ④ 전통산업제품 선전, ⑤ 지역 활성화, 중소기업대책 등 관련 시책들과의 유기적 연대 강화 등이 제시되었다. 교토부와 교토시는 이러한 국가의 지침에 매우 충실하게 각종 지원사업을 고안하고 실시하고자 노력하고 있다. 그러나 앞에서 언급했듯이 다른 지역들에서와 달리 니시진 직물산업을 포함한 전통 염직공예산업은 교토시가 지원해야 하는 수많은 공예산업들 중 일부분일 뿐이라는 한계가 있어 전면적인 지원은 불가능해 보인다.

(1) 교토부, 교토시의 전통산업 활성화 지원

교토부는 천 년 이상 도읍지였다는 역사로 인하여 고래로부터 내려오는 문화재가 많고 쇼쿠닌도 가장 많은 곳이다. 그러한 지역적 특수성을 반영하여 교토부에서는 전통공예의 보존과 활성화를 위한 행정 지원을 다양하게 추진하고 있다. 그 구체적인 내용의 대부분은 앞에서 살펴본 경제산업성의 전통산업에 대한 진단 및 대응책에 기반을 두고 지역 및 해당 산업의 특성을 반영하여 구축되었다. 메이지 초기 니시진의 직물산업이 위기에 직면하였을 당시 유럽에 기술자들을 파견하여 자카드 직기와 기계패턴, 화학염료 등 서구의 새로운 기술을 도입하였듯이, 교토부는 전통공예산업의 진흥을 위하여 많은 시도를 거듭하여 왔다.

현재 교토부의 전통산업 관련 정책의 기본은 2005년 10월에 제정된 「교토부 전통과 문화의 모노즈쿠리 산업진흥조례京都府伝統と文化のものづくり産業振興

条例」이다. 이 조례는 전통공예산업이 전반적으로 위기를 맞고 있는 가운데 공예품의 생산과 소비를 보존하고 지속하기 위해 제정된 것으로 이 법률에는 공식적으로 '사람 만들기', '물건 만들기', '환경 만들기'라는 3가지 목표가 기본 내용으로 제시되었다. 예를 들어 교토부 상공노동관광부에서 발행하는 2013(헤이세이 25)년 「상공노동관광행정시책의 대강商工労働観光行政施策の大綱」에 따르면 일본 전통의상 및 전통산업 진흥을 위한 교토부 시책의 목표는 다음과 같다.

니시진오리西陣織, 교유젠京友禅, 단고오리모노丹後織物 등의 와소和裝 산업이나 교야키京焼,[4] 기요미즈야키清水焼를 시작으로 한 전통공예산업은 오랜 역사 속에서 배양되어 온 고도의 기술과 의장意匠의 축적으로 일본의 전통문화를 지탱하고 세계에 자랑할 만한 부민府民 공유의 재산으로서 교토의 사회기반을 이루는 것이나 근년 생활양식의 양풍화洋風化나 사회정세의 변화에 의해 수요가 감소하는 매우 냉엄한 상황에 있다.

따라서 와소 및 전통산업의 재생, 발전을 향하여 부민과 사업자, 그리고 부가 일체가 되어 교토를 위해 애써 나가는 데 지침이 될 「교토부 전통과 문화의 모노즈쿠리 산업진흥조례」에 기초하여 '솜씨의 공공사업匠の公共事業'을 비롯해 장인(쇼쿠닌)의 일자리 만들기나 기술계승 및 인재육성 등 산업 기초를 다지는 시책에 적극적으로 힘쓴다.

특히 전통산업의 미래를 짊어질 젊은 장인이나 새로운 시장에 진출하고자 하는 의욕이 있는 사업자 등의 육성을 도모하기 위해 인재육성의 거점이 될 '교토장인공방@교토리서치파크京都職人工房@京都リサーチパーク' 운영을 비롯하여 교토 공예품의

---

4 일본 도자기의 일종으로 아와타야키粟田口焼, 오무로야키御室焼 등 교토에서 만들어진 작품을 총칭하는 용어이다. 유약을 발라 구운 도자기 표면에 채색을 한 후 가마에 넣고 저온으로 구워 내는 기법을 사용하는 도기가 많으며, 작가의 개성이 뚜렷이 드러난다.

백화점 판매나 선물 카탈로그인 '교토물건 애용권京もの愛用券' 발행, 전통공예품 경매대회 개최 등 새로운 판매방법을 활용함으로써 새로운 모노즈쿠리부터 판로 개척에 이르기까지 젊은 장인들의 독립 개업을 총체적으로 지원한다.

또한 '교토의 명공京の名工' 등이 지도하여 확실한 전통기술을 젊은 장인들에게 전수하는 '헤이세이의 쇼소인[5] 만들기平成の正倉院づくり' 만들기 사업 등 후계자 육성과 기술 계승에 힘쓰고 와소, 전통공예품의 각 산지나 기업집단 등이 실시하고 있는 상품 개발이나 국내외 수요 개척 대응 및 조달하기 곤란한 도구류의 안정적 공급 확보 방법 고안 등 섬세한 지원을 행한다.

그 외에 장래의 일본문화를 담당할 젊은이들이 기모노나 전통문화에 친숙해질 수 있는 기회의 제공이나 장인들의 기술 시연, 웨딩을 주제로 한 와소와 양장 패션쇼인 '고도古都 컬렉션' 개최, '기모노에 어울리는 거리, 교토'의 보급계발 등 관광 진흥과 제휴한 업계의 진흥 노력 등을 병행한다. 또한 호리카와堀川[6] 단지를 재생하여 전통공예 장인 및 디자이너들을 위한 '니시진 아트크래프트 센터'(가칭) 시설 정비 검토, 문화재 복구와 관계된 조사 등 장래 수요기반 확립을 향한 다양한 사업을 실시한다.(京都府商工労働観光部 2013:85)

교토부는 2012년도에 3억 8,000만 엔(한화 약 40억 원)을 들여 다양한 지원과 관련 사업을 진행하였다. 세부적으로 '전통산업 후계자 육성사업'(4,150만 엔), '솜씨의 공공사업'(8,230만 엔), '고도古都 컬렉션 사업'(600만 엔), '단고丹後 직물 브랜드 비즈니스 모델 사업'(500만 엔), '신문화사업 교토모델 창출 사업'(200만 엔), 「Kyoto Japan」 해외시장 판로 확대 추진 사업'(9,600만 엔),

---

5 쇼소인正倉院이란 나라奈良의 도다이지東大寺 대불전 북서쪽에 있는 목조 창고를 말한다. 이곳은 나라 시대(710~794)의 건축물로 고직물古織物을 비롯한 많은 미술 공예품이 간직되어 있다. 니시진의 직조기술자들 중에는 현대의 기술로 쇼소인에 보존된 고직물을 복원해 내는 것을 일생의 목표로 삼은 이들이 많다.

6 호리카와도리堀川通는 교토시 북부 가미교구에 위치한 동쪽의 황궁과 서쪽의 니시진의 중간 정도의 거리를 남북으로 잇는 대로로 니시진회관이 위치해 있다.

'신호리카와新堀川 매력창조사업"(8,139만 엔), '일본 문화재 보존 수복 국제센터 구상 사업'(300만 엔) 등이 있다(京都府 商工労働観光部 2013).

니시진오리를 포함한 염직공예 부문과 관련해서는 '헤이세이의 쇼소인 만들기 사업'을 비롯하여 교토시, 교토부 내의 다양한 제례 행사 등에 사용되는 직물을 복원하고 제작하는 사업을 구체적으로 추진하고 젊은이들의 참가를 독려하고 있다. 이러한 사업들의 목적은 "전통산업의 미래를 새롭게 열기 위해 교토가 문화적으로 유지해 온 섬세하고 수준 높은 공예품의 복원 사업을 통하여 사라져 가는 귀중한 전통산업의 기술과 기법을 차세대에 계승함과 동시에 차세대를 이어갈 후계자를 육성하는 것"이다.

이 외에 교토부는 부내에서 거행되는 다양한 제례 및 전통행사에 쓰이는 직물들을 직조하여 공급하는 일을 지원한다. 그중에서도 5월의 아오이마쓰리葵祭, 10월의 지다이마쓰리時代祭와 함께 교토의 3대 마쓰리인 7월의 기온마쓰리祇園祭에 사용되는 다양한 직물을 제직하는 사업이 가장 큰 비중을 차지한다. 기온마쓰리는 교토시 히가시야마구東山区에 있는 야사카 신사八坂神社(기온지祇園社)의 마쓰리로 메이지기까지는 '기온고료에祇園御霊会' 혹은 줄여서 '고료에御霊会'(원한을 품고 죽은 영혼을 위로하기 위한 제사)라고 불리었다. 9세기경 시작되었다고 알려진 이 제사는 7월 1일부터 약 한 달간 진행되며, 교토의 여름 풍물로 유명한 행사이다. 행사는 야사카 신사가 주최하는 것과 각 야마보코초山鉾町(각기 다른 야마보코를 내는 지역)들이 주최하는 것으로 나누어지며, 그중 일반에 기온마쓰리로 알려진 야마보코 행사가 중요무형문화재로 지정되어 있다.[7] 야마보코 행사에서 전야제 성격을 띠는 '요이야

---

7 야마보코山鉾란 높은 대臺 위에 배 모양을 만들거나 창이나 칼을 꽂거나 무사 인형을 설치하고 밑 부분에 직물 등을 둘러 장식한 화려한 수레이다. 높이 솟아 오른 산 모양을 이룬다 하여 야마山, 창 모양이라 하여 호코鉾라 칭한다. '야마보코', '호코야마', 혹은 '야마'라고도 부른다. 야

마宵山'(사키마쓰리前祭 7월 14~16일, 아토마쓰리後祭 7월 21~23일)와 '야마보코준코山鉾巡行'(사키마쓰리 7월 17일, 아토마쓰리 7월 24일)가 유명하다. 요이야마에는 유서 깊은 집안이나 상점들에 전해 오는 보물을 전시하는 까닭에 '병풍제屛風祭'라고도 일컬어지며, 야마보코준코는 다양한 미술공예품들로 장식된 중요유형민속문화재인 야마보코가 거리를 도는 까닭에 '움직이는 미술관'이라고도 불린다.

그림 9-1에서처럼 기온마쓰리에 나오는 23개의 야마보코들은 모두 전통적 공예품으로 장식되어 있으며, 양면 혹은 사면을 둘러싼 태피스트리 같은 직물이 매우 중요한 부분을 구성한다. 야마보코를 내는 야마보코초의 보존회에서는 요이야마의 날에 각 조町별로 야마보코를 장식하는 데 쓰는 직물이나 기타 장식품을 전시하며 방문객들에게 그 유래와 역사 등을 설명해 준다. 따라서 기온마쓰리는 직조기술 보존이라는 측면에서 매우 중요한 행사이며, 교토시나 교토부 관계자들은 전통공예기술 보존이 마쓰리를 보존하고 유지하는 매우 중요한 이유라고 말한다.[8]

이들은 이러한 행사를 계기로 젊은 쇼쿠닌들이 교토의 염직공예 부문에 축적되어 온 섬세하고 치밀한 최고 수준의 기술을 몸에 익히고 모노즈쿠리의 감성을 연마할 수 있다고 믿으며, '교토 명공전시회京の名工展' 등을 활용하여 제작한 물건을 전시함으로써 교토 부민 및 방문자들에게 교토의 전통공예 기술의 뛰어난 점을 선전하고자 한다. 이러한 사업들은 전통공예에

마보코준코 때에는 다양한 내용과 유래를 가진 총 23개의 야마보코가 기온을 중심으로 한 지역을 순행한다.

8 매 20년마다 행해지는 이세천궁伊勢遷宮도 이와 같은 의미를 지닌 행사이다. 새로이 신사를 만들 때마다 의례에 사용할 직물과 마구, 안장, 의자 등에 사용할 모든 직물을 새로이 짠다. 최근에는 그러한 고직물을 복원하여 직조할 수 있는 기술자들이 고령화되어 사라지고 있으므로 기술을 전승하기 위해 10년마다 천궁을 해야 한다는 의견도 있다.

배 모양의 가마인 후네보코船鉾

곡예 인형을 세운 작은 가마인 조묘야마浄妙山

그림 9-1 교토 기온마쓰리의 야마보코

관심을 가진 젊은이들에게 새로운 일자리를 제공하는 기회가 된다. 또한 희소하고 수준 높은 전통산업 기술을 차세대에 계승하고 문화유산 수리 등에 필요한 젊은 쇼쿠닌의 기술을 향상시켜 이들을 문화재 수리 시장에 참여시키는 효과가 있다고 믿어진다.

이러한 사업들 외에도 교토부는 전통산업의 기술을 지속해 나가고 젊은 장인들을 육성하기 위해 다양한 전시회들을 주최하거나 지원한다. 그 대표적인 예가 교토역 건물에 위치한 교토사료京都茶寮 갤러리에서 연중 개최되는 전통공예품 전시회이다. 이 전시회는 교토 장인들의 작품이나 젊은 작가들의 작품들을 전시하여 교토 전통산업의 가치를 일반에 알리고 판매를 촉진하는 행사이다. 니시진오리뿐만 아니라 죽공예, 칠보공예, 도자기 등 교토의 모든 전통공예품이 전시되며, 계절에 따라 다양한 주제를 선정한다. 2013년 12월부터 2014년 1월까지 이 갤러리에서 열린 '교토물건 셀렉션 샵京ものセレクションショップ' 전시회에서는 교토부에서 기술이 뛰어나고 의욕이 있는 젊은이들에게 부여하는 '교토물건 인정 공예사京もの認定工芸士' 칭호를 받은 신진 작가들의 작품을 전시하였다.

전통공예산업 부문에서 가장 시급한 해결과제는 후계자 확보 문제이다. 교토부에서는 이 문제의 가장 큰 원인으로 공예품 수요 감소를 지적한다. 공예품의 수요가 계속 감소하는 까닭에 과거같이 가업을 계승하여도 생계가 보장되지 않아 젊은이들이 유입되지 않는다는 것이다. 젊은이들이 작업환경이 열악하고 임금이 적은 전통산업 부문에 종사하기보다 직업 환경이 좋은 근대적 부문에서 일자리를 찾으려는 경향 때문이기도 하지만, 전통공예에 종사하려는 젊은이가 있어도 수입이 너무나 적어 생업으로 유지하기가 어려워 오히려 부모가 가업 계승을 만류하는 형편이다. 따라서 교토부에서는 공예기술의 지도 및 계승 같은 생산부문뿐만 아니라 판로 확대까지 지원하여 독립 개업이 가능하도록 해야 한다고 판단하고 있다. 이를 위하여 '교토 쇼쿠닌 공방京都職人工房', '라이브 워크숍live workshop' 등을 운영하며, '교토물건 애용권' 판매나 '교토옥션', '교토컬렉션숍', '네트숍' 등의 판매 사업을 진행하고 있다.

'교토 쇼쿠닌 공방'은 2012년부터 교토시 북동부의 교토리서치파크에 있는 산업기술센터에서 운영하는 전통공예 후계자 육성 사업이다. 염직뿐 아니라 칠기, 금공金工 등 다양한 공예부문이 있으며, 2012년에 인터넷을 통해 공모하여 13인이, 2013년에는 15인이 참가하였다. 전통공예 부문 종사자들의 자녀로 후계자 수업을 받고 있는 사람뿐만 아니라 전통공예 기술을 배워 독립하려는 젊은이라면 신청할 수 있다. 이 프로그램의 신청자들은 최장 3년간 지원받을 수 있으며, 자신의 공방에서 작업하면서 정기적으로 모여 전문가를 초청해 강연을 듣거나 함께 공부하고, 공방의 라이브 워크숍에서 직접 작품 생산에 참여하기도 한다.

'교토물건 애용권', '교토옥션', '교토컬렉션숍', '네트숍' 등은 모두 교토에서 생산되는 전통공예품의 판로를 확대하기 위한 기획이다. 구체적으로는 공예품 전시, 생산과정 실연, 설명회 개최 및 경매 등을 통하여 판매 촉진을 시도한다. 또한 생산과정을 실연하거나 설명함으로써 전통공예품이 얼마나 손이 많이 가는 작업이며 복잡한 공정을 거쳐야 하는가를 소비자들에게 알려 수공예품 가격이 비쌀 수밖에 없는 이유를 이해시키고자 한다.

2012년 시작한 '교토옥션'은 협찬 받은 명인들의 작품뿐 아니라 젊은 장인들이나 무명 장인들의 작품을 전통공예관 등에서 전시하고 경매하여 33개의 작품을 판매하였다. '교토컬렉션샵'은 니시진오리를 비롯하여 교토 전통공예품에 많은 관심을 가지고 지원해 온 다카시마야高島屋 백화점에서 코너를 마련하여 교토 전통공예품의 생산과정을 직접 실연하면서 손님들에게 설명하고 작품을 전시·판매하는 행사이다.

'교토물건 애용권'이란 교토에서 생산되는 전통공예품을 가격대별로 소개한 카탈로그이다. 현재 5천 엔에서 3만 엔대에 이르는 제품을 소개하는 네 종류의 카탈로그가 발행되고 있다. 소비자가 인터넷으로 신청하여 카탈로그를 받은 후 물건을 주문하면 해당 공예품을 주문자가 원하는 장소에 배달해 준다. 그러나 공예품의 가격이 일반 상점들에 비해 상대적으로 비싸고, 니시진오리 같은 고가 제품은 카탈로그로 판매하기 어려운 품목이라 판매량은 저조한 편이다. 또한 문화사업이라고는 하나 관(官)이 개입하여 물건을 판매하는 것이므로 민간업자들의 반발도 제기되고 있다.

교토부 및 교토시가 추진하는 또 다른 사업은 전통을 살린 생활문화를 창조하여 수요기반을 확대하고 와소(和裝) 업계를 진흥시킨다는 목적을 지닌 '환경 만들기' 사업이다. 이와 관련하여 '기모노에 어울리는 지역, 교토(きものの似合うまち·京都) 만들기' 사업, '기모노 파스포트' 사업, '고교생 전통문화' 사업, '고도(古都) 컬렉션' 사업, '교토의 시니세(老鋪)(대를 이어져 온 오래된 기업들) 지혜의 경영 발신' 사업 등이 있다.

'기모노 파스포트'란 10여 년 이상 진행되어 온 사업으로, 기모노를 입고 오면 교토 시영 버스 승차를 비롯하여 박물관, 미술관, 신사나 절 등의 종교 시설, 제휴를 맺은 찻집이나 음식점 등 민간 영업시설에서 입장료나 물건 값을 할인해 주는 등의 특전을 제공하는 사업이다. 이 사업은 '기모노 렌탈 사업'과 병행되고 있으며, 이를 통하여 교토 시내에서 많은 사람들이 기모노를 입고 다니는 모습을 볼 수 있도록 하여 관광 촉진 효과를 거두고 나아가 궁극적으로 기모노의 구입 및 판매에까지 이르는 것을 목표로 한다.

'고교생 전통문화' 사업은 생활의 서양화 속에서 잊혀 가는 일본문화를 생활 속에 되살리자는 뜻에서 고등학생들에게 기모노를 주제로 문화교실

그림 9-2 2012년 11월 17일 교토부청에서 열린 '고도 컬렉션'의 장면

을 여는 사업이다. 젊은이들은 기모노에 대해 거의 아는 바가 없어서 예를 들어 기모노와 유카타가 어떻게 다른지조차 모르는 경우가 많다. 따라서 기본적인 지식을 가르치고 나아가 기모노에 대한 생소함을 덜어 주려는 것이 이 사업의 목적이며, 일정한 성과가 있다고 평가되고 있다.

'고도古都 컬렉션'은 일본풍 결혼의식, 즉 와콘和婚에 어울리는 수많은 신사 및 불각佛閣을 비롯하여 혼례의상을 취급하는 다양한 업체 등 결혼식과 관련하여 교토가 가진 독자적 자원을 효과적으로 활용하여 결혼식을 주제로 한 와소和裝 및 양장洋裝 패션쇼를 여는 사업이다(그림 9-2). 교토 시내에서 시청 건물 등 공공시설을 빌려 매년 1회 개최하며, 2012년 9월에는 교토의 웨딩업체인 '핑크다이아몬드'와 제휴하여 결혼을 앞둔 젊은이들을 대상으로 교토의 전통 혼례의상을 중심으로 한 패션쇼를 홍콩에서 개최하고, 교토의 유명 신사 및 절 등을 주제로 한 사진전도 병행하였다. 동년 10월에는 미스캠퍼스 콘테스트 포털 사이트인 '미스코레'와 제휴하여 도쿄 대학, 게이오 대학, 릿쿄 대학의 미스캠퍼스 후보자 17명을 모델로 한 패션쇼를 개최하였다. 이 사업의 목적은 성인식, 졸업식과 더불어 젊은이들이 일본 옷을 입는 몇 안 되는 기회인 결혼식을 대상으로 웨딩드레스와 기모노를 함께 보여 주는 패션쇼를 개최하여 교토의 전통적 이미지와 결혼식을 연결 지어 웨딩산업을 지원하는 것이다. 하와이나 괌, 한국에서 결혼식을 올리는 젊은이들에게 교토를 특별한 결혼식 장소로 각인시킴으로써 일본 문화에 대한 관심을 높이고 관광을 진흥할 뿐 아니라 와소산업 및 웨딩산업 발달에도 도움을 주려는 시도이다. 교토에서 결혼식을 올리면 기모노를 구입하거나 대여하는 등 기모노 산업에 도움이 될 것으로 여겨진다.[9]

교토부가 전통산업 진흥과 관련하여 실시하고 있는 또 다른 사업은 산업계, 학계, 정부가 함께 오랜 역사를 가진 기업의 경영철학을 연구하여 교토만이 가진 '지혜의 경영', 즉 사업이 오래 지속되어 다음 세대까지 이어져 온 비결을 교토의 기업뿐 아니라 국내외에 보급하여 교토 기업의 신용력과 브랜드력을 강화하는 사업이다. '교토 시니세老舗 지혜의 경영 발신' 사업이라는 이름 아래 2008년부터 100년 이상의 역사를 가진 기업을 선전하여 표

---

9 기모노는 2, 3회 대여하면 얼룩이 지거나 색이 변하는 등 더 이상 대여하기 어려워 폐기해야 하므로 대여업도 기모노 수요 증진에 기여한다. 직접 구입하는 경우에는 대를 물려 입을 생각으로 지나치게 화려한 것을 피하고 차분한 색상이나 디자인의 제품을 선택하지만, 대여하는 경우에는 화려한 물건을 선택하는 경향이 있으므로 니시진처럼 전통적으로 화려한 오비나 기모노를 생산해 온 곳에서는 대여업이 도움이 된다고 한다.

창하고 있으며, 2013년 현재 1,835개의 기업이 표창 대상이 되었다 한다. 표창 대상이 되면 국내외 기업 및 단체들과의 교류를 지원받으며, 젊은 후계자 교류회 등의 활동도 지원받을 수 있다. 또한 교토 대학, 도시샤 대학, 리쓰메이칸 대학, 교토산업대학, 류코쿠 대학 등 교토 시내의 대학들과 제휴하여 오래된 기업들의 경영 사례연구 및 사업계승 세미나, 강연회 등을 개최한다.

교토시 북부 가미교구에서는 전통문화가 점점 사라지는 현실에서 자라나는 어린 학생들에게 일본 고유 문화에 친숙해질 수 있도록 기본적인 사항들을 가르치는 프로그램을 운영한다. 가미교구의 니시진 지역에서는 소학교 4학년에게는 전통 꽃꽂이인 이케바나生花, 華道의 기본을, 5학년에게는 차도茶道를, 6학년에게는 지역산업인 니시진오리를 가르친다. 각 전통문화에 대해 설명해줄 뿐만 아니라 직접 실습해 보는 시간을 갖는다. 교토 시내에서도 가미교구는 특히 차도, 이케바나, 니시진오리 등 전통문화 관련 전문가들이 많이 거주하는 지역이어서 초빙된 선생님들은 대부분 지역 거주 학부형들이다.

과거에는 학교 교가에 니시진 직물에 대한 내용이 나올 정도로 니시진오리는 생활에서 떼려야 뗄 수 없는 존재였지만, 지금은 "사라져 가는 일본의 전통문화에 좀 더 친숙해지기 위해" 특별활동 시간에 체험하거나 배우는 것이 되었다. 교토에서는 중학교나 고등학교에서도 기모노를 비롯해 일본의 전통문화를 가르치는 학급이나 체험반, 행사를 운영하며, 대학에서는 섬유기술센터나 전통산업 관련 워크숍 운영, 관련 기업에 학생들을 파견하여 현장실습을 시키는 등의 프로그램을 진행한다.

(2) 교토상공회의소

교토 상공회의소는 교토의 전통산업 진흥을 위하여 다양한 프로젝트를 지원하고 있다. 2005년도에 시작한 '교토 컬렉션'(2004년 '교토 프레미엄'이란 명칭으로 시작하였다가 2005년에 사업 명칭을 변경하였다) 프로젝트는 교토의 전통공예 산업과 그 제품을 국내외에 알리는 다양한 활동을 지원하는 사업이다. 구체적으로, 해외 전시회 관련 정보를 전통공예업체들에 제공하고 희망 기업을 선정해 1년간 자금을 지원하여 해외 수요를 개척할 만한 상품을 개발하게 한 후 기업이 해외 전시회에 참가하도록 도와준다. 언어 장벽이 있고 해외 사정에 어두운 지역 전통공예업자들을 지원하여 교토의 전통공예 기술을 해외에 알리고 판로를 개척하는 것이 목적이다. 교토상공회의소는 프로젝트를 기획해 경제산업성 중소기업국에 신청하여 자금을 확보한 후 대상 업체를 모집하는데, 그런 점에서 이 사업은 지방행정 단위 지원 사업이라고 보기는 어렵다.

제4장에서 살펴본 '주식회사 호소오細尾'는 교토상공회의소의 지원을 받아 해외시장 개척에 성공한 사례이다.[10] 교토 최고의 전통공예 업체와 덴마크 디자인 회사가 협업하여 전통공예를 현대적으로 해석한 제품을 소개하는 'Japan Handmade'도 그 연장선상에 있는 사업이다. 이러한 프로젝트들에서 알 수 있듯이 교토상공회의소에서 지원하여 해외 진출을 도모하는 공예품은 대부분 고가의 제한된 시장을 겨냥한 것이며, 장기적으로 지원을 받는다.

이 프로젝트에서 중요한 점은 교토 전통공예의 기술과 개성을 살리되 해

---

10 이마바리今治 타월과 야마나시山梨 와인도 같은 프로젝트의 지원을 받아 세계적 브랜드로 성장하였다.

외 바이어의 취향에 맞춘 물건을 개발하도록 돕는다는 것이다. 이 같은 해외진출 지원 프로젝트에 아시아 각국이 큰 관심을 보여 타이나 인도네시아 등에서도 국가가 지원하는 유사한 프로젝트를 구상 중이라고 한다.

이 같은 성공 사례에도 불구하고 업체들의 실제 참가율은 저조한 편이다. 니시진오리 부문의 경우 참가를 문의하는 기업은 20~30개사로 전체의 10% 정도에 불과하다고 한다. 그 첫 번째 이유는 홍보 부족이다. 니시진직물공업조합 등을 통하여 프로젝트를 홍보하지만 조합이 적극적으로 조합원들을 독려하여 참가시키려는 노력이 부족하다고 한다. 또 다른 이유는 각 업체의 방침과 관련된다. 니시진오리같이 일본의 역사적·문화적 성격이 강한 전통공예 분야에 종사해온 이들이 외국인들의 취향에 맞추어 전통을 '변형'하는 것을 반드시 좋은 일이라고 생각하지는 않기 때문이다.

2. 지역 중심의 활성화 운동

전통공예품의 생산과 판매 촉진 등을 목적으로 한 정부나 지방자치체의 지원 이외에 민간 단체들이 중심이 되어 지역활성화 차원에서 전통공예 산업을 지원하는 움직임도 있다. 민간단체의 활성화 운동은 교토시의 지역 활성화와 관련된 지원금을 받는 경우가 많으며, 그 대상 또한 니시진 직물 산업 종사자뿐만 아니라 지역과 주민 전체의 경제적·문화적 활성화를 지향한다. 이 절에서는 니시진 지역을 구심점으로 진행 중이거나 진행된 사례들을 중심으로 지역 활성화 내지 산업 활성화에서 가지는 의미를 고찰해보고자 한다.

(1) 니시진 유메마쓰리 및 전시회, 박람회

니시진 유메마쓰리西陣夢祭り는 니시진 직물제조업자들의 단체인 니시진직물공업조합西陣織物工業組合이 중심이 되어 니시진 지역 및 직물산업 활성화를 목적으로 교토부 등의 지원을 받아 1995년 시작한 행사였다. 필자가 오사카 민족박물관에 객원교수로 있으며 니시진에 관한 일차 조사를 한 2006년에는 10월 20~22일에 개최되었다. 주요 행사는 니시진 회관에서 진행된 다양한 직조기술 시연 및 고직물 전시(10월 20~22일), 니시진 지역 내 여러 직공방織工房 및 관련 공정의 개방(10월 20~22일), 유메마쓰리 퍼레이드(10월 22일), 니시진의 역사적 신사인 기타노텐만구北野天満宮에서 열린 오차카이大茶会 및 기모노 원유회(10월 22일), 후원기관인 호텔 그란비아 교토에서 개최된 기모노 파티(10월 22일) 등이었다.

이 중 오차카이와 기모노 원유회는 교토 시내 각급 학교 관악대들의 연주회, 전통시대 의상 패션쇼, 기타노텐만구에 인접한 하나마치花街, 가미시치켄上七軒에서 불려 나온 마이코舞妓(연회에서 춤을 추는 동기童妓)들의 춤 공연과 차 접대 등 복합적인 오락행사로 진행되었다. 뒤에 살펴볼 센료가쓰지 마쓰리와 마찬가지로 가미시치켄의 게이샤芸妓들은 니시진을 비롯한 교토의 주요 볼거리이자 관광상품의 하나로 수많은 교토의 행사에 불려 나와 관객을 모으는 데 일조하고 있다.

게이샤들은 유메마쓰리의 마지막 날 저녁에 교토역에 있는 호텔 그란비아 교토에서 개최된 기모노 파티에도 참석해 춤 공연 등을 선보였다. 디너 티켓을 판매하여 교토의 유명인사나 유지들을 중심으로 진행된 이 행사에서는 공모를 통해 젊은 미혼여성들을 뽑아 1년간 기모노 및 니시진오리 홍보대사로서 각종 행사에 참가하여 활동하도록 하는 '니시진 고마치西陣小町(소문난 아름다운 처녀)' 선발대회를 열었다. 또한 기모노, 오비를 비롯하여

그림 9-3 2006년 10월 22일의 니시진 유메마쓰리 행렬

넥타이, 숄, 핸드백이나 지갑, 테이블보, 보자기 등 고가의 니시진오리 상품 및 교토 시내 유명 식당의 식사권, 호텔 숙박권, 디너권, 전통 과자집이나 찻집의 명품 과자나 차 등 많은 시니세老鋪들이 제공한 경품을 탈 수 있는 추첨행사를 진행하였다.

니시진 직물산업을 일반에게 알리고 친숙해지도록 한다는 목적에서 유메마쓰리의 주요 행사로 기획된 공방 개방 행사에는 2006년의 경우 직공방織工房 12곳과 가스리絣 가공점, 기료機料점, 염색공장, 종광綜絖점, 문공소文工所, 세케야整經屋 등 관련 공방 15곳이 참가하였다. 누구든 이 공방들에 들어가면 내부 시설을 구경하고 설명을 들을 수 있으며, 관련 공정을 직접 체험해 볼 수도 있었다. 각 상점들에서는 관광객들을 상대로 니시진 직물로 만든 지갑 등 소품이나 장식품 등을 판매하였다. 마쓰리 행사 중 가장 큰 볼거리인 유메마쓰리 퍼레이드에는 기모노를 입은 남녀 주민들이 행렬을 이루어 앞서고, 니시진의 소학교, 중학교 학생들이 실로 만든 다종다양한 인형들을 수레에 싣고 지역을 돌았다(그림 9-3).

이 행사는 관광객을 비롯하여 일반인들에게 니시진의 이름을 알리고 지역을 친숙하게 하려는 목적에서 '만들어진 지역축제'이다. 기획할 당시 지역과 산업의 활성화에 기여할 것으로 믿어 많은 비용을 투자하였으나 센료가쓰지 마쓰리 같은 유사한 행사들이 생겨나고 산업 진흥과 연결되지 못한다는 평가에 따라 2008년 이후 폐지되었다. 직조 기술이나 디자인 등을 엄격히 비밀로 보호하는 니시진의 전통에서 볼 때 작업장 개방은 직업 비밀 유출의 위험이 따르고, 타 업체 사람들이 관광객을 가장하여 다른 작업장에 들어가 기술이나 디자인 등을 훔친다는 풍문도 있어 산업 관계자들이 참가하기를 꺼린 것도 행사 폐지의 한 원인이었다 한다.

유메마쓰리 이외에도 조합에서는 매년 '니시진오리대박람회西陣織大博覽會'를 개최한다. 2013년에는 교토부가 시행한 '전통산업의 날' 행사와 연계하여 3월 15~17일 3일간에 걸쳐 '니시진오리대박람회—니시진오리대회西陣織大博覽會—西陣織大會'를 교토시의 미야코멧세 권업회관에서 개최하였다. 니시진에서 생산된 우수 작품을 공개하여 감성, 기술, 의장意匠, 시장성을 겨루고 당해 연도의 상품 경향 및 신상품을 발표하는 자리로 산지의 약진을 도모하는 것이 목적이다. 제7차 '니시진 산지 진흥 비전西陣産地振興ビジョン'에서 슬로건으로 결정된 "니시진 산지의 재생, 부활, 발전을 향하여"에 기초하여 시작한 행사로서, 폐지된 니시진 유메마쓰리를 대신하고자 기획된 이 행사는 새롭게 변해 가고 있는 니시진을 보다 폭넓게 호소하기 위한 행사

라 한다. 이 행사의 또 다른 목적은 현재 니시진에서 어려움을 겪고 있는 부품 고갈 문제에 주의를 환기하여 니시진 산지를 지탱해 온 관련 공업계의 후계자 육성을 촉진하고 장인을 기림으로써 산지 진흥의 자원으로 삼고자 하는 것이다.

(2) 센료가쓰지 마쓰리

센료가쓰지 마쓰리千両ヶ辻祭り는 니시진의 중심지였던 이마데가와오미야 교차로인 센료가쓰지에서 남쪽으로 오미야도리를 따라 위치한 상점 및 마치야町屋, 町家(교토의 전통 서민주택)의 거주민들이 매년 개최하는 문화축제로서, 지역을 활성화하여 니시진을 부흥하고자 하는 행사이다. 2003년에 시작할 당시에는 순수 민간활동이었으나 지역 활성화에 일정하게 기여한다는 평가에 따라 2012년부터 시의 지원을 받았다. 행사 내용은 니시진 유메마쓰리와 매우 유사하여, 참가에 동의한 마치야의 개방,[11] 공예품 판매, 가미시치켄의 마이코를 불러서 여는 약식 오차카이 등이다. 유메마쓰리 퍼레이드 같은 행사가 없는 대신 같은 날 열리는 인근 세이메이晴明 신사의 미코시가 지역을 통과하는 것을 핵심 볼거리로 삼는다.

그러나 이 행사 역시 니시진 유메마쓰리처럼 내부적으로 갈등을 겪고 있다. 1990년대 이래 교토의 새로운 문화경관으로 주목을 끌고 있는 교마치야京町屋, 京町家를 활용해 지역 활성화에 치중하는 행정 측과 주로 신주민에 해당하는 마쓰리 주최 측, 그리고 직물산업 종사자들인 구주민들 간의 견

---

11 이 마쓰리는 지역주민 모두가 회원인 조나이카이町內会가 주관하지 않고 임의조직인 마쓰리 준비위원회가 추진하기 때문에 지역의 모든 집들이 참가하지는 않는다. 보다 상세한 내용을 보려면 김효진(2010) 참조.

해 차이로 인하여 지속 가능성에 의구심이 제기되고 있다.[12] 무엇보다 니시진의 직물산업 종사자들은 센료가쓰지 마쓰리를 그다지 긍정적으로 보지 않는다. 이들은 이 행사가 니시진에 대대로 거주하며 직물산업에 종사해온 토착 주민들이 아니라 교마치야의 붐을 타고 마치야를 빌리거나 구입하여 이곳으로 들어온 사람들의 이해관계를 중심으로 진행된다고 생각한다.

2012년과 2013년 필자가 관찰한 센료가쓰지 마쓰리의 경우 오전 10시경부터 교토 시내뿐 아니라 주변 지역에서 많은 구경꾼들이 몰려들어 거리에 면한 식당들, 특히 마치야를 개조하여 만든 고급식당들은 예약하지 않으면 들어가기가 어려울 정도였으며, 한 사람당 500엔씩을 내고 성장盛裝한 마이코들이 따라 주는 차를 한 잔 마시는 차카이茶会 등은 큰 인기를 끌었다. 오후 4시경 세이메이 신사의 미코시가 통과할 때까지 거리는 관광객들로 붐볐으며, 거리에 면한 마치야에서 작품활동을 하는 사진가의 작업실이나 다양한 공예 소품을 전시·판매하는 상점들은 성황을 이루었다.

그러나 이 행사가 마쓰리가 내세운 목표 중 하나인 전통적 니시진 직물산업의 활성화에 기여하는가에 대해서는 의구심을 갖지 않을 수 없었다. 유젠염색 작가로 니시진의 한 마치야에 거주하며 초창기부터 마쓰리를 추진하는 데 중심 역할을 해온 M씨에 따르면, 마쓰리 추진위원회를 이끌어온 니시진 직물도매상이 업소를 이전해 니시진을 떠났고, 가업을 이은 젊은 아들은 센료가쓰지 마쓰리 같은 지역문화 축제가 니시진 직물산업을 활성화한다는 생각에 그다지 동의하지 않기 때문에 앞으로 이 행사가 어떤 방향으로 진행될지 알 수 없다고 고백하였다(2014년 8월 면담자료).

---

12 교마치야 재생운동의 전개과정 및 센료가쓰지 마쓰리를 둘러싼 각 주체들 간의 이해관계의 차이에서 발생하는 문제들에 대해서는 김효진이 자세히 다룬 바 있다(2008, 2010).

(3) 니시진 지역박물관 구상

2008년 이후 중단된 니시진 유메마쓰리나 10여 년 이상 진행되어 왔으나 미래가 불투명한 센료가쓰지 마쓰리 이외에도 지역사회복지협의회장인 후지바야시 히로시 씨가 진행하고 있는 '니시진 아침시장'('니시진 마르쉐')(제8장 참조) 같은 지역 활성화를 지향하는 다양한 종류의 움직임이 있다. 그러나 이 같은 움직임들이 반드시 산업 부흥과 연결되지는 못하고 있다. 이들에 비해 '니시진 지역박물관 구상'은 2013년 현재 가시적인 정책으로 이어지지 않은 준비 단계이지만 지역 활성화뿐만 아니라 산업 활성화도 함께 지향하고 있다는 점에서 주목된다.

'니시진 지역박물관 구상'은 2008년 11월에 발족한 시민운동으로서, '니시진 문화의 진정한 교류' 및 '그를 위한 니시진의 재생'을 목표로 마치즈쿠리·관광검토위원회와 산업재생검토위원회를 두고 매년 행정, 업계 단체, 기타 관련 종사자들을 초청하여 심포지엄을 개최하고 있다. 심포지엄 소개서에는 '니시진 지역박물관'이 "니시진이 (다시) 숨을 쉬고, 삶의 문화가 계승되는, 살아서 좋았다, 찾아와서 좋았다고 생각되는 니시진 지역 만들기"를 지향한다고 쓰여 있다(西陣町ミュージアム構想検討委員会 2010:5). 이 계획은 앞서 언급한 행사들과 달리 니시진에 기반을 둔 직물산업의 재생과 종사자들의 삶을 포함한 활성화를 지향한다. 그러나 기획 단계여서 구체적으로 산업을 재생할 방법은 아직 미지수이다. 또한 니시진 지역을 포함한 교토 가미교구 전체의 역사와 문화와 경관을 박물관으로 삼자는 아이디어는 여전히 관광 증진에 초점을 맞추었다는 인상을 피할 길이 없다. 다만 마쓰리 같은 일회성 행사 중심의 지역 활성화와는 구별되는 시도로서 교토시와 가미교구의 관심을 받고 있다.

3. 직물산업 종사자들의 노력

전통산업의 사양화를 극복한다는 목적은 공유하나 궁극적으로는 종합적인 지역 활성화를 지향하는 행정단체나 지역문화 운동가들의 다양한 시도와 달리 니시진 직물업 종사자들 스스로 진행하고 있는 활성화 운동은 보다 직접적으로 전통 직물산업의 부흥과 관련 장인들의 일거리 늘리기를 지향한다. 이 절에서는 그러한 노력들의 구체적인 내용과 의미를 살펴본다.

(1) 전통산업의 상품이력운동

니시진 직물산업 사양화에 대한 우려가 한창이던 2000년대에 들어 니시진 지역에서 오랫동안 다양한 직물산업 분야에 종사해 온 중소기업 대표 8명이 한자리에 모여 감소 일로에 있는 쇼쿠닌의 일거리를 늘리고, 전통의상에 대한 일반 대중의 거리감을 좁혀 전통의상을 생활 속에 다시 살리는 방안을 모색하는 모임을 결성하였다. 참가자들은 모두 니시진의 직물업이 성장 중이던 1980년대에 전통 직물산업 분야의 젊은 후계자들로서 각 관련 조합의 청년회에서 다양한 직책을 맡고 활발히 활동하던 동료들이었다. 그들은 지난 20~30여 년간 전통공예직물 수요의 지속적 감소 내지 정체현상과 더불어 가업의 쇠퇴 및 축소 과정을 공통적으로 경험한 이들이었다.

각자가 가업을 계승하여 기업 대표가 된 이후에도 젊은 시절 청년회 활동을 통해 맺은 인연을 계기로 친목회를 유지해 온 친구들인 이들은 필자가 조사할 당시에 대부분이 60을 전후한 나이로 은퇴를 눈앞에 두고 있었다. 하지만 쇠퇴 일로에 있는 전통산업의 재생을 위해 의기투합하여 2000년대 중반에 '일본 전통산업 염직공예협회'(이하 염직공예협회)를 결성하고 두 개의 프로젝트를 추진하게 되었다.

8명의 장인들이 모인 집단이란 의미에서 약칭으로 '염직팔장회染織八匠会'라고도 불리는 이 모임에서 처음에 본격적으로 추진한 것은 '전통산업의 추적 가능성 도입 프로젝트'이다. 이 프로젝트는 교토의 전통산업이 공통적으로 직면한 수요 정체 및 후계자 부족 문제 이외에 니시진오리를 포함하여 전통산업계의 심각한 문제가 '부도덕한 유통관행'에 있다고 보는 문제의식에서 출발하였다. 앞 장들에서 살펴본 바와 같이, 본래 니시진오리의 유통에 관여하던 니시진의 산지도매상(매계상)을 비롯하여 무로마치의 도매상은 단순히 완성된 제품을 판매하는 데 그치는 것이 아니라 자금 대여나 직물 설계, 유행의 주도 및 창출 등 제품의 생산과정에도 깊숙이 간여해 왔다.

제3장과 제6장에서 상세히 살핀 바와 같이 오랜 역사를 통해 뿌리내려 온 니시진오리의 독특한 유통구조로 인하여 니시진의 매계상 및 도매상이 제조업자를 비롯한 생산자들 위에 군림하는 권력자의 위치를 누려온 점은 부정하기 어렵다. 그러나 그와 동시에 직물 생산의 각 공정을 담당하는 기술자들, 즉 쇼쿠닌의 수준이나 기술의 완성도를 포함하여 제품의 가치에 대해서도 전문적 지식과 안목을 갖추었으며, 나아가 그러한 정보와 지식을 소비자에게 정확히 전달할 수 있는 능력도 갖추고 있었다. 그뿐만 아니라 유통업자들은 메이지 초기 유럽에 기술자들을 파견하여 자카드 직기 등 신기술을 도입하는 데 큰 역할을 하였던 것을 비롯하여 역사적으로 산업이 위기에 처할 때마다 지도자 역할을 수행함으로써 신뢰와 존경을 받았던 측면도 있었다.

그러나 1980년대 버블경제기를 거치면서 전통적인 유통구조가 무너지고 수익 창출에만 몰두한 일부 유통업자들을 중심으로 불합리한 가격 책정이나 소비자를 압박하는 판매 관행, 혹은 해외에서 만든 제품을 니시진 제품으로 속이는 등 도덕성을 상실한 판매수법이 만연하게 되었다. 이로 인해 소비자의 신뢰를 잃어버려 소비자가 더욱 멀어지는 데 일조하고 있다는 것이 관련 업자들의 일반적 평가이다. 염직공예협회에서 추진하는 추적 가능성 프로젝트란 일종의 상품이력운동으로 본래 공개해야 마땅하나 그동안 하지 않았던 품질이나 산지 관련 정보, 생산자 및 가공자의 이름 등을 밝히고 생산 경로를 공개함으로써 판매시장에서 오비나 기모노에 대한 소비자의 신뢰를 회복하려는 노력이다.

이를 위하여 염직공예협회에서는 2007년도에 교토부 중소기업단체 중앙회에서 진행하는 '교토 브랜드·신분야 개척사업'의 지원을 받아 전통산업의 추적 가능성 도입 프로젝트를 진행하여 소비자 및 관련 업자들을 대상으로 설문조사를 실시하고 제품 정보를 인터넷에 공개할 수 있는 체계를 구축하였다. 이 시스템을 통하여 염직공예협회의 이름으로 공동으로 주문을 받고, 주문받은 물건이 소비자의 손에 이르기까지 원재료에 대한 정보를 비롯하여 생산 및 가공의 모든 과정을 인터넷상에서 열람할 수 있다. 참가 기업들은 이 프로젝트를 통해 전통산업에 종사하는 다양한 분야의 장인들의 일을 활성화하고, 그들이 지닌 기술을 보존·전승할 수 있다고 믿는다. 또한 후계자 확보에 어려움을 겪고 있는 전통산업 분야에서 생산 및 가공 작업 내역을 정리하여 공개함으로써 사라져 가는 기술을 기록하고 관련 자료와 정보를 축적하는 아카이브 기능도 고려하고 있다.

이 프로젝트에서 추구하는 "소비자에게 친절한 모노즈쿠리, 적절한 원재료·기술 관리 및 올바른 품질 표시, 와후和風라 하는 일본인의 마음에 통하는 생활문화를 창조·제안하는" 시스템으로서 상품이력운동이 실제로 어느 정도 니시진 직물산업 전반에 걸쳐 새로운 수요를 창출할지는 아직 미지수이다. 그러나 참가자들은 그러한 운동이 최소한 고가로 판매되는 기모노나 오비의 진정하고 합당한 가치에 대한 소비자들의 의구심 내지

불신을 줄이는 데 기여하고, 제품에 대한 신뢰성을 높이고 전통공예직물의 가치를 바르게 인식하는 데 도움을 준다고 믿고 있다. 즉 농산품 이력운동과 마찬가지로 몰인격화, 산업화된 유통과정을 가능한 한 배제하고 니시진의 오비나 기모노의 경우도 생산자, 가공업자들과 소비자를 직접 연결함으로써 "얼굴이 보이는 안심할 수 있는 소비"로 유도해 간다는 전략이다. 그리고 이러한 목적에 부합하도록 인터넷에서 생산 및 가공 공정의 상세한 내역과 함께 직접 일을 진행한 장인들의 이름을 공개함으로써 그들의 일의 가치를 알리고 신뢰성을 높이고자 한다.

(2) '생활 속에 기모노 되살리기' 운동

상품이력운동과 더불어 염직공예협회에서 하고 있는 활성화 운동은 일상생활에서 기모노를 살려 내고 그를 통하여 사라지고 잊혀 가는 사람들 간의 관계를 새로이 만들어 가자는 일종의 '기모노 재생 운동'이다. 상품이력운동이 새로이 만들어지는 제품의 원재료 및 생산 공정의 상세한 정보를 소비자와 공유함으로써 불분명한 유통 관행으로 훼손된 소비자의 신뢰를 회복하고 전통공예직물에 대한 이해를 확산시키는 것이 목적이라면, 기모노 재생 운동은 가지고 있는 기모노나 오비의 가치를 제대로 알고 그것을 재활용하여 사람들 간의 관계를 회복해 보려는 운동이다.

니시진 직물제조업자이자 염직공예협회 대표인 히구치 쓰네기樋口恒樹 씨에 따르면[13] 오늘날 니시진에서 유통되는 제품들의 몇 배에 달하는 고급 기

---

13 기모노에 대한 총체적 서비스를 지향하는 염직공예협회의 구성원들은 니시진의 직물제조업자뿐만 아니라 유젠 염색업자, 보정업자, 도매업자 등 다양한 기모노 관련 업자들이다. 히구치 씨는 경쟁적인 니시진 직물업의 특성상 모두가 동일 업종 종사자들이었다면 비록 친목 관계로나마 수십 년간 협회가 지속되기는 어려웠을 것이라고 말했다.

모노, 오비가 사람들의 옷장 안에서 잠자고 있다고 한다. 1960~1970년대 경제 호황기에 많은 사람들이 혼수품이나 여러 가지 계기로 고급 기모노나 오비를 마련했으나, 일상생활에서 기모노를 입는 기회가 줄어들고 많은 사람들이 고령화하거나 사망하였기 때문이다. 부모가 사망한 후에 좋은 물건의 가치를 모르는 자녀들은 옷장의 기모노를 어떻게 처분해야 할지 몰라, 물건이 들어 있는 옷장을 통째로 기모노 재활용 시장에 내다 파는 소위 '단스우리簞笥売り' 현상이 나타났다.

히구치 씨는 본래 좋은 기모노는 어머니가 딸에게, 시어머니가 며느리에게 대물림해 가며 입는 것인데 부모의 유물을 팔아 버린다는 것은 부모자녀 관계가 더 이상 과거와 같지 않음을 의미하는 것이라 주장한다. 부모의 기모노를 물려받는다는 것은 단순히 물건을 전달받는 것이 아니라 부모에 대한 기억과 사랑, 추모의 염을 간직하는 행위이기 때문이다. '단스우리' 현상은 오늘날 젊은이들이 더 이상 그 같은 소중한 관계를 유지하는 데 가치를 부여하지 않는다는 것, 다시 말해 현대 일본 사회에서 가족관계가 붕괴해 가고 있음을 단적으로 보여 주는 지표라는 것이다.

염직공예협회에서 추진하는 기모노 재생 운동인 '이단스e-簞笥' 운동은 인터넷이나 전시회 등을 통하여 이처럼 옷장 안에 잠자고 있는 기모노, 오비를 꺼내어 활용하는 방안을 제안하는 것이다(그림 9-4). '단스우리' 현상은 현대의 많은 일본인들이 기모노에 대한 지식이나 활용 방안을 몰라서 벌어지는 것이라고 믿기 때문이다. 따라서 염직공예협회에서는 오래된 기모노를 족자나 병풍, 벽걸이 등 일본풍의 고전적인 실내장식품으로 개조하는 법을 제안하거나(그림 9-5), 우산(그림 9-6)이나 가방, 혹은 양장용 코트나 원피스 등으로 리폼하는 법 등을 제안한다.

염직공예협회에서는 기모노를 보정해 주는 서비스도 제공한다. 오래되

그림 9-4 오비(왼쪽)를 이용하여 만든 히나 인형(오른쪽)

어 일부 탈색되거나 얼룩진 기모노나 오비를 새로 물들이고 얼룩을 말끔히 제거하여 새 옷으로 재생해 주거나, 선명하고 화려한 색상의 구식 기모노를 전체적인 조화를 그대로 유지하면서 색의 선명도를 낮추어 차분한 색상으로 바꾸어 현대적 감각에 맞는 옷으로 만들어 준다. 이러한 기모노 보정업補業은 고도의 기술이 필요한 쇼쿠닌의 일로, 가업 계승 및 도제제도를 통해 이어져 왔으나 오늘날에는 그 수가 점점 줄어드는 형편이라 한다.[14]

염직공예협회에서는 가족 외에 사랑하는 친구나 존경하는 스승이 사망

---

14 다른 종류의 기모노 관련 기술과 마찬가지로 보정업의 수준도 교토가 가장 높다고 알려져 있다. 염직공예협회 회원인 보정업자 T씨는 보정 기술을 배우러 다른 지방에서 찾아온 사람들을 거의 도제처럼 훈련하고 있다.

그림 9-5 염직공예협회 회원들이 기모노 및 오비를 재활용하여 만든 병풍(왼쪽), 족자(가운데), 칸막이(오른쪽)

그림 9-6 염직공예협회가 개발한 양산[15]

그림 9-7 염직공예협회의 2013년 작품전 포스터
― "지금, 염색과 직조의 기술로 새로운 형태를 되살립니다."

하였을 때 그가 아끼던 기모노를 이용하여 명함 케이스나 염주 주머니 등을 만들어 주는 서비스도 제공한다. 사망한 이의 물건으로 일상생활에서 쓰는 소품을 여러 개 만들어 지인들이 나누어 가짐으로써 돌아가신 분에 대한 추모의 정을 기리고 기억하는 것이다. 염직공예협회 회원들은 2013년 교토와 일본의 여러 지역에서 개최한 전시회에서 중국 수나라 문제文帝의 고사古事에서 따온 '일의대수一衣帶水'라는 말로 자신들의 작업의 의미를 표현

---

15 니시진오리로 된 바탕천(생지)에 유젠염 기법으로 문양을 넣은 새로운 이미지의 제품으로 2013년 4월 교토역 건물 내에 위치한 교토사료京都茶寮 갤러리에서 열린 전통공예품 전시회에 출품된 것이다.

하였다(그림 9-7). 본래의 뜻은 옷을 매는 띠처럼 폭이 좁은 강을 사이에 둔 가까운 이웃이라는 의미이지만 이를 통해 기모노, 즉 옷을 통하여 사람들의 관계를 이어 준다는 의미를 전달하고자 한 것이다.

염직공예협회 회원들이 시도하는 이 같은 다양한 작품 제안이나 아이디어 제공은 단순히 오래된 물건을 리폼하여 그 물건을 매개로 현대사회에서 희박해지고 있는 인간관계를 회복하도록 돕는 데 그치지 않는다. 그러한 작업을 통하여 니시진 직물산업에 관련된 다양한 공정 기술을 활성화하고, 전통공예 장인들에게 일거리를 공급하며, 나아가 일본 전통문화에 대한 관심과 지식을 보다 넓게 확산해 가고자 하는 것이다.

마무리

사라져 가는 세계, 니시진

2015년 2월 초 국내 주요 일간지 및 인터넷 매체들은 연합뉴스 발로 일제히 금으로 만든 실을 천에 짜 넣어 문양을 만들어 내는 직금제직織金製織 기술을 복원하였다는 국립문화재연구소와 한국전통문화대학교 전통섬유복원연구소의 연구 결과를 보도하였다(『헤럴드경제』 2015. 2. 11; 『한국일보』 2015. 2. 11.; 『아주일보』 2015. 2. 11.; 『중앙SUNDAY』 S-Magazine 2015. 2. 15. 등). 조선 영조 9(1733)년 사치를 금하기 위해 직물에 문양을 넣어 짜는 문직기紋織機의 사용조차 금한 지 거의 280년 만의 쾌거라 하였다. 니시진의 직물에 대한 연구를 진행하면서 한국에서는 왜 문직물의 전통에 대한 이야기가 통 들리지 않고 자료도 찾을 수가 없을까 늘 의문스러워했던 터였다. 그런데 이 기사들을 보니 국내에서도 삼국시대부터 조선시대까지 금사를 넣어 짠 복식 유물이 적잖이 발견됐지만 어떻게 만들어졌는지 "그동안 아무도 몰랐"으나 문직 기술뿐 아니라 문직기 자체를 복원하여 고려시대 '남색원앙문직금능'(1346)을 비롯해 용인 영덕동에서 출토된 16세기 초 장저고리에 사용된 '금원문직금능'과 17세기 초 '연화문직금단'을 전통 기술과 방식으로 재현해 낼 수 있었다고 한다."

이 보도에서 복원에 성공하였다고 한 것은 금사를 사용한 문직물뿐이었으므로 조선에서도 니시진오리처럼 선염 견사로 회화와 같은 복잡한 문양의 문직물을 직조하였는지는 알 수 없다. 동아시아 직물사를 연구하는 요시모토 시노부는 일본, 중국과 달리 한국에는 날실을 끌어 올려 문직물을 짜는 고기高機가 아예 존재하지 않았다고까지 단언하였다.

조선반도는 근년에 이르기까지 '다카바타高機 문화권' 외에 있었던 것으로 보이며, 19세기 혹은 금세기에 들어 일본에서 다카바타가 도입되기 전까지 다카바타가 사용되었다는 흔적이 전혀 확인되지 않는다. 이 사실은 중국과 일본과 조선반도에 …… 고시바타腰機가 분포해 있다는 사실, 특수직물 전용기계로 무시로바타筵機(멍석기)나 와라지다이草鞋台가 분포해 있다는 사실, 게다가 '고시바타 문화권'의 원초적인 제직기술이라 할 수 있는 두 발과 손을 사용한 짚신(초혜草鞋) 만들기 기술이 있는 점 등을 생각해 보면 매우 의외이다. 그러나 조선반도에서는 화폐경제체제가 19세기 후반에 겨우 확립되었다는 역사적 배경이 있었던 것으로 보이며, 일본에서 다카바타가 도입될 때까지 생산성이 높은 다카바타를 사용하여 적극적으로 직물 양산量産을 도모할 필요성이 나타나지 않았다고 생각할 수밖에 없다. (吉本忍 1995:280).

그러나 최근 문직물 복원과 관련된 보도들에 따르면 1800년대 초의 저술인 서유구의 『임원경제지』에 사람이 올라앉아 날실을 끌어 올리고 있는 문인기紋引機, draw loom(일본의 소라비키바타空引機와 같은 원리의 직기) 그림이 실려 있다(그림 1).

그림 1 조선 시대 『임원경제지』에 수록된 수공 문직기 그림

한국직물사를 연구해 온 심연옥에 의하면 동아시아에서는 7세기 이후 문인기 사용이 보편화되었다 하며, 이는 서아시아의 위금緯錦, samit(일본어로 '누키니시키'라 함)을 짜는 기술과 함께 전해졌을 것이라 한다.

문인기가 우리나라에서 언제부터 사용되었는지는 정확히 알 수 없으나 통일신라 시대에는 이미 이와 같은 문인기로 위금 등의 문직물을 생산했을 것으로 보이며, 고려시대의 직물 유품을 통하여 볼 때 이 시기에는 이미 보편 사용되었음을 알 수 있다. 특히 고려시대의 문직물은 이미 복종과 기종, 문종 등을 모두 갖춘 문인기를 사용하여 제직하였을 것으로 보며[1] 고려시대 유품 중 특히 사, 라 직물이 많

---

1 '복종'이란 발로 답목踏木, pedal을 밟아 날실과 씨실의 개구운동을 동작하는 장치인 종광縱絖, heald(綜絖)을 아래로 당겨 날실을 잡아내려 아래로 개구하는 복종광伏縱框을 말하며, '기종'이

은 것은 이 시기 꼬임종광(익종광)을 갖춘 문인기를 사용하여 사, 라 직물을 제직하여 그 생산량이 증가되었음을 알 수 있다.

조선시대 문직물을 제직한 기록과 사용된 직물의 품종으로 보아, 조선시대의 문직물 제직에는 비교적 간단한 소형의 문종을 갖춘 문인기가 사용된 것으로 유추된다. …… 문인기는 19세기에 자카드 직기로 대체되며 오늘날 우리나라의 전통직물은 거의 자카드 직기로 제직되고 있다. (심연옥 2002:41).

이러한 기록들에도 불구하고 최근의 '복원'에 대한 보도들을 통해 볼 때 한국에서는 조선 후기의 사치금지정책으로 문직물 제직 기술과 전통이 사라지게 된 것은 분명해 보인다. 앞 장들에서 살펴본 바와 같이 일본에서도 특히 17세기 이후에는 유교의 영향을 받은 무사계급이 검약을 강조하고자 화려한 문직 비단의 사용을 금한 경우가 많았으며, 계급에 따른 복식금제服飾禁制가 다양한 방식으로 실시되었다. 그러나 조선에서만큼 규제가 철저하지는 않았던 듯하며, 더욱이 황실이나 예능 및 종교계의 지속적인 수요를 비롯하여 상업 발달에 따라 성장한 부유한 상인계층과 일부 무사계급의 소비 욕구를 완전히 억누르지는 못하였다.

제2장에서도 살핀 바와 같이 평화시기가 200년 이상 지속된 에도 시대에 무사계급의 복장은 더욱 화려해져 갔으며, 부유한 도시 상인들은 화려한 문직 비단의 사용이 금지되자 겉감은 무색의 무명으로, 안감은 문직 비단으로 만든 옷을 입는 등 호화로운 고급 비단의 수요는 계속되었다. 또한 에도 시대에 크게 발달한 차도茶の湯, 茶道와 노能 연극을 비롯한 각종 전통

란 답목을 밟아 종광을 들어 올려 날실을 위로 개구하는 기종광起綜筐을 말한다. 기종광은 지조직地組織을 짜는 데에, 복종광은 문조직紋組織을 짜는 데에 쓰인다고 한다(심연옥 2002:41). 심연옥은 19세기에 자카드 직기가 도입된 과정에 대해서는 상세히 언급하지 않아 아마도 요시모토의 주장처럼 일본을 통하여 도입된 것이 아닐까 짐작된다.

예능과 다수의 기생들이 생활하던 유곽의 번성, 오늘날까지도 고급 비단의 주요 소비자로 남아 있는 수많은 신사神社 및 불사佛寺의 존재는 호화 견직물의 수요를 일정한 수준으로 유지하는 데 크게 기여하였던 것으로 보인다. 나아가 봉건제하에서 발달한 지역성의 전통으로 인해 각 지역마다 독특한 산업을 지원하고 발달시켜 세수稅收를 충당해야 할 필요와 여건을 갖추었으며, 그러한 사정은 일본에서 전통공예 산업이 발달하는 주요 배경이 되었다.

이들 중 많은 전통공예 산업은 현대까지 이어져 왔을 뿐 아니라 메이지기 이후에 통일된 근대국가 체제하에서 국가의 전통으로 새로이 만들어지며 다양한 형태의 공식적 후원을 받게 되었다.[2] 1973년에 제정된 「전통적 공예품 산업의 진흥에 관한 법률伝統的工芸品産業の振興に関する法律」(약칭 '전산법伝産法')에 기초하여 경제산업대신이 지정한 전통적 공예품이 전국에 219점(2014년 현재)이 있으며, 교토와 오사카를 중심으로 한 긴키近畿 지방에만 50여 종이 존재한다. 그중에는 직물(36점)뿐 아니라 도자기(34점), 목공예품(31점), 칠기(23점), 불단佛壇·불구佛具(16점), 금공예품(11점) 염색품(11점), 화지和紙(9점), 인형(8점) 등이 포함되어 있으며, 지역별로 보면 교토부가 17점으로 가장 많고 다음으로 니가타현 16점, 오키나와현 14점 등의 순이다.

19세기까지만 해도 대부분의 전통공예품은 황실, 무사계급, 부유한 상인층을 위한 것이었다. 그러나 메이지기 이후 모든 사람이 신분 제한 없이 경제력만 있으면 고급 공예품을 소비할 수 있게 되었으며, 특히 제2차 세계대전 이후 경제성장과 더불어 고급 공예품에 대한 수요가 지속적으로 증

---

2 예를 들어 에도 시대 가가加賀(현재 이시카와현石川県 남부) 지방에서 발달한 칠기인 와지마누리輪島塗가 국가의 전통으로 새로이 형성되어 가는 과정에 대한 연구로 한승미(1997)가 있다.

가하였다. 전체 전통공예 산업의 생산액은 1980년대 중반에 5,000억 엔 이상에까지 이르렀으나, 생활양식의 변화와 장기적인 경기침체 및 해외에서 들어온 값싼 수입품과의 경쟁 속에서 지금은 2,000억 엔 이하까지 감소하였다. 관련 기업의 수도 1970년대 말 3만 5,000여 사이던 것이 2000년대 중반에는 1만 7,000사 정도로 반 이하로 줄어들었으며, 종사자 수 역시 1970년대 말 29만 명 정도에서 2000년대 중반에는 그의 3분의 1에 불과한 10만 명 이하로 감소한 것으로 나타난다. 특히 전통산업 종사자 중에서 30세 이하의 비율은 1970년대 중반 30% 정도이던 것이 2000년대 중반에는 6%대로까지 줄어들어 전통산업 종사자들의 고령화가 심각하게 진행되고 있음을 보여 준다(http://ja.wikipedia.org/wiki/経済産業大臣指定伝統的工芸品, 2015. 2. 16. 참조).

침체되고 있는 전통공예산업의 부흥을 위해 일본의 중앙정부 및 지방정부에서는 1970년대 이래 많은 노력을 기울여 왔다. 그러나 제9장에서 살펴본 비와 같이 공통적으로 수요 감소에 직면한 전통공예를 보존하고 되살리려는 중앙정부와 지방자치 정부의 다양하고 진지한 노력과 전통문화 전반의 활성화에 관심을 가진 다양한 주체들의 시도에도 불구하고 그러한 모든 움직임들에 대한 니시진 직물산업 종사자들의 반응은 대체로 회의적이다. 이는 정부의 노력과 운동가들의 진정성을 의심해서라기보다는 '산업의 활성화'와 '전통문화의 보존'은 서로 다른 종류의 논리에 기초한다고 보기 때문이다. 전통공예가 보존되어야 하는 문화유산으로 인식된다는 것은 그것이 하나의 산업으로 지속 가능하지 않다는 것을 의미한다.

많은 전통공예품들이 생활양식의 변화와 더불어 일찍이 일상생활에서 실용성을 상실하고 보존해야 하는 전통문화유산의 일부로 편입되었다. 그러나 니시진오리의 경우 전통의상인 기모노의 재료를 생산한다는 이유와 제2차 세계대전 이후 경제 향상에 힘입어 그 수요가 비교적 오랫동안 지속되어 온 면이 있다. 그것은 실용성의 측면도 있지만 의복인 만큼 입지 않더라도 의례용, 혼인용, 기타 놀이용 등으로 사람들이 만들어 소유하고 싶어 하는 욕구가 있었기 때문이다. 특히 일반 서민들의 견직물에 대한 뿌리 깊은 동경은 견직물보다 훨씬 실용적이고 가격도 저렴한 나일론이나 폴리에스테르 같은 대체 직물들이 등장한 이후에도 니시진오리에 대한 수요를 지탱해 왔다. 현재 니시진의 위기는 이제 그러한 시기를 넘어 일상적 수요의 감소가 더 이상 산업을 유지하기 어려운 수준까지 이르렀으며, 따라서 다른 공예품들과 마찬가지로 니시진에서 생산되어 온 전통공예 직물이 산업에서 문화유산으로 전환되는 시기에 이르고 있다. 일단 상품에서 문화재의 영역으로 넘어가면 니시진오리는 지금까지와는 다른 성격을 가지게 될 것이다.

또한 전반적인 산업화와 대량생산화의 흐름 속에서 유지되어 온 전통적 수공예품은 엄청난 가격을 호가하게 되어 점차 일반인의 생활에서 멀어지게 되었다. 니시진에서 생산되는 직물 중 대부분이 아직도 부분적으로든 전적으로든 수작업으로 만들어지며, 이 생산품들은 일종의 예술공예품의 성격을 지니고 있다. 공예품이란 순수 예술품과 일반상품의 중간에 위치하는 특성을 가진다. 따라서 공예품을 만들어 내는 쇼쿠닌職人, 즉 장인들 역시 예술가라 할 수는 없지만 공장에서 제품을 생산하는 일반 노동자와는 성격이 다르다. 마르크스주의식 용어로 말한다면 그들은 자신들이 생산하는 '가치'로부터 충분히 소외되지 않은 단계에 있다고 할 수 있다.

여기에 전통공예품 산업의 딜레마가 존재하며 니시진의 위기도 그 흐름에서 이해될 수 있다. 현재 니시진 직물업이 당면한 가장 큰 어려움은 다른 전통공예품 산업의 경우와 마찬가지로 장기 경기침체에 따른 지속적인 수요 감소라 할 것이다. 여기에 더해 니시진 직물업은 몇 가지 상호 연관된 요인들을 내포하고 있으며 그로 인해 더욱 심각한 딜레마에 직면한 것으로 보인다. 역사적으로 발전시켜 온 니시진 직조 기술을 넥타이, 스카프, 숄 등 패션 직물, 커튼지, 태피스트리, 벽지 등 전통의상 이외 부문에 활용하려는 노력이 오래전부터 있었으나 여전히 전통의상 부문인 기모노지와 오비지가 전체 생산의 90%를 점하고 있다(西陣織物工業組合 2013:1). 그러나 인구 감소, 생활양식과 취향의 변화, 장기적인 경기침체 등의 이유로 전통의상 부문의 수요는 지속적으로 감소해 왔다.

이러한 수요 감소에 대한 관련 업자들의 대응방식 중 하나가 전통의상의 '의례복화' 전략이다. 의식주 생활의 서양화가 시작된 메이지기 초기부터 당시 새로이 등장하던 백화점들과 여성 잡지들은 전통의상을 입는 데 관련된 새로운 규칙과 에티켓, 유행을 만들어 내고 보급하는 데 많은 노력을 기울였다(並木誠士 外 編 2012:144, 180-181, 244-249). 그 결과 일본어로 '옷'을 의미하던 기모노는 더 이상 평상복(후단기普段着)이 아니라 수많은 정교한 규칙에 따라 입어야 하는 특별한 의상이 되었다. 예를 들어 오늘날에는 연령층에 따라, 사회적 지위에 따라, 모임 성격에 따라 '입을 수 있는' 기모노의 문양, 색상, 문양의 위치나 크기 등이 달라지는 복잡한 에티켓이 있다. 화려한 꽃문양을 넣은 소매폭이 넓은 후리소데振袖는 미혼여성만 입을 수 있으며, 기혼여성은 좁은 소매, 단색 바탕에 허리 아래쪽에 문양을 넣은 도메소데留袖를 입어야 한다. 검은색 바탕에 5개 혹은 3개의 가문을 정해진 곳에 넣은 좁은 소매의 기모노는 가장 격식이 높은 예복으로 가까운 친척의 결혼식에 입는다. 주로 지리멘縮緬이나 린즈綸子, 슈스繻子 등의 바탕천에 에바 문양을 넣은 호몬기訪問着는 그보다 낮은 등급의 예복으로 기혼이나 미혼의 구별 없이 격식을 갖춘 의식에 입을 수 있다. 반면 쓰무기紬는 어디까지나 일상복용인 까닭에 호몬기로 만들었더라도 격식 있는 자리에서 입으면 안 되는 옷으로 여겨진다. 차도에서는 반드시 유젠 같은 염물染物 기모노에 니시진오리 같은 직물織物로 만든 오비를 갖춰 입어야 한다. 일반적으로 직물 기모노는 일상복으로 여겨져 예복으로 인정되지 않는다.

오늘날 기모노를 입는 데 반드시 지켜야 하는 전통으로 자리 잡은 새롭게 발명된 정교한 규칙들과 기모노의 의례복화 과정은 경제 성장기를 거치며 일정 수준 기모노 시장의 확대에 기여하였다. 그러나 복잡한 규칙과 그에 따르는 가격 부담 등으로 인해 많은 일반인들이 기모노로부터 멀어졌다. 특히 지난 20여 년간 이어진 장기적인 경기침체 속에서 기모노 시장은 더욱 위축되었다. 제대로 된 견직 기모노와 오비, 부속품들을 마련하려면 10만 엔이 훌쩍 넘어가고 고급품의 경우 100만 엔 이상의 것도 드물지 않은 상황에서, 부모가 자녀의 성인식에 기모노를 마련해 주려고 해도 자녀들이 그 돈이면 1년에 한두 번 입을까 말까 한 기모노보다 자동차나 모피코트를 사달라고 하는 경우가 많다고 한다. 중산층 가정에서는 기모노를 입어야 하는 부담을 피하기 위해 외국에 나가 결혼식을 올리는 사례도 있다고 한다.

이러한 상황에서 '전통공예품'으로 분류되었을 때의 부가가치로 인해 상품의 가격이 더욱 올라가 일반 소비자가 전통공예품에서 더욱 멀어지는 악순환이 초래되고 있다. 기모노에 깊은 애정과 관심을 가진 한 노부인은 "일단 전통공예 영역으로 들어가면 그것은 이미 죽은 것이다"라고까지 단언하였다. 모든 사람이 손쉽게 구할 수 있어야 마땅한 민족의상이 소수의 사람들만 접근 가능한 예술품처럼 되어 버리는 모순을 지적하는 말이었다. 조사 중에 만난 한 니시진오리 연구자는 전통이나 전통문화와 산업은 서로 다른 논리로 움직이는 영역인 까닭에 일본 정부에서 1970년대 초 전통공예를 보호한다는 명분하에 제정한 '전산법'은 발상 자체가 잘못되었다고 주장하였다.

수요 감소에 직면하여 '전통(문화)'과 '산업'을 결합하기 위해 제조업자나 유통업자들이 "천 년의 전통"이라거나 "조상 대대로 전해 내려온 뛰어난 장인의 솜씨", "수공예가 주는 따뜻함과 인간미" 등의 수식어를 붙여 전통공예직물 고유의 가치를 선전하여 판매하려 하지만, 일단 그러한 수식어를 다는 순간 상품 가격이 올라가며, 결과적으로 잠재적 소비자의 수를 줄이는 효과를 불러올 수밖에 없다. 이러한 현상은 니시진오리의 분업 생산체계의 제일 밑바탕에 위치하여 산업의 사양화 과정에서 고통받고 있는 기술자들, 즉 장인들의 상황을 더욱 악화시켜 현재와 같은 형태로 산업이 지속될 가능성을 위협하게 된다. 이것이 현재 니시진 직물산업이 처한 아이러니이다.

그러나 니시진 직물업이 현재 처한 어려움을 단순히 수요자가 제한된 지극히 고가의 틈새시장을 집중적이고 의도적으로 겨냥한 시장 전략의 결과라고만 이해하고 설명할 수는 없다. 니시진 직물업의 독특한 생산·유통체계의 성격상 일반 기업처럼 특정 시장을 겨냥한 생산과 유통의 조절이 용이하지 않기 때문이다. 각각 독립적인 가내공업들의 분업으로 직물이 생산되는 니시진 직물업은 근대 기업처럼 시장 확보나 경영 등의 면에서 일관되고 합리적이며 체계적인 전략을 구상하기가 쉽지 않다. 그것이 오늘날까지도 어음대출을 통해 대략적인 수요를 예측하여 생산하는 소위 '미코미見込' 생산과, 판매되지 않은 제품의 반품이 계속되는 이유이다. 그런 점에서 현재 니시진의 위기는 단순히 고급화, 고가화라는 잘못된 생산 및 시장전략을 채택한 데서 비롯되었다기보다 그간 니시진 직물업을 지탱해 온 '전통적인 생산·유통체계의 지속 가능성sustainability'을 위협하는 다른 요인들 때문이라고 보아야 한다.

이 책에서 살펴본 바와 같이 니시진오리의 뛰어난 품질과 가치를 지탱해 온 것은 고도의 '장인적 기술craftmanship'이었으며, 그러한 고도의 기술은 수십 가지의 서로 다른 공정별로 전문화된 **소규모 가내공업 체제와 장기간에 걸친 도제식 훈련**이라는 두 핵심적 제도에 의해 유지되고 발달해 왔다. 두 제도의 배경에는 각 개인이 담당한 공정에 대하여 완벽함을 추구하는 장인의 긍지와 정신이 깔려 있다. 각각의 공정을 담당한 장인들이 서로가 관련된 공정의 기술 수준과 완성도를 알아보고 평가하는 일종의 신뢰 공동체가 형성되어 있었으며, 그러한 암묵적인 상호 인정 속에서 공동 작업을 통하여 비로소 하나의 니시진오리가 완성된다. 그리고 장인들의 공동체를 연결하고 조정하는 제조업자, 즉 오리모토織元를 비롯하여 전문적으로 유통에 관여해 온 중개상 및 도매상을 포함하여 최종 단계인 소비자에 이르기까지 일련의 과정을 이어 주는 공동의 안목과 지식이 공유되는 상황에서 비로소 전체 생산 및 유통 체계와 장인의 전통이 유지되어 올 수 있었다.

물론 오늘날에도 그러한 안목과 지식을 공유하고 존중하는 공동체가 완전히 사라진 것은 아니다. 여전히 고급 제품의 가치를 알아보는 고객들과 그에 부응하는 완벽함을 창조해 내는 장인들에 의해 공동체가 유지되고 있지만 그 층은 점점 얇아져 가고 있다. 또한 일부 유통업자들의 타락으로 인해 장인 기술의 완성도나 제품의 가치가 소비자들에게 제대로 전달되지 못하는 경우가 흔하다. 오늘날 대부분의 소비자들은 정치精緻한 장인들의 솜씨가 결합하여 창조된 공예직물의 가치에 무지하며, 유통업계의 도덕적 해이로 인해 가격만 엄청나게 높은 비인격적 상품을 시장에서 만날 뿐이다. 이러한 전개는 소비자 감소, 수요 저하로 이어지고 다시 일거리 감소로 이어지고 있다.

니시진오리의 분업적 생산구조 덕택에 현재와 같이 수요가 지속적으로 감소하는 상황에서도 일부 제조업자, 유통업자들은 살아남아 영업을 계속할 수 있을 것이다. 그러나 그것은 거래하는 하청장인들의 수를 줄이고, 그들의 일거리를 줄이는 방식으로써만 가능하다. 반면 특정 개별 공정을 담당한 분업체계 말단에 위치한 하청 가내공업자들은 일거리가 감소하면 생업으로 일을 계속하기가 불가능해져 결국 폐업할 수밖에 없다. 실제로 지속되는 불경기하에서 니시진 직물업 관련자들 중 가장 먼저 빠른 속도로 사라지고 있는 이들은 말단의 하청장인들이다. 고도의 기술과 경험을 지닌 장인들의 고령화가 진행되고 있지만 그들이 후계자를 길러낼 형편이 아니기 때문이다. 숙식 제공 이외에 7~10년 이상 걸리는 기간 동안 거의 무급의 훈련과정을 통해 장인들을 길러 내던 전통적 도제 제도는 메이지기 이후 점진적인 고용 관행 개혁과 제2차 세계대전 이후 노동법 확립 등을 계기로 빠른 속도로 사라졌다. 또한 생산된 제품에 대해서만 공임을 지불하여 고정수입이 보장되지 않는 '데키타카出来高' 공임제는 자녀들 중 적어도 한 명이 가업을 계승해 오던 관행마저 무너뜨리고 있다.

여기서 딜레마는, 다른 곳에서 찾을 수 없는 전통과 역사를 자랑하는 니시진오리의 우수성과 고유성이 바로 가내공업적 분업에 의한 생산체제, 장기간의 도제식 훈련을 통해 습득한 고도의 기술, '자신만의 작품'을 창조한다고 믿는 장인들의 태도와 정신, 즉 '쇼쿠닌 문화'가 결합된 결과로 유지되어 올 수 있었다는 점이다. 수십, 수백 가지 색상의 선염 견사를 사용하여 회화처럼 정교하게 디자인된 공예직물을 생산할 수 있었던 것은 바로 장인들 때문이며, 그것이 니시진오리에 풍부함과 고유성을 부여하였다. 따라서 지금과 같이 고도의 기술을 갖춘 하청장인들의 폐업이 계속된다는 것은 곧 그들이 가진 기술, 지식, 경험과 자산이 영원히 사라짐을 의미하며, 그것은 니시진오리가 자랑하는 고유성과 풍부함을 생산할 능력이 소멸됨을 의미한다.

이러한 흐름을 막고 전통공예산업을 되살리기 위해 다양한 노력이 이어져 왔다. 국가의 '전통공예사' 지정과 같은 보호 장려정책뿐만 아니라 지방자치단체의 다양한 지원정책, 관광 진흥을 포함한 각종 활성화 운동들이 추진되었으나, 니시진의 장인들에게 충분한 일거리를 제공하여 자신들이 종사해 왔던 일을 포기하지 않고 후계자를 길러내도록 하는 데 이를 만큼 충분한 효과를 내고 있지 못한 것은 분명해 보인다. 그것은 다시 말해 지금과 같은 공정별로 분리된 영세 가내공업 형태의 분업적 생산구조는 더 이상 지속하기 어려우며, 그 안에서 배양되어 온 '쇼쿠닌 문화' 또한 점차 사라져 버릴 운명에 처해 있음을 의미한다.

용어해설

가라기누唐衣 구게公家의 여성 의복의 일종. 흔히 주니히토에十二單라 불리는 열두 겹의 여성용 예복에서 제일 위에 덧입는 옷을 말한다.

가라오리唐織 ① 중국에서 전래된 직물 혹은 그것을 흉내 내어 일본에서 직조한 직물. 긴란金襴, 돈스緞子, 아야綾 등을 말하며 당직물唐織物이라고도 한다. ② 견직물의 한 종류. 아야를 바탕으로 여러 가지 색을 넣은 씨실을 사용하여 꽃이나 새, 마름꽃(菱花) 등의 모양을 짜 넣어 수놓은 것처럼 보이는 직물.

가루타カルタ 카드를 이용하여 주로 정월에 실내에서 하는 게임. 포르투갈어로 편지, 트럼프 등을 의미하는 'carta'에서 유래한 단어라고 하나 포르투갈과 접촉하기 전부터 있었던 전통놀이의 한 종류이다.

가미나카가이上仲買 니시진 지역의 산지도매상을 일컫는 용어.

가미시모裃 에도 시대의 무사 예복. 같은 천으로 만든 가타기누肩衣와 하카마袴를 말하며, 고소데 위에 입는다. 현대에는 전통예능 공연이나 제례 때 입는다.

가부나카마株仲間 에도 시대 상공업의 발달과 더불어 상인, 쇼쿠닌 들이 공동의 권리를 확보하기 위해 결합한 동업집단. 처음에는 사적인 것이었으나 막부나 각 번藩은 영업세(묘가킨冥加金)를 징수하여 이러한 조직을 보호, 공인하였다. 니시진의 직물업자들 간에도 업계의 이익을 지키고 직조기술의 기밀을 보호하고자 조직되었다.

가스리絣 '가스리이토絣糸', 즉 직물을 짜기 전에 미리 문양에 따라 부분 부분 색을 넣어 염색한 실을 날실이나 씨실로 혹은 날실과 씨실 모두로 짜서 문양을 나타내는 기법. 일본에서는 대부분 평직平織 가스리이나 짜는 방법에 따라 능직綾織이나 수자직繻子織 가스리가 있으며, 소재에 따라 모멘가스리木綿絣, 아사가스리麻絣, 기누가스리絹絣 등이 있다.

가이토리買取り 반품하지 않는다는 조건으로 생산자에게 제품을 매입하는 거래 방법. 매절(가이키리買切り)과 뜻이 같다.

가타기누肩衣 소매가 없는 상의. 애초에 하위 무사들이 착용하였으나 무로마치 말기에는 상위 무사들도 입었다고 한다.

가타기누하카마肩衣袴 고소데에 가타기누와 하카마를 입은 모습. 무로마치 말기에 무사들의 정장으로 자리 잡았으며 근세의 가미시모裃의 전신이다.

고몬小紋 옷 전체에 동일한 무늬가 자잘하게 들어간 기모노. 주로 격식을 차리지 않고 외출할 때 많이 입는다. 헤이안 시대 말기부터 갑옷의 몸통 부분에 쓰이던 가죽에 벚꽃이나 창포, 풀고사리를 염색해 넣은 고몬가와小紋韋에서 유래했다고 한다.

고소데小袖 소매의 입구가 좁고, V자형의 수령垂領으로 앞을 여며서 입는 의복으로 오늘날 기모노의 원형이다. 헤이안 시대에는 귀족의 속옷이었으며 일반 서민들 사이에서 일상복으로 입던 것이 귀족의 복장이 간략해짐에 따라 남녀 모두가 널리 입게 되었다고 한다.

고시마키腰巻き ① 여성의 속옷으로 허리부터 다리에 걸쳐 두르는 천. ② 중세 이후 궁인이나 무가의 여성이 입었던 여름용 예복. 홑겹 옷 위에 허리에 둘러 입었다.

고후쿠야吳服屋 일본 옷에 쓰이는 옷감, 즉 포목(고후쿠)을 판매하는 상점. 일본의 근대적 백화점은 대부분 고후쿠야에서 출발했다.

공인기空引機 → 소라비키바타

구게公家 조정에 출사한 귀족이나 상급 관료의 총칭.

기모노바나레着物離れ 생활양식의 서구화로 기모노에 대한 수요가 지속적으로 감소하는 현상.

기자쿠着尺 기모노를 만드는 데 쓰이는 와후쿠지和服地.

기종起綜 후미기踏木, pedal를 밟아 종광을 들어 올려 날실을 위로 개구하는 기종광起綜

框. 지조직地組織(바탕조직)을 짜는 데 쓰인다.

긴란金襴 gold brocade. 바탕조직(지조직地組織)에 금박사 혹은 금사로 문양을 짜 넣은 호화로운 직물로 승려의 가사袈裟 등에 많이 쓰인다. 중국에서는 직금織金이라 하며 송대宋代에 일본에 전해졌다고 한다.

나쓰모노夏物 한여름인 7~8월에 입는 기모노.

네리練 실을 누임, 정련. 과거에는 잿물에 삶아서 하는 자연 정련이었으나 오늘날에는 대부분 화학약품으로 처리하여 정련한다.

네리누키練貫, 練緯 정련한 실을 의미하는 숙사熟絲(연사練絲)를 씨실로, 생사를 날실로 해서 짠 비단.

네리야練屋 실을 누이는 작업장 또는 정련을 전문으로 하는 가내업자.

네이리値入り 중개상이 제품을 받을 때 직물업자에게 일단 내금內金을 지불하고, 나중에 결산할 때 가격을 정해 내금을 제한 후 물건 값을 정산하는 거래방식.

넨시 → 연사

넨시야撚糸屋 직물의 설계에 적합하도록 실을 꼬는 작업(연사)을 전문으로 하는 가내업자.

노렌와케暖簾分け 상호를 나타내는 발을 의미하는 노렌을 나누어 준다는 의미로 상가商家 등에서 장기근속 종업원에게 분점을 차려 주는 일.

노시直衣 천황, 황태자, 친왕親王(적출의 황자 황손), 구교公卿(조정의 3품 이상의 관리) 등의 평상복.

누레누키濡緯 실을 적셔 가며 성글게 짠 여름용 오비. 오리히코 직물회사에서 개발한 물품이다.

누키마키緯卷 문양을 낼 수 있도록 씨실을 북에 감는 작업.

능綾(능직綾織, 아야오리) 사문직斜文織(샤몬오리)이라고도 함. 직물의 세 가지 기본 조직의 하나로 날실과 씨실을 두 가닥 이상씩 합쳐서 천에 경사진 두둑 같은 모양이 나도록 짠 천이다.

니시무키西向 역사적으로 무가사회였던 동일본과 궁정사회였던 서일본은 기모노의 취

향이 대조적이다. 니시무키는 서일본의 기모노 취향을 가리키는 용어로서 화려하고
요란한 문양과 색상을 선호하는 경향을 말한다.

니시키錦 여러 가지 색사를 사용하여 화려한 문양을 짜 넣은 직물의 총칭. 문양을 날
실로 나타내는 다테니시키経錦와 씨실로 나타내는 요코니시키緯錦가 있다. 가라오리
唐織, 쓰즈레오리綴織, 긴란金襴 등이 있으며 오늘날에는 니시진이 주산지이다.

니시키에錦絵 풍속화를 색도 인쇄한 목판화.

다나바타마쓰리七夕祭 7월 7일 혹은 그 전날 밤에 하는 행사. 본래는 음력에 행했으나
현재는 대부분 양력 7월 7일에 한다. 도호쿠 지방에서는 한 달 늦게 8월 7일에 행한
다. 쇼쿠조사이織女祭, 호시마쓰리星祭라고도 한다. 중국에서 전래된 행사와 일본 고
래의 전승, 즉 본행사盆行事의 일환으로 하는 행사 등 여러 가지 요소가 섞여 오늘날
까지 전승되고 있다. 칠석은 '다나바타棚機'라고도 쓰며, 직조와 관련된 것으로 믿어
져 니시진에서는 다나바타사마七夕さま(칠석님)라는 전통행사로 오래전부터 행해져
왔다.

다스키襷 기모노 위에 양 어깨에서 양 겨드랑이에 걸쳐 십자 모양으로 엇매어 와후쿠
의 소매를 걷어 매는 끈.

다이몬大紋 대형의 가문家紋을 다섯 군데에 염색해 넣은 히타타레直垂. 하카마袴에도 다
섯 군데 가문을 넣는다. 무로마치 시대에 시작되어 에도 시대에는 5위位 이상 무가의
통상적인 예복이 되었다.

다이시코太子講 목수(다이쿠大工), 미장이[사칸(샤칸)左官], 대장장이(가지鍛冶) 등의 장
인들이 쇼토쿠 태자聖德太子를 수호신으로 모시는 직업 종교 모임을 말한다. 쇼토쿠
태자가 일본의 사원 건축사상 중요한 인물인 데서 유래하였다 한다. 니시진에서는
직조인들 사이에 행해지던 행사로서, 검은콩 세 개를 넣어 끓인 죽을 오리테들이 나
누어 먹고 그중 검은콩을 먹은 오리테가 주인에게서 선물을 받았다.

다이조사이大嘗祭 천황이 즉위의 예를 마친 후 처음으로 행하는 니나메사이新嘗祭를 말
한다. 니나메사이란 매년 11월에 천황이 행하는 수확제로 그해의 새 곡식을 천황이
신에게 바치고 직접 먹는 제의이다. 다이조사이는 본래 니나메사이의 별명이었으나
나중에 즉위 후 대규모로 올리는 첫 니나메사이를 통상의 니나메사이와 구분하여 다
이조사이라고 부르게 되었다고 한다.

다카바타^{高機} floor loom. 지바타^{地機}에서 발전한 직기로, 발로 밟는 페달을 이용하여 날실을 위쪽으로 끌어 올리므로 직조자가 지면을 파고 들어가지 않고 바닥에 앉아 천을 짜며, 양손을 자유로이 사용하여 문양을 만들어 낸다.

다타미베리^{畳縁} 고급 다타미의 가장자리를 장식하는 천.

단스우리^{箪笥売り} 부모가 사망한 후에 좋은 물건의 가치를 모르는 자녀들이 옷장에 보관된 기모노를 어떻게 처분해야 할지 몰라 내용물을 자세히 살펴보지 않고 옷장채로 기모노 리사이클 시장에 내다 파는 현상.

데바타^{出機} 자신의 직기를 소유하고 제조업자들에게 하청을 받아 생산하는 독립자영업자. 가내업으로 독립하여 외주로 일을 받는 직조공이므로 노동시간 등을 자유로이 조정할 수 있는 반면 제조업자에게 고용된 종업원으로서 받는 보장은 없다. 경우에 따라 이들이 운영하는 직기를 의미하기도 한다.

데키타카^{出来高} 일정한 월급을 받지 않고 일거리에 따라 또는 일의 양에 따라 임금을 받는 방식. 니시진의 직조공들은 대부분 이 방식으로 임금을 받는다.

뎃치^{丁稚}, **뎃치보코**^{丁稚奉公} 입주 도제 견습생. 상가에서 고용살이하는 유소년 아이들을 가리키는 말. 주인과 반토^{番頭}(피고용인들의 우두머리)를 필두로 하는 도제제도로 뎃치 단계에서는 직업 훈련을 받는 대신 의식주를 제공받는 것 이외에 정해진 급료가 없었다. 뎃치는 에도 시대에 가장 많았으며, 메이지 시대 이후에는 근대적 사용인으로 전환되어 점차 소멸되었다.

도메소데^{留袖} 기혼여성이 입는 정장으로 소매통이 좁고 단색 바탕에 허리 아래쪽에 문양을 넣은 기모노이다. 다섯 개의 가문을 염색해 넣은 검은색 바탕의 구로토메소데^{黒留袖}와 단색 바탕의 이로토메소데^{色留袖}가 있다. 결혼 전에 입는 긴 소매의 후리소데^{振袖}를 결혼 후에 잘라내어 도메소데로 만들어 입기도 한다.

도모즈소^{共裾} 에바모요를 넣은 정식 호몬기처럼 겉감과 안감의 천이 같은 예장용 기모노.

돈스^{緞子} damask, satin damask. 수자^{繻子}(슈스) 조직을 기본으로 한 문직물로 린즈^{綸子}와 달리 직물을 짜기 전에 미리 염색한 실을 사용하여 직조하는 선염(사키조메^{先染め}) 직물이다. 연사^{練糸}로 짠 수자직^{繻子織} 견직물로 두텁고 윤이 난다.

라羅 샤紗, 로絽 등과 같은 성글게 짠 직물의 일종으로 우스모노薄物라고도 한다. 중국에서는 한나라 시대부터 있었던 직물로 일본에는 7세기경에 그 기술이 전해졌다고 한다.

라샤羅紗 woolcloth. 방모紡毛로 짠 천에 보풀을 일으킨 두꺼운 모직물. 일본에는 16세기 후반에 전해져 소방복, 군복, 방한복 등을 만드는 데 쓰였다.

라텐오비螺鈿帶 조개껍질을 얇게 떼어내어 화폐 등을 만드는 질긴 종이에 붙인 후 가늘게 잘라 이어서 만든 실로 광택이 나는 문양을 짜 넣은 오비.

로絽(로오리絽織り) 올을 성기게 짠, 하복지로 쓰는 견직물의 일종. 여름에 입는 히토에單衣나 하오리羽織, 하카마지袴地 등으로 사용된다.

린즈綸子 figured satin. 날실, 씨실을 모두 꼬지 않은 고운 생사를 사용하여 윤이 나게 짠 고급 견직물. 제직 후에 정련하여 사용하는 후염後染(아토조메), 후〔정〕련後練(아토네리)한 문직물이다.

마에우리前売 선금을 미리 받고 판매하는 것. 도매상 편에서는 직물제조업자에게 물건을 '미리 사서' 판매한다는 의미이다.

마에카시前貸し 가불. 제조업자에게 의장意匠, 기술지도, 설비자금 원조, 생산비 등을 미리 대여하고 생산된 물건을 받는 것.

마에킨前金 자금력이 부족한 오리야에게 미리 대어 주는 돈.

마치야町屋, 町家 교토의 전통 서민주택. 일본의 전통적인 주택 구조를 잘 보여 주는 건물이다. 현재는 숙소나 식당 등으로 활용되기도 한다.

매계상買繼商 가미나카가이上仲買라 불리는 니시진의 산지도매상을 일컫는 용어.

메이센銘仙 꼬지 않은 실로 거칠게 짠 평직平織(히라오리) 견직물 또는 그것으로 만든 기모노. 날실에는 견사, 씨실에는 옥사玉絲(다마이토)(쌍고치실)를 사용하는 경우가 많다. 튼튼하고 값이 싸서 여성들의 일상복이나 침구용 직물로 쓰인다.

모후쿠喪服 죽은 사람을 애도하고 조의를 표하고자 입는 예복. 예전에는 상을 당한 사람이 일정기간 입는 의복을 일컬었다. 오늘날에는 친족, 친구, 지인들이 장례식이나 고별식, 쓰야通夜(초상집에서의 밤샘), 매장, 제사(넨기노호지年忌の法事) 등에 입는 의복을 통틀어 가리킨다.

몬가미 → 문지

몬샤紋紗 무늬를 넣어 짠 비단. 신도神道의 간누시神官의 복장에 많이 쓰인다.

몬쓰키紋付 가문家紋을 짜 넣은 와후쿠和服를 말한다.

몬야紋屋 직물 도안인 몬이쇼즈紋意匠図를 제작하는 장인 혹은 그 일을 전문으로 하는 가내업. 몬코쇼紋工所라고도 한다.

몬즈紋図 직물의 도안을 보여 주기 위해 색상 등을 넣어 일차적으로 그리는 그림. 독립하여 가내업으로 주문을 받아 영업하는 전문 도안가인 즈안야図案屋에 위탁하기도 하며, 오리모토에게 고용되어 일하는 도안가가 그리기도 한다.

몬호리紋彫り 모눈종이에 표시된 직물 설계대로 문지紋紙(몬가미)에 실이 지나가는 구멍을 뚫는 작업.

몸페もんぺ 하카마의 일종으로 1930년대까지 홋카이도 지방이나 도호쿠 지방에서 방한용이나 농작업용 일상복으로 입던 옷. 본래는 허리 부분에 천으로 된 끈을 넣어 묶게 되어 있었으나, 전쟁기에 부인 표준복으로 채택된 후에는 끈으로 매는 대신 고무줄을 넣어 편리하게 만들어 입었다.

문인기紋引機, draw loom 직기 위에 사람이 올라 앉아 날실을 들어올려 밑에 앉은 직조공이 씨실로 문양을 짜 넣는 직기. 일본의 소라비키바타空引機와 같은 원리의 직기이다.

문지紋紙(몬가미) 자카드 직기에 부수되어 직물의 디자인 정보에 맞추어 날실이 지나가는 구멍을 뚫은 형지型紙.

미야코오도리都をどり 교토 기온祇園의 예기藝妓들의 무용회. 1872(메이지 5)년에 시작되었다. 하나마치花街 예기들의 무용회 중 가장 오래된 것으로 후에 도쿄, 오사카 등지의 하나마치에 등장한 무용회의 기원이 되었다. 제2차 세계대전 중 6년간 중단되었다가 전후에 부활하여 교토 남부의 극장인 미나미座南座에서 3년간 열린 것을 제외하고는 매년 4월 중에 기온코부카부렌조祇園甲部歌舞練場에서 열려 교토의 관광명물이 되었다.

미코미見込 생산 시장의 수요를 예측하여 미리 주문을 받지 않은 제품을 생산하는 것. 주문생산과 대비되는 개념으로, 시장예측 능력이 부족한 니시진의 영세 가내업자들은 대부분 이러한 방식으로 생산해 왔다.

바디 베틀, 가마니틀, 방직기 따위에 딸린 기구의 하나. 베틀의 경우에는 가늘고 얇은 대오리를 참빗살같이 세워 두 끝을 앞뒤로 대오리를 대고 단단하게 실로 얽어 만든다. 살의 틈마다 날실을 꿰어서 베의 날을 고르며 북의 통로를 만들어 주고 씨실을 쳐서 베를 짜는 구실을 한다. 일본어로 오사筬라 한다. 오사를 만드는 쇼쿠닌을 오사카키筬搔라 칭하며, 바디에 실을 끼우는 작업을 오사토시筬通라 한다.

반토番頭 상점 등에서 일하는 종업원의 우두머리. 중간급의 종업원인 데다이手代, 하급 종업원인 고조小僧 등을 통솔하며 주인을 대신해 상점 운영 일체를 관할한다. 고용연한이나 능력에 따라 오반토大番頭, 나카반토中番頭, 고반토小番頭 등이 있다.

벳케別家 점원이 독립하여 주인집의 옥호屋號로 새 가게를 차림. 또는 그 점포.

복종伏綜 발로 후미기踏木, pedal를 밟아 날실과 씨실의 개구운동을 동작시키는 장치인 종광綜絖을 아래로 당겨 날실을 잡아내려 아래로 개구하는 복종광伏綜框을 말한다. 복종은 문조직紋組織을 짜는 데 쓰인다.

본오도리盆踊リ 우란분盂蘭盆인 음력 7월 13일부터 16일에 걸쳐 정령精靈을 맞이하여 혼을 달래기 위해 여러 사람이 노래에 맞추어 추는 춤. 원시무용에서 발생했다 하나 불교 전래 후에는 우란분의 의식으로 행해지다 무로마치 말기부터 민중오락으로 발달하였다. 오늘날에는 대부분의 지역에서 양력 8월 13일~16일 기간에 행한다.

부비키步引 물건을 팔거나 구입할 때 행하는 할인의 한 형태. 정해진 기일보다 먼저 청구 금액을 지불받기를 원하거나 빨리 현금을 손에 넣고자 하는 기업이 청구처에 '기일보다 빨리 지불받는 만큼 청구 금액보다 할인하여 받아도 상관없다'는 의사를 전달함으로써 발생하는 할인을 말한다. 니시진에서는 자금력이 부족한 영세 제조업자가 중개상에게 생산자금을 지원받기 위해 어쩔 수 없이 행해지는 관행이다.

사시모노시指物師 널빤지를 맞추어 만드는 가구의 장인.

사시이레야差し入れ屋 → 소코시

산찬코교三ちゃん工業 니시진의 견사 염색 일의 어려움을 표현한 말. 흔히 농업이 젊은 남성들이 모두 떠나 여성화, 고령화되었다는 의미에서 '산찬三ちゃん' 농업이라 하는 것에 빗대어 니시진의 염색업 역시 종사하는 사람들이 고령화, 여성화되고 사람들이 기피하는 공업이 되었음을 가리킨다.

샤紗 (silk) gauze. 생사를 성글게 짠 직물. 직물 면에 틈이 있어 가볍고 얇기 때문에

여름용 기모노 옷감(기자쿠着尺)이나 하오리羽織용 옷감 등으로 많이 쓰인다. 우스기누ぅすぎぬ 혹은 우스모노ぅすもの라고도 한다.

선염문직물先染紋織物(사키조메몬오리모노)　brocade. 직조하기 전에 염색한 실로 문양을 짜 넣은 직물.

세케整經 → 정경

소라비키바타空引機　5～6세기경 다카바타高機와 함께 중국에서 전해진 문직기紋織機. 다카바타에서는 종광 매수에 한도가 있어 니시키錦 등 복잡한 문양을 넣은 직물을 만들어 내고자 고안된 직기이다. 체중이 가벼운 사람을 직기 위에 올라 앉혀 날실을 복잡하게 올리고 내리는 일을 오리테의 지시에 따라 하게 함으로써 문양을 만들어 내던 직기이다. 일본에는 나라 시대에 수입되어 모모야마 시대 이후 '소라비키바타'라는 이름으로 니시진을 비롯한 각 직물 산지에서 사용되었다. 17세기에는 유럽에도 소개되어 'draw loom'이라 불리었으며 직기 옆에 높은 사다리가 붙어 있어 장인들이 오르내리도록 되어 있었다.

소메모노染物　천에 물들이는 것 혹은 물들인 천을 말한다. 니시진에서는 직조한 오리모노織物로 만든 기모노에 대해 흰 바탕천에 유젠같이 문양이나 디자인을 물들여 넣은 기모노를 일컫는다. 오리모노 기모노는 두껍고 투박하나 소메모노 기모노는 얇고 부드러워 차도 등을 할 때 입는다.

소메야染屋　실을 염색하는 장인. 혹은 그 일을 전문으로 하는 가내 공업장.

소코시綜絖師　각 직물의 설계에 맞추어 종광을 만들어 주는 장인. 혹은 그러한 일을 전문으로 하는 가내업자.

소코야綜絖屋 → 소코시

소코綜絖 → 종광

쇼쿠닌職人　일반적으로 자신의 손기술로 물건을 만들어 내는 것을 직업으로 삼은 사람을 일컬으며, 독자적인 도제제도하에 기술이 전수되어 왔다. 중세에는 말단 관리나 예능인 등도 널리 쇼쿠닌이라 불리었다고 한다.

쇼하紹巴　날실과 씨실을 모두 강하게 꼰 강연사를 사용하여 짠 견직물. 두텁지 않은 바탕천에 섬세한 가로줄무늬나 산 모양의 지몬地紋(바탕무늬)이 있다. 하오리의 안감(하오리우라羽織裏) 등으로 사용된다.

수직기手織機   기계의 힘을 빌리지 않고 직접 사람의 손발로 움직여서 짜는 직기.

슈메이襲名   오래된 점포의 상호 또는 선대의 이름을 계승하는 것.

슈스繻子, 朱子   satin. 공단. 능직綾織에서처럼 조직점組織点이 연속하지 않고 조직점을 일정한 간격으로 균등하게 배치하여 조직한 직물이다(한국에서는 수자직이라고 한다). 평직平織, 능직과 함께 직물의 세 가지 기본 조직으로 알려져 있다. 반드럽고 광택이 있으며, 비단인 혼슈스本繻子, 무명인 멘주스綿繻子, 면과 털실을 섞어 짠 계주스毛繻子 등 종류가 다양하다.

스리코미가스리摺込絣   미리 정경한 실에 염료를 주걱 같은 것으로 발라 물들이는 가스리 직물.

스오우素襖   히타타레直垂의 일종으로 다이몬大紋과 같은 계열의 복장. 모두 에도 시대에 무가의 예장禮裝으로 쓰였다. 가장 높은 신분이 히타타레를, 그다음 신분이 다이몬을 입었으며, 스오우는 일반 무사(平士)나 그 아래의 신하들이 입었다고 한다.

스이칸水干   헤이안 시대 이후 하급 관리나 무가에서 입었던 의복. 풀을 먹이지 않고 물을 묻혀 판 위에 펴서 건조한 후 떼어내어 당김을 주어 만든 천으로 만들었다 하여 스이칸이라고 불리었다.

시니세老鋪   대를 이어져 온 오래된 점포 혹은 기업.

시로키지야白生地屋   유젠 염색을 하기 전의 바탕천인 흰 비단을 다루는 집.

시마縞   줄무늬로 구성된 기하학적 문양 혹은 그러한 문양을 넣어 짠 직물. 직물에서 시마는 두 가지 이상의 색사色絲를 날실, 씨실로 삼거나 아니면 날실과 씨실 양쪽으로 간격을 넣어 다양한 조합의 문양을 만들어 낸 천을 말한다. 그러나 이는 縞의 일본어 뜻이며 본래 한자 縞의 의미는 흰 비단(시라기누白絹) 혹은 누인 실로 짠 비단(네리기누練絹)을 의미한다.

시모나카가이下仲買   니시진 무로마치 일대에 모여 있는 직물 중간도매상을 일컫는 말.

시보리가스리絞り絣   홀치기염색 방법으로 만든 가스리 직물.

시이레바타仕入機   니시진에서 중개상(매계상)이 직물제조업자에게 제품 생산을 위탁하는 방식의 하나. 자신이 기획한 제품의 제직을 직물제조업자에게 위탁하고, 제품을 받을 때 직물제조업자에게 원재료비를 포함해 대가를 지불하는 방식이다. 경우에 따라 이 방식으로 제직을 수주하는 제직업자를 가리키기도 한다. 상세한 내용을 보려면 6장 참조.

시키세著せ　주인이 철따라 고용인에게 해 입히는 옷.

싯카이야悉皆屋　에도 시대에 간사이 지방에서 주문을 받아 기모노를 물들이거나 뜯어서 빠는 등 손질하여 교토의 전문점에 전달해 주던 사람들을 말한다. 오늘날의 '기모노 클리닉'과 유사하다.

쓰나구繋ぐ　직물 생산 과정 중 실 준비단계 공정의 하나로 얼레감기(이토쿠리糸繰リ)가 끝난 후 직조가 가능한 길이로 실을 잇는 작업.

쓰무기紬　생사를 뽑을 수 없는 품질이 떨어지는 누에를 삶아 으깨서 그로부터 실을 뽑아 짠 명주실 혹은 그것으로 짠 옷감. 누에에서 뽑은 견사로 짠 옷감은 독특한 광택을 낸다. 쓰무기는 그보다 광택이 적은 대신 내구성이 뛰어나 예전부터 대대로 내려 입는 옷감으로 널리 사용되었다. 특히 사치품 금지령으로 고가의 비단옷이 금지된 에도 시대에 부유한 조닌町人들이 광택이 적어 '멀리서 보면 무명처럼 보이는' 명주를 즐겨 입었다 한다.

쓰즈레오리綴織　문양직물의 한 종류로 쓰즈레綴 혹은 쓰즈레니시키綴錦라고도 한다. 중국에서는 극사克絲(刻糸, 고쿠시こくし), 유럽에서는 태피스트리tapestry라고 부른다. 일반적인 다색 문직물의 경우 원칙적으로 씨실로 지누키地緯(바탕조직을 구성하는 실)와 에누키絵緯(문양을 나타내는 실)를 짜 넣으며, 지누키는 항상 직물 폭의 끝에서 끝까지 지나가는 실로 사용된다. 반면 쓰즈레오리의 경우 지누키와 에누키 모두 문양에 따라 필요한 부분에만 짜 넣으며 지누키가 직물 폭의 끝에서 끝까지 지나가지 않는다. 이런 차이로 인해 쓰즈레오리는 이미 짠 천에 수를 놓은 것처럼 보인다.

쓰케사게付け下げ　일본 옷(와후쿠和服)의 문양을 넣는 방식 또는 그런 방식으로 제작한 기모노. 어깨를 정점으로 소매, 길(미고로身頃), 섶(오쿠미衽), 깃(에리襟) 등의 모든 문양을 위쪽을 향해 배치한다. 호몬기訪問着 다음가는 약식 예복으로 호몬기 대신에 착용할 수 있다.

아오이마쓰리葵祭　정식 명칭은 가모마쓰리賀茂祭로 교토시의 시모가모 신사下鴨神社(정식 명칭 가모미오야 신사賀茂御祖神社)와 가미가모 신사上賀茂神社(정식 명칭 가모와케이카즈치 신사賀茂別雷神社)에서 양력 5월 15일(음력 4월 중의 유일酉日)에 거행되는 제사이다. 서민의 마쓰리인 기온마쓰리祇園祭와 달리 구케인 가모씨와 조정 행사로 귀족들이 참가하는 마쓰리였다 하며『겐지모노가타리源氏物語』에도 등장한다. 헤이안 시대부터 국가적 행사로 거행되어 마쓰리 중에서도 왕조 풍속의 전통이 남아 있는 드문 예로 여겨진다. 에도 시대에 복원되어 다시 거행되기 시작한 후 아욱(葵)의 꽃과 잎으로 장식한 데에서 유래하여 '아오이마쓰리葵祭'라 불리게 되었다. 오늘날 7월의 기온마쓰리, 10월의 지다이마쓰리時代祭와 함께 교토시의 3대 마쓰리로 꼽힌다.

아와세袷 1~4월과 10~12월에 입는 겹옷 기모노. 홑겹인 히토에単衣에 대비되는 말.

앤티크 기모노 1930년대~1940년대 이전의 기모노 또는 다이쇼기(1912~1926)와 쇼와기(1926~1989) 초기에 유행한 일본적 요소와 서구적 요소를 접합한 근대적 문양의 기모노.

야마보코山鉾 높은 대臺 위에 배 모양을 만들거나 창이나 칼을 꽂거나 무사 인형을 설치하고 밑 부분에 직물 등을 둘러 장식한 화려한 수레이다. 높이 솟아 오른 산 모양 같다 하여 야마(산), 창 모양을 띤다 하여 호코鉾라는 이름이 붙었다. '야마보코', '호코야마' 혹은 간단히 '야마'라고도 부른다.

야마보코준코山鉾巡行 매년 7월 교토의 기온마쓰리 때 내용과 유래가 다양한 총 23개의 야마보코가 기온을 중심으로 한 지역을 도는 행사.

야마보코초山鉾町 각기 다른 야마보코를 내는 지역.

야부이리藪入り 설과 오본을 전후해서 고용인이 휴가를 얻어 귀향하는 것.

에바모요絵羽模様 길, 소매, 섶에 걸쳐 모양이 연속되어 옷을 펼치면 하나의 그림이 나타나는 기법. 후리소데나 하오리 등에 쓰인다.

에바쿠絵箔 그림을 그린 후 그것을 가늘게 잘라 직조해 직물의 문양을 완성하는 제직법.

엔니치縁日 '신불神仏과 인연이 있는 날'이라는 의미로 일본 신도의 신들이나 불교의 보살, 부처와 인연이 있는 날을 선정하여 제사나 공양을 행하는 날이다.

역직기力織機 동력을 사용한 직기의 총칭.

연사(넨시)撚絲(요리이토撚り糸) 실을 한 가닥 혹은 두 가닥 이상 가지런히 합쳐 꼬는 작업 혹은 그렇게 꼰 실. 실을 꼬면 강도와 탄력성이 증가하고 굵기가 고르게 되는 등 품질이 향상하기 때문에 대부분의 경우 꼬는 작업을 해야 한다.

오레이호코お礼奉公, 御礼奉公 스승인 '오야카타親方'에게 제자로 들어가 기술을 배우고자 수행한 장인匠人(쇼쿠닌職人)이 한 사람의 기술자로 독립할 수 있게 된 후에도 일정 기

간 입주하여 오야카타의 일을 거의 무보수로 돕는 것을 의미한다. 목수(다이쿠상大工
さん) 등의 장인의 세계에서 흔히 쓰이는 용어이다.

오리모토織元　직물제조업자. 수많은 공정이 각각 독립된 가내공업에 의해 이루어지는
니시진 직물 생산의 복잡한 분업체계에서 오리모토는 각 공정 단계를 조직하여 제품
생산에 이르는 과정을 총괄하는 존재이다. 즉 소비자가 원하는 직물을 기획하여 각
공정을 담당한 장인들에게 일을 맡겨 물건을 생산해 내고 중개인에게 납품한다. 따
라서 예술적 감수성과 상업적 감각을 동시에 갖추어야 한다.

오리베노쓰카사織部司　율령제律令制(7세기 후반~10세기경)하에서 대장성大藏省에 소속
되어 방직과 염색에 관한 일을 담당한 관청. 니시키錦, 아야綾, 쓰무기紬, 라羅 등을
짜거나 여러 가지 색깔의 실을 염색하였다.

오리야織屋 → 오리모토

오리코織子, 織工 → 오리테

오리테織手　제직을 담당한 직조공. 넓은 의미로는 직물의 제직 과정에 종사하는 기술
노동자 전체를 말하나, 고대 · 중세까지는 평직平織 비단이나 아시기누絁(명주실을
바탕으로 거칠게 짠 비단)보다 고도의 기술이 필요한 니시키, 아야, 라 등의 고급직
물을 짜는 기술노동자를 지칭하였다. 그들의 기원은 중국이나 한국에서 도래한 기술
자 집단이었다 하며, 율령기 이전에는 니시고리錦部, 아야하토리漢織, 구레하토리吳織
라고 불리었다. 궁정에서 쓰이는 직물을 공급하기 위해 대장성 소관인 오리베노쓰카
사織部司에 소속된 기술관인技術官人으로 일하였다 한다.

오리히메織姬　직조의 여신으로 교토시 기타구北區의 오미야大宮 신사에 모셔져 있다.

오메시御召　오메시치리멘御召縮緬의 약칭으로서 지리멘縮緬으로 만든 기모노를 말한다.
일반적인 지리멘인 시로치리멘白縮緬은 직조하고 정련한 후 염색하는데, 니시진의 오
메시는 실 상태에서 정련하여 염색한 후 직조하는 선련선염先練先染 지리멘이다. 도
요토미 히데요시를 비롯한 쇼군들이 즐겨 입던 데서 '오메시おめし'(높은 사람이 사용
하거나 입는 것을 가리킬 때 쓰이는 존칭어)라 불리게 되었다고 한다.

오모테기누表着, 表衣　구게公家 여성 의복의 일종. 깃의 여밈 부분이 V자 형으로 오늘날
의 기모노와 큰 차이가 없으나 소매 폭이 넓고 길이가 긴 것이 특징이다.

오바타大機　니시진 직물업계에서 많은 직기를 운영하는 대기업으로서 전통적인 수직
기보다 주로 역직기를 이용하여 대량생산하는 직물업체를 의미한다.

오본お盆   음력 7월 13~15일을 중심으로 하는 불교식 조상제사. 오늘날에는 양력으로 하거나 음력보다 한 달 늦추어 하는 지역이 많으며, 우라본盂蘭盆이라고도 한다. 불교의 해석에 따르면 석가의 제자인 모쿠렌目連이 아귀도餓鬼道에 떨어져 고통받는 어머니를 구하고자 석가에게 가르침을 청하여 7월 15일에 공양하여 제사를 지낸 데서 유래했다고 한다.

오비帯   여성용 기모노의 허리 부분을 감싸는 띠. 형태, 격식, 계절 등에 따라 종류가 다양하다. 예를 들어 마루오비丸帯, 후쿠로오비袋帯, 나고야오비名古屋帯, 후쿠로나고야오비袋名古屋帯, 한하바오비半幅帯, 가쿠오비角帯, 헤코오비兵児帯, 세키타이石帯, 히토에오비単衣帯, 単帯 등이 있다.

오사筬 → 바디

오사야筬屋   바디(오사筬)를 만드는 장인 혹은 그것을 만드는 작업장.

오사토시筬通   바디(오사筬)는 직물의 폭을 유지하면서 지나가는 씨실을 쳐 넣어 직물의 면을 고르게 해주는 역할을 한다. 오사토시는 그러한 역할을 하도록 바디에 날실을 끼워 넣는 작업을 말한다.

오야카타親方   두목이나 우두머리라는 뜻의 단어로, 니시진에서는 직조공이나 하청장인에게 일감을 공급해 주는 제조업자, 즉 오리모토를 말한다.

와단스和簞笥   기모노를 접어 개켜 보관하는 긴 서랍장.

와후쿠和服   일본 재래의 의복 내지 일본인의 민족복民族服을 의미하며 기모노着物라고도 한다. 메이지 시대 이후 서양의 의복, 즉 양복에 대해 전통 의복을 나타내는 신조어로 사용되기 시작하였다. 그러나 일본에서 옷을 의미하는 기모노가 와후쿠의 의미로 통용되기 시작한 시기가 메이지 시대보다 훨씬 전인 16세기경이라는 의견도 있다.

요노마(욘마)夜の間   니시진의 노동자들에게 주어지던 전통적인 휴일을 일컫는 말. 매달 5일, 10일, 15일, 25일 나흘간은 보통 때보다 취업시간이 짧고 밤참이 없어 일꾼들이 포장마차나 찻집으로 외출하였다고 한다.

우치바타内機   제조업자가 직접 운영하는 공장에서 고용인, 즉 회사의 정규 종업원으로서 직물을 짜는 직조공 혹은 공장 소유의 직기.

우치카케打掛   결혼식 등에서 기모노 위에 걸쳐 입는 활옷 같은 예복.

우키에浮絵   원근법을 사용한 풍속화로 '덧없는 세상'(浮世)살이를 그린다는 의미에서 우키요에浮世絵라고도 한다.

위금緯錦　영어로는 samit, 일본어로는 누키니시키ぬきにしき 혹은 요코니시키よこにしき 라 한다. 단색의 날실에 여러 색의 씨실을 사용하여 문양을 짜는 금직錦織(니시키오 리). 8세기 초 중국의 당나라에서 전해진 기법으로, 여러 가지 색으로 큰 문양을 자 유로이 짤 수 있다.

위탁판매　니시진에서는 제조업자가 판매처에 제품을 수시로 가져다 놓고 판매를 위임 하는 방식을 말한다. 제품이 판매되지 않을 경우 제조업자에게 반품할 수 있다는 점 에서 전통적인 가이토리買取り(매절)와 다르다.

유노시湯のし　천의 마무리 작업 중 하나. 증기를 쏘여 천의 주름을 펴거나 폭을 가지런 히 정리하는 방법을 말한다. 강연사로 만든 지리멘縮緬이나 젖으면 오그라드는 시보 리絞り 직물 등에 적용한다.

유젠友禅　유젠조메友禅染め의 줄임말. 천에 문양을 물들이는 기법의 하나로 일본의 대 표적인 염색법이다. 본래 쌀 전분으로 만든 방염제防染剤를 사용하여 '손으로 그려 하 는 염색'을 유젠이라 한다. 에도 시대 교토의 부채 그림 화가 미야자키 유젠사이宮崎 友禅斎가 부채 그림을 고소데 문양에 응용하여 염색한 것이 유젠의 시작이다. 여러 종류로 디자인된 문양을 차례로 물들여 기모노를 완성하는데, 다양한 색채와 곡선으 로 간략하게 그린 동식물, 기물器物, 풍경 등의 문양이 특징이다. 이러한 문양을 '유 젠모요友禅模様'라 부른다.

이단스e-簞笥　니시진의 염직공예협회에서 추진하는 기모노 재생운동으로서 인터넷을 통하여 단스(옷장)에 들어 있는 기모노나 오비의 활용 방안을 제안하는 운동이다.

이로무지色無地　주로 다도를 할 때 입는 단색 기모노. 가문家紋을 넣어 호몬기처럼 입거 나 검은 오비를 둘러서 상복으로도 입을 수 있다.

이케바나生け花, 活花, 挿花　나무나 풀의 가지, 줄기, 꽃, 잎 등을 소재로 화기花器와 어우 러지게 꾸며 그 형태를 감상용 작품으로 만드는 일본의 전통예술.

이타지메가스리板締絣　묶은 실을 좌우에서 판자로 끼워 방염防染하여 물들이는 가스리.

이토야糸屋　생사를 다루는 전문 상인.

이토우리糸売り　니시진에서 생사상과 제조업자 간의 거래 방식을 일컫는 용어의 하나. 자금력이 없는 영세 제조업자들에게 외상으로 실을 대어 주는 대신 완성된 제품을

납품받는 방식으로 생사의 매입을 강요하던 관행을 말한다.

이토쿠리糸繰り   ① 누에고치나 면화에서 실을 뽑아내어 잣는(쓰무구紡ぐ) 작업 혹은 그러한 일을 하는 사람. 이토토리糸取り 혹은 이토비키糸引き와 같은 의미이다. ② 타래 상태의 실을 제직이 가능하도록 얼레(이토와쿠糸枠)에 감는 작업 혹은 실 감는 얼레.

일관작업一貫作業   직물 생산의 모든 개별 공정이 영세 가내업에서 행해지는 니시진식 분업체계와 달리 모든 공정을 한 곳에서 한다는 의미.

자카드 직기 Jacquard loom, ジャカード機   문직물紋織物을 짜는 직기의 하나. 구멍을 뚫은 문지紋紙를 사용하여 복잡한 모양을 짤 수 있다. 1804년 프랑스의 자카르J. M. Jacquard(1752~1834)가 발명하였으며 일본에는 메이지 시대 초기인 19세기 말에 도입되었다. 자카르기ジャカール機라고도 한다.

정경整經   warping. 방적 과정이 끝나 만들어진 실을 직기에 걸어 직물을 짜기 위한 준비과정의 하나. 날실을 직물의 길이, 폭, 줄, 밀도, 전체 가닥 수 등에 맞추어 직기에 거는 날실감기(다테마키経巻)와 일정한 장력으로 감아 주는 것이 중요하다. 정경 작업에서 실의 장력이 고르게 조절되는가 그렇지 못한가에 따라 직물의 품질이 크게 달라진다.

정련精練   천연섬유에 들어 있는 잡물을 없애는 공정. 실을 정련하여야 표백이나 염색을 잘 할 수 있다. 일반적으로 석회나 소다류를 사용하며 섬유에 따라 정련 방법이 조금씩 다르다.

젠마이発条, 撥条   spring. 본래의 뜻은 태엽, 용수철같이 얇은 띠 모양의 금속을 소용돌이 모양으로 감은 것을 의미한다. 니시진에서는 용수철의 되감기려는 탄성을 이용해 타래 상태의 실을 직조가 가능하도록 일차적으로 얼레(이토와쿠糸枠)에 감는 작업을 하는 기계를 말한다. 용수철 모양이 식물인 고비(젠마이薇)와 닮았다는 데서 유래한 이름이다.

조닌町人   에도 시대에 도시에 거주하던 상공업자를 일컫는 단어. 공적인 신분호칭으로는 마치야시키町屋敷(도시주택)를 소유한 지주나 건물주(이에모치家持) 층에 한정된 용어이다.

조추女中   가정이나 여관, 음식점 등에 고용되어 취사나 청소 등을 하던 여성을 말한다. 도우미(오테쓰다이상お手伝いさん) 혹은 여급과 같은 의미이다.

조켄長絹 견포絹布의 일종. 뻣뻣하고 광택이 있으며 스이칸, 가리기누, 히타타레 같은 남성용 의상에 주로 쓰인다. 노能 의상의 하나를 의미하기도 한다. 넓은 소매에 곧은 깃의 웃옷으로 로絽의 바탕천에 금사나 색사로 모양을 짜 넣는다. 춤추는 여인 역을 맡은 배우가 착용한다.

종광綜絖 heald; heddle loom. 날실을 아래위로 벌려 씨실이 지나가는 길(북길)을 만들어 주는 직기 부품. 견사, 면사, 모사 등의 실로 짠 것과 철사나 얇은 금속판으로 만들어진 것이 있다.

주토쿠十德 중국 당나라의 유정량劉貞亮이 말한 '다선십덕茶禪十德', 즉 '차를 마심으로써 얻는 열 가지 공덕'에서 유래한 단어라 하나 여기서는 기모노 위에 입는 겉옷을 의미한다. 일본 다도에서 오랫동안 다도를 배우고 실천하여 선생 자격을 인정받은 남성에게만 허용된다.

즈안야図案屋 직물 도안을 그리는 사람 혹은 독립하여 그 작업만 전문으로 하는 가내 업자.

지리멘縮緬 실크 크레이프crepe. 씨실로 강하게 꼰 강연사를 번갈아 가며 넣은 견직물의 총칭. 날실로 꼬지 않은 생사를 쓰고 씨실로 강연사를 써 평직으로 제직한 것을 소다를 섞은 비누액으로 몇 시간 동안 삶아서 오그라뜨린 후에 다시 빨아 풀을 빼고 말려서 만든다. 오늘날에는 물에 삶지 않고 압축 가공하여 만든다.

지바타地機 굵은 나무 봉으로 날실을 바닥에 닿을 정도까지 끌어 내려 고정한 후 높이를 맞추기 위해 천을 짜는 사람이 바닥을 조금 파고 들어가 앉아서 제직하던 초기 형태의 직기.

지장산업地場産業 ① 그 지방의 자원, 노동력을 배경으로 옛날부터 발전하여 그 지역에 정착된 산업. ② 일반적으로 지역자본을 기초로 동일 업종의 중소기업이 특정 지역에 모여 산지를 형성하고, 그곳에 축적된 기술, 노하우 등의 경영자원이나 지역에서 나오는 원료를 활용하여 특산품적인 소비재를 한결같이 생산하여 지역 시장에서 전국이나 세계로 판매하는 산업.

진바타賃機 형태상으로 독립되어 있으나 오리모토가 제공한 직기(賃機)로 오리모토에게 예속되어 하청을 받아 제직하는 직조업자. 외부 공장 또는 분공장分工場과 다름없지만 정규사원처럼 노동시간 규약이나 보험 혜택 등이 없다.

진베이甚平 남성용 여름 가정복의 일종. 甚兵衛라고도 쓴다. 홑겹 통소매(쓰쓰소데筒

袖) 옷으로 길이는 무릎보다 8cm 정도 더 길며 화장(유키袻)은 60cm 정도이다. 품에 여유가 있어 편안하고 바람이 잘 통해 시원하다.

진오리賃織 → 진바타

하시리走り　직물제조업자인 하타야와 소매상이나 소비자를 직접 연결하고 수수료를 받는 사람.

하쓰마이리初参り, **하쓰미야마이리**初宮参り　생후 처음으로 지역 수호신의 신사에 참배하여 우지코氏子(씨족신의 자손)가 되는 의례를 말한다. 대개 생후 30일 전후에 하며 지역에 따라 생후 이레 되는 날(오시치야お七夜)이나 100일경에도 한다.

하오리羽織　긴 기모노 위에 입는 길이가 짧은 겉옷. 옷자락(스소裾) 겉감과 안감의 천이 같고 양쪽 겨드랑이에 이음천(마치襠)을 댄다. 깃(에리襟)을 따로 달지 않고 이중으로 접어 깃을 만든다. 가슴 한복판에서 끈으로 묶어 입는다.

하카마袴　일본 옷의 겉에 입는 주름 잡힌 하의. 허리부터 아래로 주름이 잡혀 있으며 허리 부분을 끈으로 묶는다.

하쿠箔　금박金箔, 은박銀箔, 회박繪箔, 칠박漆箔 등을 통칭하는 단어.

하타야機屋　독립된 공장을 경영하는 직조업자. 오리야와 같은 의미로 통용되기도 한다.

핫사쿠八朔　'8월의 삭일朔日'의 약자로 음력 8월 1일을 말한다. 올벼의 이삭(早稲の穂)이 여무는 시기에 농민들이 은인 등에게 첫 이삭을 선물로 보내던 오랜 풍습이 나중에 무가武家나 구게公家에서도 신세진 사람들에게 그 은혜에 감사하는 의미의 선물을 보내는 풍습으로 이어졌다고 한다. 핫사쿠는 에도 시대에 도쿠가와 이에야스가 에도에 입성한 날인 8월 1일을 쇼가쓰新正와 같은 축일로 정하고 축하한 행사를 일컫기도 한다.

호몬기訪問着　여성의 약식 예장용 와후쿠和服. 한 폭의 그림처럼 어깨에서 솔기, 소매까지 무늬가 이어진 에바모요繪羽模様가 특징이다. 정월이나 격식을 차려 방문할 때, 연회 등에 참석할 때 입는다.

호코닌奉公人　고용인, 더부살이. 헤이안 시대 후기 이래 무사들의 봉건적 주종관계는 주인이 종자從者에게 급여(고온御恩)를 지불하고 종자는 주인에게 군사적 근무(호코奉公)를 하는 관계로 성립되었다. 본래 호코닌은 중세에 이르기까지 종자, 즉 주군에 대하여 가신을 가리키는 말로 쓰였다. 에도 시대 이후에는 쇼군이나 다이묘 집안에 고용된 젊은이들을 의미하게 되었다.

혼간지本願寺 교토시 시모교구下京区 호리카와도리堀川通에 있는 정토진종浄土真宗 혼간지파本願寺派의 본산本山. 신란親鸞 사후에 딸인 가쿠신니覚信尼가 교토의 히가시야마東山 오타니大谷에 미에이도御影堂(귀인이나 불교의 교조教祖의 어영을 모신 당집)를 세우고 유골과 목상을 안치하면서 혼간지파의 본산이 되었다.

후고오로시ふごおろし, 畚おろし 니시진 연중행사인 지조본地蔵盆 행사의 하나. 대나무로 만든 바구니에 여러 가지 공물供物을 넣어 동네의 한 집(대개 주민자치조직인 조나이카이町内会 임원의 집)의 2층에서 바구니를 내려 보내어 아래에서 기다리는 아이들에게 경품을 나누어 주는 행사.

후리소데振袖 도메소데와 달리 긴 소맷자락을 붙인 미혼여성의 예장용 기모노. 기모노 가운데 가장 화려한 것으로 성인식, 사은회, 결혼식 등에 입는 미혼여성의 제1예복이다. 에도 시대까지는 남녀 모두 후리소데를 입었으나 현재는 미혼여성만 입는다. 소매가 길고 자수나 염색을 이용한 화려한 무늬가 특징이다. 옷 전체의 무늬가 한 장의 그림처럼 연결되어 있다. 전통적으로 다섯 가지 문양만 허용되었지만 현재는 색상과 모양이 다양하다. 후리소데는 소매 길이에 따라 여러 종류로 나누어진다. 오후리소데大振袖는 소매 길이가 115cm 정도로 복사뼈까지 내려오며 주로 신부 예복으로 결혼식이나 피로연 때 입는다. 나카후리소데中振袖는 소매 길이가 105cm가량으로 무릎과 복사뼈 사이까지 내려온다. 대개 성인식, 졸업식, 파티 등에 참석할 때 입는다. 고후리소데小振袖는 소매 길이가 85cm 정도이다. 결혼 후에 소매를 수선해 도메소데로 입기도 한다.

후세바타伏機 매계상이 일정 기간에 걸쳐 특정 직물업자가 운영하는 직기 중 일부를 지정하여 그 직기로 생산하는 제품을 독점적으로 매입하는 형태. 과거에 니시진에서 힘이 강한 도매상들이 이 방식을 사용하였으나 지금은 거의 사라졌다.

히가시무키東向 역사적으로 무가사회였던 동일본과 궁정사회였던 서일본은 기모노의 취향이 대조적이다. 히가시무키는 동일본의 기모노 취향을 가리키는 용어로서 검소하고 차분한 문양과 색상을 선호하는 경향을 말한다.

히로소데広袖 와후쿠和服의 소맷부리를 꿰매지 않고 전부 열어 놓은 기모노의 한 형태. 오소데大袖라고도 부른다.

히키바쿠引箔 금박사를 씨실로 짜 넣은 직물로 평금박平金箔이라고도 한다. 금박사는

24금이나 은을 얇게 늘려 종이에 붙인 후 가늘게 재단하여 만든 실이다. 금의 광택 때문에 호화스러워 보이므로 격식 있는 옷이나 장식용 천 등으로 쓰인다. 히키바쿠만 사용하거나 히키바쿠에 색실로 문양을 짜 넣어 오비를 만든다.

히타타레直垂   어깨에서 가슴 부분의 좌우로 늘어뜨린 깃을 맞물려 입는 다리쿠비垂領로 옷의 섶(오쿠미衽) 없이 끈으로 묶어 입는 의복. 본래 서민의 평복이었으나 가마쿠라 시대 이후 무가의 예복이 되었으며 구게公家의 일상복으로 쓰였다.

히토에單衣   6월과 9월에 입는 홑겹 기모노.

참고문헌

권숙인. 「일본의 전통, 교토의 섬유산업을 뒷받침해 온 재일 한국인」. 『사회와 역사』
  91:325-372, 2011.

김효진. 「민가에서 문화유산으로: 쿄마치야 재생운동을 통해 본 교토 이미지의 변화」.
  『일본연구』35:39-66, 2008.

김효진. 「1990년대 이후 교마치야 재생 운동의 명암: 교토 니시진의 사례를 중심으
  로」. 『한국문화인류학』43(1):129-172, 2010.

김효진. 「'앤티크 기모노 붐'을 통해 본 기모노의 근대화와 재생」. 『비교문화연구』
  17(2):5-44, 2011.

문옥표. 『일본의 농촌사회: 관광산업과 문화변동』. 서울대학교출판부, 1994.

문옥표. 「문화유산으로서의 전통공예: 일본 교토 니시진오리(西陣織)의 사례」. 『한국문
  화인류학』44(3):3-35, 2011.

문옥표. 「전통의 생산과 소비: 한복을 중심으로」. 문옥표 외 지음. 『한국인의 소비와 여
  가생활』(개정판). 한국학중앙연구원 출판부, 2012[1997], pp.17-80.

문옥표 외. 『일본 관서지역 재일한인의 생활문화』. 국립민속박물관 연구보고, 2002.

문옥표 외. 『일본 관동지역 재일한인의 생활문화』. 국립민속박물관 연구보고, 2005.

문옥표 외. 『일본인의 여행과 관광문화』. 소화, 2006.

심연옥. 『한국직물 오천년(5,000 Years of Korean Textiles)』. 고대직물연구소(ISAT, Institute for Studies of Ancient Textiles) 출판부, 2002.

안애영. 「1882(壬午)年 王世子 嘉禮 硏究:『가례도감의궤』와 「궁중불긔」를 중심으로」. 『藏書閣』 22:107-138, 2009.

이시재·문옥표 외. 『일본의 도시사회: 사회교육과 시민운동』. 서울대학교 출판부, 2002.

정재정. 『교토에서 본 韓日通史』. 효형출판, 2007.

『중앙SUNDAY』 S Magazine No. 414(2015년 2월 15일자). 「금실로 옷감 짜기 280년 만에 비밀 풀다」. 중앙일보사.

코이케 미츠에(小池三枝). 허은주 옮김. 『일본 복식사와 생활문화사』. 어문학사, 2005.

한승미. 「'국가전통'의 상품화: 일본 지방 산업에서의 가치와 정통성의 정치」. 『한국문화인류학』 30(1):157-181, 1997.

ケンペル, エンゲルベルト(Kaempfer, Engelbert). 斉藤信 訳. 『江戸参府旅行日記』(東洋文庫 303). 東京: 平凡社, 1977[1779].

岡本昌幸. 「西陣機業の生産構造―生産動向の實態とその評価」. 『経済学論叢』 19(5-6):131-155, 1972.

経済産業省製造産業局 伝統的工芸品産業室. 「伝統的工芸品産業をめぐる現状と今後の振興施策について」. 経済産業省, 2008(平成 20年).

高野昭雄. 「近代都市の形成と在日朝鮮人―京都市を事例に―」. 仏教大学博士論文, 2008.

高野昭雄. 「戦前期京都市西陣地区の朝鮮人労働者」. 『世界人権問題研究センター研究紀要』 14:147-175. 世界人権問題研究センター, 2009.

谷口浩司. 「序章 西陣の風景再構築のための透視図」. 佛教大学西陣地域研究会·谷口浩司 編. 『変容する西陣の暮らしと町』. 京都: 法律文化社, 1993, pp.1-11.

広木拓. 「在日韓国·朝鮮人が支える京都の伝統繊維産業」. 京都大学地理学研究室卒業論文, 2006.

橋本澄子 編. 『図説 着物の歴史』. 東京: 河出書房新社, 2005.

京都府商工労働観光部産業労働総務課 平成25年度.「商工労働観光行政施策の大綱」.
　京都府商工労働観光部, 2013.

菊地昌治.『染織の黒衣(くろこ)たち』.東京: 法政大学出版局, 2008.

掘江英一・後藤靖.『西陣機業の研究』.京都: 京都大学経済調査所, 1950.

宮城宏.「主婦の生活構造と意識—西陣機業地の場合—」.『人文学』社会学科特輯
　109:59-92, 1968.

近江哲夫.『都市と地域社会』.京都: 早稲田大学出版会, 1984.

吉本忍.「日本とその周辺地域における機織り文化の基層と 展開」.吉田集而 編.『生活
　技術の人類学』.東京: 平凡社, 1995, pp.258-283.

吉田集而 編.『生活技術の人類学』.東京: 平凡社, 1995.

奈良本辰也.「生産と流通の歴史—明治以前」.西陣五百年紀念事業協議会 編.『西陣:
　美と伝統』(限定出版).京都: 西陣機業協会, 1969, pp.214-229.

徳井淑子.『図説 ヨーロッパ服飾史』.東京: 河出書房新社, 2010.

藤本貴子 外.「西陣織物と在日韓国・朝鮮人」.『1997年度 社会調査実習報告書 西陣着
　物産業と着物文化』.同志社大学文学部社会学科 社会学専攻, 1998.

李洙任.「京都西陣と朝鮮人移民」.李洙任 編著.『在日コリアンの経済活動: 移住労
　働者, 起業家の過去・現代・未来』.東京: 不二出版, 2012.

林屋辰三郎.『京都の歴史 5: 近世の展開』.学芸書林, 1973.

並木誠士 外編.『京都 伝統工芸の近代』.京都: 思文閣出版, 2012.

本庄榮治郎.『西陣研究』(改訂版).東京: 改造社, 1965[1935].

北村哲郎.「技術と製品の歴史」.西陣五百年紀念事業協議会 編.『西陣: 美と伝統』(限定
　出版).京都: 西陣機業協会, 1969, pp.259-295.

佛教大学西陣地域研究会・谷口浩司 編.『変容する西陣の暮らしと町』.京都: 法律文化
　社, 1993.

山口伊太郎・山口安次郎.『織ひどすじ, 千年の技』.京都: 祥伝社, 2003.

西陣五百年紀念事業協議会 編.『西陣: 美と伝統』(限定出版).京都: 西陣機業協会,
　1969.

西陣町ミュージアム構想檢討委員会.『第三回 西陣・町ミユージアム構想』.シンポジウ

ム, 2010.

西陣織物工業組合 編.『組合史: 西陣織物工業組合二十年の歩み』. 京都: 西陣織物工業
　組合, 1972.

西陣織物工業組合.『西陣産地「再生・復活・發展」に向けて—第7次西陣産地振興対策ビ
　ジョン〈對象其間: 平成23(2011)年度〜平成27(2005)年度)』, 2011.

西陣織物工業組合.『西陣』. 京都: 西陣織物工業組合, 2012.

西陣織物工業組合.『西陣生産概況』. 京都: 西陣織物工業組合, 2014.

小池三枝.『服飾の表情』. 東京: 勁草書房, 1991.

巽 文次郎.「明治の西陣を語る」. 西陣五百年紀念事業協議会 編.『西陣: 美と伝統』(限
　定出版). 京都: 西陣機業協会, 1969, pp.384−387.

松本通晴.「西陣機業者の地域生活: とくに西陣機業を規定する地域生活の特質につい
　て」.『人文学』社会学科特輯, 109:1−31, 1968.

水野直樹.「京都における韓国・朝鮮人の形成史」.『KIECE 民族文化教育研究』. 京都民
　族文化教育研究所, 1998, pp.70−81.

柿野欽吾.「経済成長と西陣機業」.『経済学論叢』24(4, 5, 6):110−144(黒松巌 教授古稀
　紀念), 1976.

辻 博.「西陣機業の一分析: 西陣機業の概況, 1964」. 同志社大学 経済学論叢 13(3, 4,
　5):161−189(中西仁三教授古稀紀念), 1964.

安岡重明.「江戸後期・明治前期の西陣機業の動向(京都商業慣行の研究)〈特集)」.『社会
　科学』23:1−23, 1977.

安田昌史.「伝統産業における在日コリアンのネットワーク: 京友禅従事者を事例に」.
　同志社大学 文学部 社会学科 社会学専攻 修士論文, 2010.

原田伴彦.「生産と流通の歴史—明治以降」. 西陣五百年紀念事業協議会 編.『西陣: 美
　と伝統』(限定出版). 京都: 西陣機業協会, 1969, pp.230−258.

田中敦子 編著.『主婦の友90年の智恵: きものの花咲くころ』. 主婦の友社, 2006.

田中日佐夫.「浮世のきもの」. 龍村謙 編.『日本のきもの』. 中公新書, 1961, pp.115−
　143.

第20次西陣機業調査委員会 編.『西陣機業調査の概要』((西陣機業調査報告書, 調査対象

平成23年(2011)〕. 西陣織物工業組合, 2013.

第21次西陣機業調査委員会 編.『西陣機業調査の概要』〔(西陣機業調査報告書, 調査對象 平成26年(2014)〕. 西陣織物工業組合, 2016.

祖父江孝男.『県民性』. 東京: 中央公論社(中/公/新書), 1971.

佐々木信三郎.『西陣史』. 京都: 思文閣出版, 1932.

中山千代.『日本婦人洋装史(新装版)』. 東京: 吉川弘文館, 2010[1987].

増田美子 編著.『日本衣服史』. 東京: 吉川弘文館, 2010.

真下 百三郎.「明治末期から大正の西陣」. 西陣五百年紀念事業協議会 編.『西陣: 美と 伝統』(限定出版). 京都: 西陣機業協会, 1969, pp.388-393.

出石邦保.「西陣機業の構造的特質と買継制度─買継制度の分析を中心として」.『同志 社商学』14(1):44-68, 1962.

出石邦保.『京都染織業の研究』. 東京: ミネルヴァ書房, 1972.

沈見きみ.『はんなり京都: 西陣と室町の暮らし』. 東京: 河出書房新社, 1988.

澤田 章.『江戸時代に於ける株仲間 組合制度─特に西陣織屋仲間の研究』. 京都: 大学 堂書店, 1932.

板垣竜太.『朝鮮近代の歴史民族誌─慶北尙州の植民地経驗』. 明石書店, 2008.

河明生.『韓人日本移民社会経済史 戦前編』, 東京: 明石書店, 1997.

韓載香.「戰後の在日韓国朝鮮人経済コミュニティーにおける産業動態」.『経済史学』 38(1): 50-77, 2003.

韓載香.「京都繊維産業における在日韓国朝鮮人企業のダイナミズム」.『歴史と経済』 47(3): 37-55, 2005.

韓載香.『「在日企業」の産業経済史─その社会的基盤とダイナミズム』. 名古屋大学出 版会, 2010.

黒松巌.「西陣機業の一断面」.『同志社大学経済学論叢』2(6):33-54, 1951.

黒松巌.「西陣機業の動向とその諸問題」.『経済学論叢』18(1, 2, 3): 1-48. 松山 斌 教 授古稀紀念, 1969.

黒松巌 編.『西陣機業の研究』. 京都: ミネルヴァ書房, 1965.

Brumann, Christoph. "Houses in motion: the revitalization of Kyoto's architectural heritage." In *Making Japanese Heritage*, edited by Christoph Brumann and Rupert Cox. London: Routledge, 2009, pp.149−170.

Brumann, Christoph. "Re−uniting a divided city: high−rises, conflict and urban space in central Kyoto." In *Urban Spaces in Japan: Cultural and social perspectives*, edited by Christoph Brumann and Evelyn Schlutz. London: Routledge, 2012a, pp.53−73.

Brumann, Christoph. *Tradition, Democracy and the Townscape of Kyoto: Claiming a Right to the Past*. London: Routledge, 2012b.

Elder, Glen. "Family History and the Life Course." In *Transitions: the Family and the Life Courses in Historical Perspective*, edited by Tamara K. Hareven. New York: Academic Press, 1978, pp.17−64.

Gichard−Anguis, Sylvie and Okpyo Moon eds. *Japanese Tourism and Travel Culture*. London: Routledge, 2009.

Haak, Ronald Otto. "Nihijin Weavers: A Study of the Functions of Tradition in the Modern Japanese Society." Unpublished Ph.D. Thesis in Anthropology. University of Illinois. Urbana−Champaign. U.S.A., 1973.

Haak, Ronald Otto. "The Zesty Structured World of a Weaver." In *Adult Episodes in Japan*, edited by David Plath. Leiden: E.J. Brill, 1975, pp.45−50.

Hareven, Tamara K. *The Silk Weavers of Kyoto: Family and Work in a Changing Traditional Industry*. Berkeley: University of California Press, 2002.

Inaga, Shigemi. "Modern Japanese Arts and Crafts around Kyoto: From Asai Chū to Yagi Kazuo, with Special Reference to Their Contact with the West (1900−1954)." In *Traditional Japanese Arts and Crafts in the 21st Century: Reconsidering the Future from an International Perspective*, edited by Inaga Shigemi and Patricia Fister. Kyoto: International Research Center for Japanese Studies, 2007, pp.47−74.

Inaga, Shigemi and Patricia Fister, eds. *Traditional Japanese Arts and Crafts in the*

21st Century: Reconsidering the Future from an International Perspective. Kyoto: International Research Center for Japanese Studies, 2007.

Medick, Hans. "The Proto–Industrial Family Economy: The Structural Function of Household and Family during the Transition from Peasant Society to Industrial Capitalism." *Social History* 1–2(October):291–315, 1976.

Mock, Carl. *Japanese Industrial History: Technology, Urbanization and Economic Growth*. Armong, New York: M.E. Sharpe, 2001.

Moon, Okpyo. "Outcaste Relations in Four Japanese Villages: A Comparative Study." Unpublished M.Litt. Thesis. Institute of Social Anthropology, University of Oxford, 1980.

Moon, Okpyo. *From Paddy Field to Ski Slope: Revitalisation of Tradition in Japanese Village Life*. Manchester, U.K.: Manchester University Press, 1989.

Moon, Okpyo. "Challenges Surrounding the Survival of Nishijin Silk Weaving Industry in Kyoto, Japan." *International Journal of Intangible Heritage (IJIH)* 8:71–86. ICOM (International Committee of Museums) and KNMF (Korean National Museum of Folklore), 2013.

Morris–Suzuki, Tessa. *The Technological Transformation of Japan: From the Seventeenth to the Twentieth Century*. Cambridge: Cambridge University Press, 1994.

Respicio, Norma. "The Nishijin Tradition: Past and Prospects, Issues and Problems as Viewed by Various People Involved in Production and Dissemination." In *Traditional Japanese Arts and Crafts in the 21st Century: Reconsidering the Future from an International Perspective*. edited by Shigemi Inaga and Patricia Fister. Kyoto: International Research Center for Japanese Studies, 2007, pp.321–346.

찾아보기

사진 출처

들어가며_ 그림 1   ⓒ문옥표

그림 1-1~1-4   ⓒ문옥표
그림 1-5   ⓒⓘJoi Ito

그림 2-3   히타타레 ⓒⓘCorpse Reviver
그림 2-5   히구치 쓰네키 씨 제공
그림 2-7   가와카미 사치코 교수 제공
그림 2-8   ⓒ문옥표
그림 2-9   여성의 결혼식 의상 ⓒⓘDave Jenkins/하오리와 하카마를 입은 신랑과 우치카
                           케를 입은 신부 ⓒⓘJim Maes (zephyr_jiza)
그림 2-10   ⓒ문옥표

그림 3-2   히구치 쓰네키 씨 제공
그림 3-3   ⓒ影山工房

그림 4-2~4-7   ⓒ문옥표
그림 5-1˜5-11   ⓒ문옥표

그림 6-1, 6-2   ⓒ문옥표

그림 8-2, 8-3   ⓒ문옥표

그림 9-1   후네호코 ⓒⓘIshida Naoki/조모야마 ⓒⓘBergmann
그림 9-2, 9-3   ⓒ문옥표
그림 9-4   日本伝統産業染織工芸協会 제공
그림 9-5   日本伝統産業染織工芸協会 제공
그림 9-6   日本伝統産業染織工芸協会 제공

교토 니시진오리의 문화사
일본 전통공예 직물업의 세계
ⓒ 한국학중앙연구원 2016

초판 1쇄 펴낸날 2016년 7월 15일

지은이 | 문옥표
펴낸이 | 김시연

펴낸곳 | (주)일조각
등록 | 1953년 9월 3일 제300-1953-1호(구 : 제1-298호)
주소 | 03176 서울시 종로구 경희궁길 39
전화 | 734-3545 / 733-8811(편집부)
　　　 733-5430 / 733-5431(영업부)
팩스 | 735-9994(편집부) / 738-5857(영업부)

이메일 | ilchokak@hanmail.net
홈페이지 | www.ilchokak.co.kr

ISBN 978-89-337-0715-9 93330
값 38,000원

* 지은이와 협의하여 인지를 생략합니다.
* 이 도서의 국립중앙도서관 출판예정도서목록(CIP)은 서지정보유통지원시스템 홈페이지(http://seoji.nl.go.kr)와
국가자료공동목록시스템(http://www.nl.go.kr/kolisnet)에서 이용하실 수 있습니다. (CIP제어번호 : 2016015653)